金星出版
命理生活新智慧・叢書
VENUS PUBLISHING CO.

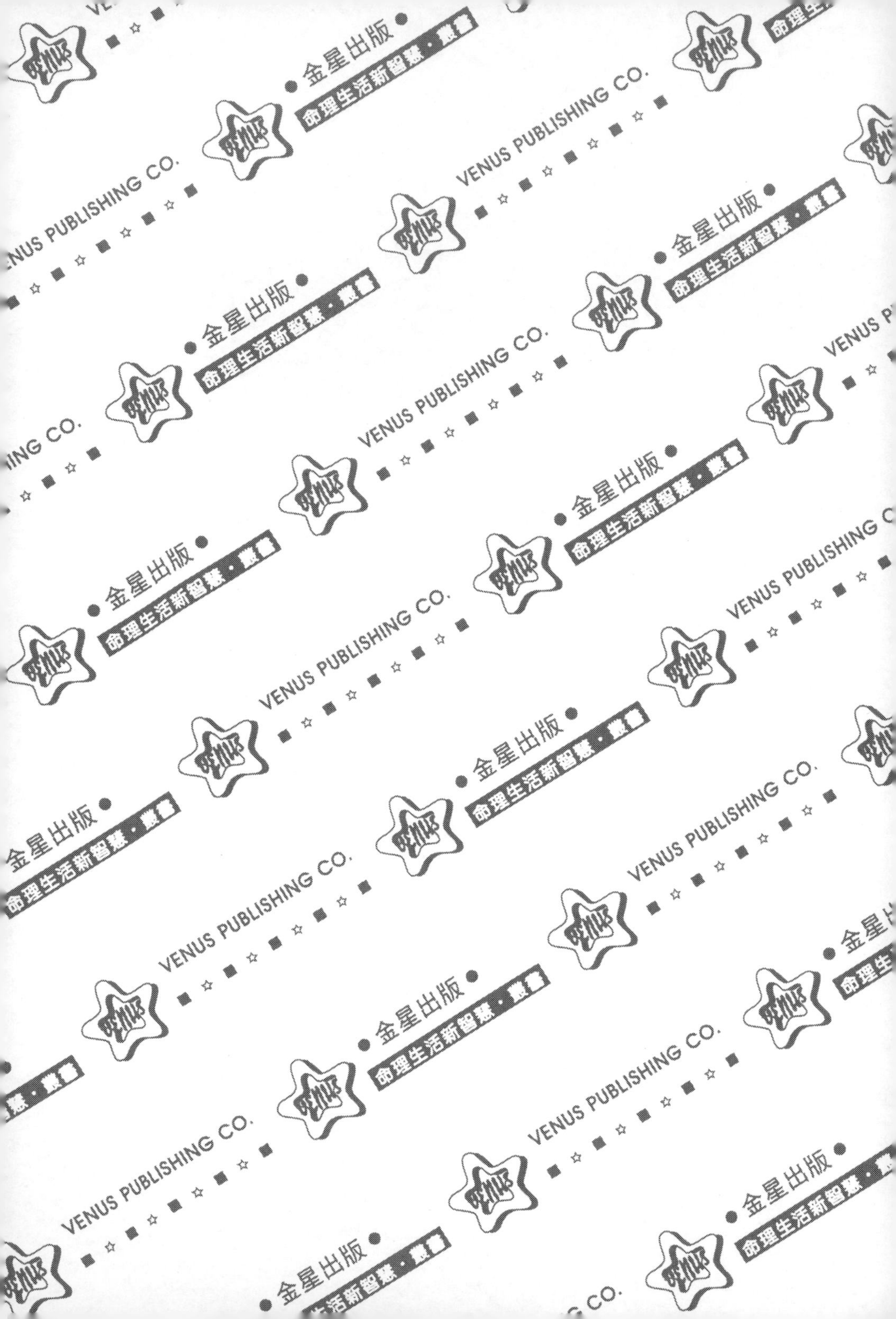
金星出版
命理生活新智慧・叢書
VENUS PUBLISHING CO.

命理生活新智慧・叢書 55-1

對你有影響的

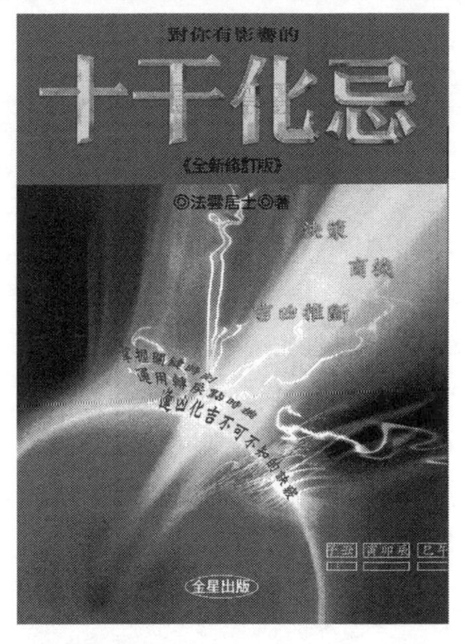


金星出版社 http://www.venusco555.com
E-mail: venusco555@163.com
venusco@pchome.com.tw
法 雲 居 士 http://www.fayin777.com
E-mail: fayin777@163.com
fatevenus@yahoo.com.tw

法雲居士⊙著

金星出版

國家圖書館出版品預行編目資料

對你有影響的『十干化忌』《全新修訂一版》／
法雲居士著，--第1版 --臺北市：
金星出版：紅螞蟻總經銷，
2006[民95年1月] 全新修訂； 冊 ；公分—
（命理生活新智慧叢書；55-1）

ISBN 957-8270-63-1（平裝）

1.命書

293.1 94023586

# 對你有影響的 十干化忌《全新修訂一版》

作　　者：法雲居士
發 行 人：袁光明
社　　長：袁光明
編　　輯：王璟琪
總 經 理：袁玉成
地　　址：台北市南京東路三段201號3樓
電　　話：886-2-23626655
傳　　真：886-2365-2425
郵政劃撥：18912942金星出版社帳戶
總 經 銷：紅螞蟻圖書有限公司
地　　址：台北市內湖區舊宗路二段121巷19號
電　　話：(02)27953656(代表號)
網　　址：http://www.venusco555.com
E-mail：venusco555@163.com
venusco@pchome.com.tw
法雲居士網址：http://www.fayin777.com
E-mail：fayin777@163.com
fatevenus@yahoo.com.tw

版　　次：2003年7月 第1版 2024年03月 加印
登 記 證：行政院新聞局局版北市業字第653號
法律顧問：郭啟疆律師
定　　價：600元

行政院新聞局局版北字業字第 653 號




ISBN：957-8270-63-1（平裝）


（因掛號郵資漲價，凡郵購五冊以上，九折優惠。本社負擔掛號寄書郵資。單冊及二、三、四冊郵購，恕無折扣，敬請諒察！）

# 序

這一本『十干化忌』的書，是一套十三冊書其中的一本。其餘的幾冊是『羊陀火鈴』、『殺破狼』上、下冊、『府相同梁』上、下冊、『昌曲左右』、『權祿科』、『紫廉武』、『日月機巨』上、中、下冊、『地劫、天空』。

在上一本『權祿科』中我把化權、化祿、化科之三化已闡述的很清楚了。因為篇幅大，所以把化忌放在這一本書中一起來談。

四化中，每一顆化星都具有自己獨特的定義，化忌是忌星，自然向反方向發展。它本身的問題就很多，是一個麻煩製造者。當它和其他的權、祿、科相逢時，問題會變得不一樣。並且複雜化。而且問題會呈等差級數往上延伸，像一個綜合性的病毒一樣，使人談之色變。不過只要知道它的屬性，會做正確的解釋，把事情搞清楚，便什麼也不難了。只怕有些人常自做聰明、攪來攪去、胡亂延伸出、創造出胡攪蠻纏、飛來飛去、東拉西扯的看法，那就對『算正確

的命』而無意義了。

我在很多本書中都再三提及：每一顆星曜，無論煞星、吉星，都有其善的一面和惡的一面。也就是說吉星也有弱的、不好的一面。煞星也有積極和古怪的一面，這種積極和古怪的變化，從正面和正當的解釋上，固然很多人會覺化忌很惡質，不討人喜歡。希望在人的命格中去除或拿掉。但實際上在人性格中，或思想中所潛伏的惡質條件，並不是天真的想避諱談及就能拔除的，而是要用實際的行動和學習、改善才能消彌的。每個人在自己的性格或思想 都或多或少的會發現有一部份惡質的層面，這就是化忌所在的地方。產生運氣上的災禍，就是化忌所形成的果。因此命盤中有化忌出現，實際是在提醒我們在那些方面該注意、該改善了，要不然就有這方面的問題和災禍要發生了。因此有化忌這顆星的存在，在人生中應該是值得感謝的事。反而不該掩耳盜鈴式的故意忽略它。

最近論命時，常有人問我：『如何才會好命？』或『如何才會好運？』

我總是回答說：『頭腦清楚的人就會好命！』

『頭腦清楚的人就會好運！』

很多人大不以為然。有些人還反言相駁，『那你就是說我頭腦不清了？』頭腦清不清楚你自己會知道。頭腦清楚的人，會做事說話都謹慎小心，凡事想清楚了才做、才說，因此不會有後遺症。也不會做了或說了之後而後悔。自然每件事的進度快、又直接切入正題，能達到自己的願望，也能先預知別人的反應，故是從正道而行的人，而不是陰險狡詐、算計別人的人。在『用心上』基本上是不一樣的，自然做事、說話都合情合理，能輕鬆的達到自己的願望，讓別人看起來，此人便十分好命和好運了！

常用心計的人，雖也想了許多，但所做的事、說出話之後，再經過別人腦中的判斷，稍過一些時間，便會有後遺症產生了，因此同樣是思想和思考，但結果是不一樣的。

命、遷、財、官、夫、福等宮有化忌星的人，便是思考多、心情易煩悶的

人，但不一定說他們全是用心計而遭災的人。卻能肯定的說，他們都頭腦不清楚的人。倘若能認知自我、承認這個現象，並把自己命盤中所歸屬的化忌問題好好討論，身體力行的確實改善，那化忌對你的影響就根本不嚴重了。化忌反而可以成為你的良師益友、諄諄告戒的冥冥之神。怕只怕，明知有此忌神當道，仍在性格和思想上受其控制，只鉗制他人，自己卻不思改善，就會有禍事在不遠處等待了。這豈能說是化忌之害呢？這應當是人之心魔所造成的呀！

如何好命及好運？在這本『十干化忌』中，雖然所談的是背面及反向的問題，但只要能攻錯、改進。好命及好運意義的人生就盡在其中了。願與讀者藉命理研究來共勉人生。

法雲居士　　謹識

命理生活叢書 55-1

# 十干化忌《全新修訂版》

## 目錄

十干化忌

# 前言——命理界中有關化忌的種種問題

這一本有關『化忌』的書，是繼『權、祿、科』一書之後，續把四化中的化忌星全方位說清楚的一本書。大家可看到這本書只講一顆化忌星，居然和『權、祿、科』那本講三顆星的書同樣的厚度，難道化忌星真的有那麼多的問題嗎？

的確，化忌星的問題比較多。權、祿、科像排著一、二、三名的優良生，而化忌卻是不學無術的劣等生，常常這些學生在同一個學校環境中會相互影響，形成權忌、祿忌、科忌，變成行為好壞參半的中資學生。另外化忌也會和羊、陀、火、鈴、劫空碰撞形成嚴重的傷剋現象，彷彿不良少年火拼而傷重。而這些權忌、祿忌、科忌的問題在『權祿科』這本書中沒法講，因為還未介紹化忌的特性，因此放到這本書再來講。

其次，在觀看本書時，首先有一些觀念和派別的問題需要釐清。這樣你才不會在東看西看，看了很多其他人寫的書之後，頭腦混亂、搞不清楚了。

## 庚年之『天同化科、太陰化忌』的問題

庚年生，有天同化科、太陰化忌的問題。目前坊間出版的書，和本書中四化的排法上有一些不一樣。不一樣的地方，就是庚年的化科和化忌是不同的。（有些書或電腦算命軟體中會有『天同化忌』）

# 十干化忌

## 原文版的原始資料證明

在原本版的《紫微斗數全書》中，四化的內容如下：

甲廉破武陽為伴　乙機梁紫月交侵　丙同機昌廉貞位　丁月同機巨門尋

戊貪月弼機為主　己武貪梁曲最平　庚日武同陰為首　辛巨陽曲昌至臨

壬梁紫輔武宿是　癸破巨陰貪狼停

因此庚年生，為太陽化祿、武曲化權、天同化科、太陰化忌為排法至為確定。

## 從常理來講『天同也不會化忌』

天同是福星，就算是陷落時，福少而已，但仍有福、溫和、愛享樂，但享不到，會操勞一些而已。天同福星自己本身不會化忌。化忌是忌星、是嫉妒、邪惡之星。天同的溫和、單純是不會變質

的。

當天同和巨門同宮時，是因為福星陷落，自主力量不足，有暗星陷落當道而有的是非。你會發覺同巨坐命的人，仍然溫和，只是口舌是非多而已，而且都是糾纏謠言、小話，他不會和人大聲，吵架會吵不過，又有些畏縮。不像巨門居旺的人，嗓門大又理直氣壯。

天同和太陰在午宮時，雙星都是陷落的，依然溫和及柔美，但層次會差一些，因太陰財星陷落而財少，有窮困窘迫的狀況。

當天同福星陷落時，已經是情況最低的狀況了。福星是沒法子變成古怪和惡福的。福星只會福少，或沒福（天空、地劫和天同同宮）。

化忌也只會和官星、財星、運星、忌星在一起。因此也只有太

陽化忌（官星帶忌）、太陰化忌（財星帶忌）、廉貞化忌（官星帶忌）、巨門化忌（忌星帶忌）、武曲化忌（財星帶忌）、貪狼化忌（運星帶忌）等等這幾種。

『十干化忌』表示是十種天干生年所形成的化忌。也是甲、乙、丙、丁、戊、己、庚、辛、壬、癸等十種不同年份所形成的化忌。

## 為什麼要有這些化忌？

因為『紫微斗數』原本是從八字轉變成立體化的紫微星盤而來的。設計者將四化的設計納入命盤之中。主要是規格化人命的高低、富貴、成就的各種形式，讓格局有所不同。歸納了在每個不同年干所出生的人，在人生及命運中所經歷的起伏、坎坷或富貴窮

通。讓準確性更接近人類的真實生活和所經歷的吉凶禍福之事。因此每一個年份出生的人，有每一種人生經歷上的共通性，例如壬年生的人，都有錢財上的問題。癸年生的人，都有人緣關係及運氣不開的問題。自然，這些問題會限制住人的成就與富貴得失。像庚年生的人有武曲化權，庚年生的人就容易成功，最容易在財富成功。例如美國的比爾蓋茲和台灣鴻海企業的老闆郭台銘等都是庚寅年生的人，都富甲一方。因此四化就是規格化人生富貴與成就格局的大小、層次類別的意義。而化權、化祿、化科是在各個不同方向幫人的命格加分的力量。化權是在主控及威嚴上加分。化祿是在人緣和財富上加分。化科是在氣質、方法、技巧上加分。而化忌則是在思想、觀念和人生總體上減分。這些都是『紫微斗數』在設計命理結構時的一種特殊的、增強或減縮、擴張或制約的方法。

# 十干化忌

『十干化忌』中，其實是十種天干而只有九種不同的化忌內容的。

## 乙年和庚年的太陰化忌在內含層次上不相同

乙年和庚年都是太陰化忌。但乙年的太陰化忌又和庚年的太陰化忌內含不同。

乙年五行是屬木，太陰屬水、化忌也屬水，木會吸水，所以太陰化忌是受剋的形式，是故乙年生的太陰化忌是在財方面較窮的。在感情方面也較淡薄無情的。桃花也會較少，會不利婚姻。

庚年五行屬金，逢太陰化忌屬水，金水會相生，是故庚年生的太陰化忌，實際是沒有那麼窮的。在感情方面也只是多波折、不順，不致於淡薄到無情的地步，桃花也稍多一點。因此乙年生的太

陰化忌和庚年生的太陰化忌有層次上的不同。乙年生的太陰是層次、格局較低層次的太陰化忌。庚年的太陰化忌會格局層次稍高。

此後在後面內文中所述及之太陰化忌，因顧及行文的方便，故不再細分乙年生或庚年生的太陰化忌了。不過請讀者自己來體會分辨之。

## 『飛星』、『飛忌』和『活盤』的問題

目前坊間有許多命理書，宣揚推廣『飛星』、『飛忌』和『活盤』的問題，狀況混亂，也有一些讀者以此來問訊於我，因此在此一併解答。

紫微斗數最早分南、北兩派。目前我們所學的紫微斗數已經進入科學電腦化的階段。而現今所流行的紫微斗數正是南派的紫微斗

數。北派的紫微斗數因不同時代需要已被淘汰失傳。

『飛星』一詞最早出現於徐良弼的『十八飛星策天紫微斗數』一文之中，這是北派的紫微斗數。現今已只剩下文章的名稱，內容不詳。在北派紫微十八飛星為：虛、貴、印、壽、空、鸞、庫、貫、文、福、祿、權、異、毛、刃、哭、刑、姚等十八星。以這十八星在某宮出現之變化，稱為『飛星』。其飛星的名稱，和變化的意義和現代台灣坊間這些俗稱飛星飛來飛去，糾纏不清的意思是完全不一樣的。現代這些喜談『飛星四化』的命理家只是套用了十八飛星之名稱來自己亂創造無根據的新理論。並無真正追究十八飛星之原理。這種現象與這種問題，我在《如何觀命、解命》一書中第五章，第77頁中也已經討論過這個問題。也已證明過『玄空四化』用排命宮天干而製命盤，再用寅宮為起始宮位中的天干，加上化忌，

再形成第一次飛忌及第二次飛忌的論命方法為愚蠢之方法。這完全都是在台灣命理界中一些自做聰明、愛搞怪、頭腦有問題的人想出來，以求和別人不同，想自成一派的胡搞作風，因此不值得學習。

我一再的強調，學習紫微命理需腳踏實地、實事求是。一個很簡單的問題，我們由命盤上星曜所代表的意義、位置就能解讀人生的禍福。而那些愛搞怪的人卻要一次飛忌、二次飛忌，才能知道是不好的忌，這是否是太慢半拍、太愚鈍、又太自己愚弄自己了呢？因此這種理論是不值得推崇的。

『活盤』真正的意義是由於行運的關係，運氣會移動。流年每年不一樣，大運也十年會換一宮。流月更是每月輪值一宮，因此流年命宮、流月命宮、大運的命宮都會變化。會一宮一宮的往下走。不是老待在同一宮位，因此稱為活盤。並不是用飛星、飛忌來錯亂

飛舞才稱『活盤』的。

另外還有一些名詞如射出忌、互沖忌、反弓忌、拆馬忌，絕命忌等，也都是某些有心人士自創品牌的論調。只是名詞嚇人，實際上就是有化忌相照、對沖、沖剋，或化忌與煞星羊陀、火鈴、天馬同宮之意。除了創造名詞之外，對命理的提升也沒有實質意義。因此我也不贊同。並覺得這對於學習紫微斗數者是一種干擾。有些人會原以為名詞怪異，看不懂，其理論一定偉大。等你真的命理學精一點的時候，你就會知道，這些唬人的東西，浪費了你的多少時光、耽誤了多少你學習更精純、精確命理的精力了。希望各位讀者正本清源，找到紫微斗數原始的文字來好好研究吧！這在《四庫全書子部》和《古今圖書集成》之中都有集錄。

# 第一章　化忌星的吉凶善惡

## 第一節　化忌星的內含意義

化忌星五行屬壬水，主是非口舌。化忌是忌星，也主嫉妒，為上界多管之宿。在八字學中，又名計都星。

化忌星主收藏、凋蔽、隱晦、無情、無義、凶險、不順、災禍、傷災、血光、死亡、勞碌、自卑、疾病、破財、不順利、管束、變遷、刑剋、六親不和、車禍血光、官非、是非糾纏、性格古怪、遲鈍、不開竅、難溝通、不瞭解、事情古怪發展、走入歧途、繞路轉彎、無法發揮、遭嫉妒、遭誨吝、失職、遭處罰、遭排斥、耗財、失敗、懷才不遇、衝突、頭腦不清、功名、聲名失常、沒有機會、頑固不化、失勢、欠債、多糾紛、不珍惜、不清白、有瑕疵。運氣及機會古怪、難開展、保守、固執。

**化忌依所跟隨之主星和坐落的宮位而有旺弱之分，必其考證其主星是否廟旺、陷落，而化忌才會有廟旺陷落之分。**

## 『化忌不忌』的真相

紫微斗數全書上有：**旺地化忌不忌之說，如金水之星廟旺化忌不忌。**例如太陰化忌居亥宮為『化忌不忌』，但仍有錢財上的是非、煩惱、錢財存不住，以及和女性之間的是非糾紛，和感情問題上的煩惱，以及『古怪的敏感性』。該敏感時不敏感，有時不該敏

感時，又太敏感。或是在某種特定的時刻，大家都有情緒上的感動，或顯露出同情心時，只有他一人很冷靜、冷淡。而大家對某事並不覺得嚴重，或不覺得要付出較多同情心時，而此人卻情緒泛濫，十分有同情心，或情緒起伏。因此有『太陰化忌在亥宮』的這種『化忌不忌』。實際上是和別人不一樣的表現方式，是顯得古怪的表現方式。

## 屬金之星帶化忌在火金的宮位

例如**在巳宮金長生的武曲化忌，在命書上也說『化忌不忌』**。但其實仍有錢財上的是非糾葛，與車禍、血光上的問題，你說，這是如何『化忌不忌』呢？

## 木火之星帶化忌

在斗數界，有人認為：**木火之星帶化忌居廟旺時**，如『太陽化忌在午』、『天機化忌在卯』，多富而不貴，或貴而不富。又說化忌入四墓地主增凶。或認為屬火之星帶化忌於亥子水鄉，為凶惡異常、多殘傷夭亡。

當木火之星帶化忌居廟旺時，化忌也居廟旺之位。化忌的旺度層次高，自然不會像陷落時凶狠。再則，太陽化忌有特別的解釋，在下一節會談到，要看太陽化忌在命盤上的何宮出現，就會代表何種意義，『多富而不貴，或貴而不富』之說是不完全做此解釋的。否則有這種『太陽化忌在午或天機化忌在卯』格局在命格中的人，東等西等，只想等一個富或一個貴，而總等不到，每日喪氣，無法腳踏實地的過日子，浪費了向其他方面努力的機會，豈不冤枉？

## 屬土之星不化忌

另外屬土之星不化忌，是確實的。屬土之星如紫微、天府、左輔、右弼、祿存、天梁等星，土性強大而且穩定，會壓過屬水的化忌，使化忌無法伸展，是故屬土之星是沒有化忌的。

## 化忌怕入四墓地，主增凶

在四墓地辰、戌、丑、未四墓宮，所會出現之化忌星，九種化忌星皆有。四墓地都是屬土的宮位，化忌屬水，自然被土蓋住，也會被墓宮限制住。主要是九種化忌星中大多數的化忌星都居平陷之位，本身的凶性就強，四墓宮有限制、阻礙、有志難伸、鬱悶等現象，除非是命宮在四墓宮，才會有加深阻礙和有志難伸、鬱悶等現象，是比較明顯的。其他如六親宮中有化忌，已經是不吉了，有刑剋、衝突了，會不會更不吉、更增凶，你已沒有再深的感覺了。

## 『屬火之星，於亥子水鄉化忌，凶惡異常』之說

屬火之星，在水宮，必居於陷落之位，如太陽在子宮居陷，廉貞在亥宮居陷和居陷的貪狼同宮，如再帶化忌，化忌也居陷位，自然在不吉中，又帶是非災禍，就更增不吉，凶惡異常了。

## 化忌在十二宮中所代表之意義

**化忌入命宮**：心情易急躁煩亂、愛鑽牛角尖、轉不出來，多增是非、愈想愈亂、而且有古怪、異於常人的想法。有時也會自暴自

棄、會有灰色或放棄的念頭。其人一生的運氣也常不好，多遇不順、遭受排斥、或因自己的怪異想法為自己帶來不幸。常頭腦不清、想從旁門左道或由自己的幻想來達到成功之路。但事實與想像差距很大，故一生常感不順、事業多起伏、或不能工作，一生要做專業和固定的工作，能改變其人生際遇和運程。

**化忌入兄弟宮**：兄弟不和、多是非糾纏、彼此不來往、情份薄。或同住及相互來往時，互相連累遭災。你覺得兄弟姐妹都是帶給你麻煩的人，自己常吃虧。你在交朋友時，也不會和人太親密，有如兄弟姐妹的感情你會覺得害怕。

**化忌入夫妻宮**：不易結婚。或結婚後，會找到性格古怪或怪異的伴侶。夫妻宮也代表人內心的感情模式和內心想法，是故有化忌時，你內心的感情糾葛較深，想得太多，會有奇怪的念頭，感情付

出和接收的模式不好。心中所想的事也和常人不一樣，常是正常人不會考慮的事情，而你深陷其中，無法脫身。因此這是自找麻煩、自尋苦惱的心態，即使結婚後也容易和配偶發生磨擦而不幸福。只要知道自己的這種毛病，儘量改正，也會有好的婚姻。

**化忌入子女宮**：和子女不和、不能溝通、不瞭解子女。亦可能不能或不想生育子女。命格中疾厄宮不好，八字中欠水太過的人，腎不好，不能生育子女。有化忌入子女宮者，多半不喜歡小孩，覺得小孩麻煩，很累贅，因此和子女的關係差，少關心和相互瞭解。子女宮也代表其人的才華，有化忌時，代表才華會古怪發展，或才華少。古怪發展的才華即是偏向某一方面發展的才華，例如有一些畫家，而特別向繪畫上發展，享有盛名，卻沒有子女，即是。

**化忌入財帛宮**：手中可運用的錢財常起是非、耗財及錢財不

順、困窘。錢財留不住，存不住。也會因錢財上的問題，終日內心煩亂。要做固定的薪水族，每月領固定薪資可平順。化忌入財帛宮時，要看化忌所跟隨之主星為何，來定金錢用度的多寡。財星居廟或旺帶化忌時，仍有富足的生活用度，只是多金錢是非、耗財，容易被騙、被借走不還。財星居陷帶化忌，或其他不帶財的星曜居陷帶化忌，在財帛宮時，表示窮困，又多金錢是非，自己窮，又去借高利貸，為自己找麻煩。

化忌入財帛宮代表自己使用錢財的方法不好，對錢財的觀念不佳，賺錢的方式不對，多學習理財方法可改善。

**化忌入疾厄宮**：代表身體上會有隱疾。身體健康代表生命資源，因此生命資源中是有隱性不良的疾病問題，需要小心。也代表此命格的人，容易有生癌症或其他怪病的基因。疾厄宮有化忌的

人，多半腎臟、膀胱不佳，有病。也許其人不自覺。更要看化忌所跟隨之主星，即能知道是由於何種原因所造成。例如有太陰化忌在疾厄宮時，是婦女病、卵巢、子宮、輸卵管、乳房、女性荷爾蒙、甲狀腺等和肪胱、腎臟所形成的連帶關係所造成的癌症和其他病症。因此要小心子宮癌、乳癌、膀胱癌、腎臟病等，有此命格的人，早做檢查，可防治。

有化忌在疾厄宮的人，要小心開刀、突發病症、怪病、流行病、或容易漫延的病症。

有化忌在疾厄宮的人，也要小心不孕、或子女有先天性的遺傳病症。

**化忌入遷移宮**：代表外在的環境不佳、多是非、災禍。要小心車禍、血光和不順利。其人會性格保守、古怪、不喜外出，與人少

來往。一生所遇到的環境和人及運氣都會不太好。

當化忌入遷移宮時，要看其主星的內容及旺度，再做評論。例如是太陽化忌時，是事業和男性的關係，以及往上爬的運氣和人生旺運受到限制及阻礙。當太陽居旺化忌時，問題的嚴重性還不算很厲害，仍可有異途顯達之機會，也會偶有人生旺運，只是時間不長又多是非就墜落了。當太陽居陷帶化忌時，一生難有發展之機會，心情鬱悶，一生所處之環境不佳。是非、災禍不斷，其人也無振興之意。

例如遷移宮是貪狼化忌時，表示是運氣和人緣關係上之阻礙，活動力差或古怪。當貪狼化忌居廟、旺時，好運仍有，但是古怪的好運。有時也會因敏感度不佳，而放棄好運。為人保守，不太願和人來往，喜待在家中。當貪狼化忌居陷時，和陷落的廉貞同宮，環

境特差，人見人厭，多是非災禍，無法和人溝通，有時有孤獨之貌，有時會惹事生非，更讓人排斥，一生所遭受的待遇差、遭受冷眼、唾棄，亦會被父母遺棄，人生坎坷。

**化忌入僕役宮**：代表和朋友及部屬的關係不佳，和平輩及晚輩的關係惡劣，多是非。你自己本身對朋友和部屬的態度有問題，這是引起爭端和是非災禍的原始原因。你對朋友和部屬不瞭解，你對人際關係的事務不熟悉，常在無意間造成糾紛。你會比較孤獨，害怕與人來往，交友技術也更不好。在選擇朋友上，也頭腦不清，眼光不準，易交到壞朋友，或交到刑剋自己的朋友。多研究、觀察別人如何交朋友的方法可改善。

**化忌入官祿宮**：代表事業有起伏不定、不順的狀況。也代表智慧上有古怪思想或常有自己腦子想不到的問題發生。這也表示自己

有頭腦不清的狀況。當化忌所跟隨的主星居旺時，化忌也居旺，會有異途顯達的狀況，會在人生中某一個時段有一點成就，但時間很短，很快便跌落下來。當化忌所跟隨的主星居陷時，化忌也居陷，一生無好運，智慧也不高，工作會斷斷續續做不長久，或根本不工作，靠人過日子。

當官祿宮有化忌時，也會影響對宮的夫妻宮，也易離婚或晚婚、不婚。

官祿宮也代表人生努力的結果，有化忌星時，代表人生努力的結果不好，或人生多起伏、不平順，或根本就未努力。也代表對人生資源的刑剋。『命、財、官』中有化忌星出現，都代表是對人生資源的刑剋、命中的財會減少，這些都是因為天生的智慧不足而造成的刑剋狀況。

**化忌入田宅宮**：代表與房地產無緣。房地產會為你帶來是非麻煩和災禍、遭嫉等事情。你的房地產留存不住。亦代表你家中常多是非，你與家中人不和，相互有指責或敵對之事。你的財庫也留不住錢財，一有錢入庫，便有是非口舌之災。沒有錢時反倒安靜無事。另一方面，田宅宮代表女性的子宮，有化忌時，女性的子宮不好，小心有開刀事件，或有子宮、卵巢方面、生殖系統有毛病，女性更要小心子宮癌。化忌入田宅宮時，亦代表你容易住在多是非、災禍的地方，生活不寧靜，要慎防宵小、盜賊的問題，而且易有由家中人與外賊勾結的狀況。害你的常是自家人。

**化忌入福德宮**：代表頭腦不清、情緒不穩定、鬱悶、易有精神疾病。更代表你天生的運氣不好，享不到福，自己愛煩惱多想，自尋煩惱，搬石頭砸自己的腳，常會做一些糊塗事讓自己享不到好的

福氣。亦會操勞、辛苦，而得不到利益。也會因為心情常煩亂而放棄一些好機會。更代表你在錢財的源頭方面不佳，因此財留不住，易受騙。

**化忌入父母宮**：表示與父母不和，不能溝通。同時也表示父母也是頭腦糊塗，和你有刑剋，你缺乏貴人長輩運。在家中和父母不和，工作時也會和長官、上司、老闆常起糾紛，容易有『犯上』之舉。

# 第二節　十干化忌星的意義

甲年生有

## 太陽化忌

太陽本身的意義即代表男性、雄性，代表父、夫、子、政治人物、政府。代表事業、官祿、升官之事、驛馬、技術、服務人員、白天生活的人。亦代表工廠、學校、公家機關、與技術有關的事物。代表能源、電、馬達、電器類、瓦斯、石油、與火電有關的事務或較高的人、高地。代表高階層、雄壯體形、用力氣大、勞力型工作的人。

代表身體上之頭部、腦部、精神、心臟、血管、高血壓、腦中風、小腸（包括腸部）、肝旺性急、循環系統、失眠、眼睛的問題、頭痛、頭重、感冒、火氣大等問題。

**當太陽化忌在命格中時**，因為太陽代表事業及權力，因此在命理上為在命宮、官祿宮、遷移宮較嚴重。其次是在財帛宮、福德宮、夫妻宮較差，再其次則是在閒宮較差。

**太陽化忌在命格中所代表的意義就是**：和男性、雄性不和（包括動物、花草）、和父親、夫婿、兒子不能溝通。在事業上有滯礙、起伏、不平順，不能開展或發展慢。升官之事常有變化，或有意外發生，升不了官。

**凡太陽化忌在『命、財、官』和『夫、遷、福』等宮位出現，**皆代表有頭腦不清的現象。（有化忌在『命、財、官、夫、遷、福』

都是頭腦不清）。而這些頭腦不清的相關事務，以事業為首要，其次是和男性（雄性）有關的事物，和政府或高層、長官有關的事務。

**有太陽化忌在命盤上的人，代表白天過的生活不好，多是非災禍**。當命盤中太陽居陷化忌時，表示白天、晚上皆不安寧，不舒適。因為原本就是『日月反背』的格局，白天時太陽已晦暗無光而不順了，再加化忌，更多是非災禍，故是兩重災禍與不順，更是日夜皆不舒坦，心情鬱悶不適，晚上更甚。

**有太陽化忌在命盤上的人**，容易多驛馬災害，東奔西跑沒有結果。工作上的效力差，或做一些白工，或做無聊之事，和本身的工作及事業完全無關的事。也會事倍功半，不明所以。這也是頭腦不清楚的狀況之一。

**有太陽化忌在命格中的人**，易與服務性的人員不和，也易與公

家機關中辦事的人不和。例如有太陽化忌在命格中的人，易與技術性人員不和。到戶政事務所去辦理戶政事務，易受到刁難。到速食店去買漢堡、餐點而容易受到不佳的待遇和服務。叫水電工到家中修繕水電，也容易遇到不良的、或態度不佳的服務或技術人員。即使是打電話給對方商議修繕事件，也會遇到不愉快的事。因此有此命格的人，要做這些事性或要與這些服務人員、技術人員溝通時，要特別留意流日和流時的問題。選一個好日子和好時辰去做或溝通這些事情，會少生很多氣，也能順利完成及做得完美，自己也滿意。

**有太陽化忌在命格中的人**，因太陽代表能源。太陽化忌即是和能源有刑剋。因此有被電殛的事件、觸電、有傷災，或易被馬達、電器類用具傷害。亦或是瓦斯、油類爆炸受傷，因此要特別小心。

**有太陽化忌在命格中的人**，和長官，尤其是男性長官特別不和，因此升官不易。在考試方面也容易不順利，或自已不想去考。當太陽居陷帶化忌時，更是煩悶、想得多、做得少，懶得動、競爭力差，也不想爭，常給人有不求上進的感覺。此命格的人，對雄壯體形的人，或性格較陽剛的人，都覺得有壓迫感。女性若是有陽剛性格的人，他們也會不喜歡親近，或無法相處。他們只喜歡溫和與陰柔性格的人來往，會覺得比較舒適。因此女性及平輩會對他們有利。

**有太陽化忌在命格中的人**，包括在命宮、遷移宮、財帛宮、官祿宮、福德宮等宮，都要小心身體上會有問題。當太陽居陷帶化忌時，問題會較嚴重。這些身體上的問題包括了頭部常疼痛、腦部易中風、精神鬱悶所造成之疾病、心臟不好，亦可能有心臟病、高血壓、血管疾病、小腸有問題，肝、腎的問題，眼睛肯定不好的問題，感冒身弱，以及身體上水火不協調等問題。

**太陽化忌居旺在命宮或官祿宮的人**，亦可有異途顯達的機會，但時間很短，事業成敗起伏大，不長久。亦會因自己的一時失誤，而跌落，便不再有翻身的機會。一生中多招是非、不平靜。

**太陽化忌居陷在命宮或官祿宮的人**，常機會很差，命盤中會有『日月反背』的現象，一生所處的環境也較差，不富裕，較窮困，且工作機會少，斷斷續續，或不工作。其人本身身體上會有問題，也易有精神上之疾病，思想偏頗，或固執、智慧和學習能力也差，一生中能翻身的機會幾乎是零。

**有太陽化忌在『命、財、官、遷』等宮的人**，要小心遇到政治上之迫害，或與政府機關相對峙，有衝突。有時這種衝突是其個人藉由此以達富貴之路的手段。也屬於『異途顯達』的一種手段。有時，機會不佳，本身力量不強，就會受到政治迫害，連累家人、自己坐牢。尤其是有太陽居陷帶化忌時，大運、流年、流月走到，容易坐牢，有官非。早期民進黨開創時期，有一些份子坐過牢，即是此格局的影響。南非總統曼德拉一生坐牢時間長，與政府對峙，晚年才奪得政權，但時間不長，也是命格中有此格局的關係。

**乙年生**
**庚年生**

## 太陰化忌

太陰代表的意義，在人方面是女人、雌性、母親、妻子、女兒。

在事方面，代表的是錢財、薪水、儲蓄、田宅房地產、暗中的事情，也代表感情、愛情、敏感力、第六感。亦代表家庭。

在時間方面，代表晚上，有月亮的時候，月中的時候，一個月的時間。

## 十干化忌

**因此太陰化忌的代表意義**，就是和女性不和，和雌性不和、沒緣份。和母親不和、和妻子不和、和女兒不和、和女性朋友、同事不和。亦代表領薪水有問題、錢財不順、有是非瓜葛，儲蓄存不住、房地產有問題、多是非糾紛或留存不住，家庭中不和睦。還代表在感情上受挫折、愛情不順、敏感力不足、沒有第六感或第六感有怪異現象，以及暗中的事情有怪異發展的現象。另外，也代表在晚上的時候多是非，以及有月亮的時候會有爭執不和的狀況，或內

心煩悶糾葛不清。更代表頭惱不清、情緒混亂失序。

當逢太陰化忌的運程時，會有一個月的時間覺得運氣不好，會窮、或有錢財和感情上的問題。亦表示在有月亮的時候，心情煩悶，在月中的時候，身體和心理上不舒服。

太陰化忌代表薪水上較少，或領薪水有問題，是故也是造成事業起伏不順的原因。而且對錢財的敏感力不佳。對賺錢的方式和方法有問題。

## 太陰化忌要看旺度、強弱

乙年生的太陰化忌和庚年生的太陰化忌稍有不同，乙年生的太陰化忌偏重在財窮方面，庚年生的太陰化忌偏重在感情問題方面。

乙年生的太陰化忌其旺度層次也比庚年生的太陰化忌層次低、

旺度較低，比較弱。

通常，太陰居旺帶化忌時，表示還有財，只是有金錢是非、或遭忌刑剋、耗財。而且錢財上有古怪發展，進財有拖延之勢，且多是糾紛，但還是有財。在感情方面也是有情，但有是非糾紛和麻煩、不順。在事業上就代表薪水的古怪起伏，有錢賺，但不是太順利或不很多了。

太陰居陷帶化忌時，表示窮困無財，還有是非麻煩。在感情上本身情感淡薄，付出不多，還有內心的糾葛不清的現象。桃花少，與女性不和，敏感度也差，思想固執、想不開、易生灰色、放棄的念頭、做事不積極、賺錢能力差、沒有房地產、沒有積蓄、結婚不易、沒有理財觀念。

命格中有『太陰化忌』的人（乙年或庚年生的人），無論太陰化

忌在那一宮，都要小心乳癌、子宮癌、子宮頸癌等女性生殖機能的病症。尤以太陰化忌在疾厄宮的人，差不多肯定是有此方面的問題的。

女性在行運流月、流日逢『太陰化忌』時，又逢月事，會有不順、疼痛、異常現象。當太陰化忌居旺時，疼痛、不順還不算太厲害。當太陰化忌居陷時，不順、疼痛較嚴重，有時會影響生活作息，白天、晚上都不舒服，彷彿生大病一般。

有『太陰化忌居陷』在疾厄宮或田宅宮的女性，很多是不能生育或拿掉子宮的人。此類人也會肝、腎機能差，膀胱也不好，形成傷殘。

有太陰化忌在田宅宮的人，男人、女人都會家宅不寧及爭執、或家人感情不親密。問題出在家中的女性身上。家中有經濟上的問

題，根本留存不住錢財，或賺錢少，家中窮困，永不富裕，縱然偶有大錢進入，但留存不久，很快消耗殆盡。當太陰居旺在田宅宮時，所擁有的房地產還是有，但常會發生問題，有時是別人（家人）來侵佔、爭奪，有很多嚕嗦事或出租給別人，易碰到不良房客。或所擁有的房地產常壞漏、須修理、消耗大。或房舍左右鄰居不善，常來找麻煩。

有太陰居陷在田宅宮的人，是沒有房地產的。或是一時有，但終因各種原因會賣掉、留不住。而且此類人一時所擁有的房地產多半價值不高，房子也不漂亮，是一個小房子或舊房子。

有『太陰化忌』在命格中的人，又逢『太陰化忌』之流年、流月、流日，都會有感情問題出現，有時會離婚，有時和家人不和、吵架、多是非。問題先從自己身上開始，自己會情緒不穩定，對於

長期已存在的問題，會不能忍受，而開始挑剔，有時也是對方的挑釁、自己忍不下來，而發生衝突。有時更是第三者的女性介入窮攪合、製造問題。

命格中有『太陰化忌』的人，表示性格、思想方面較兩極化，有時非常理性、有時非常感情用事，又用不對地方，在性格和處理事情上，有怪異現象。很顯然的有EQ不算太好的狀況，表達能力也會常出狀況。因此有『太陰化忌』在命格中的人，最好在生育子女時，少生女兒，以免在家中製造多一個對立的人。

命格中有『太陽化忌』的人，要少生兒子，也不致於在家中多製造一個對立的人。

※有些派別，在庚年生，四化是用太陰化科、天同化忌。天同是福星，是不會化忌的，逢化忌，天同福星也能化解。而且經過印

證，庚年生的人，確實有太陰化忌中，女性和錢財的問題。因此我們這一派是用天同化科、太陰化忌來論命的。請讀者注意。

太陰是財星，因此當有『太陰化忌』在人『生命中的財』上，會出現問題較多。人『生命的財』包括了錢財、才智、健康、感情的厚薄，人情的遠近、運氣的變化、成功的指數、擁有知識的多寡，皆是在人『生命的財』的範圍之內。故而當有太陰化忌在命格之中時，便是『生命的財』受到刑剋了，要看命盤的組合和八字的組合，來斷定在『生命的財』中受剋的，是那一部份了。瞭解這些狀況之後，就能小心謹慎來躲避災禍及運用方法來減少刑剋。這樣，就能防堵『太陰化忌』所造成對你命格中的傷害了。

## 十干化忌

# 十干化忌

## 丙年生

### 廉貞化忌

廉貞是官星，代表事業、代表智慧、企劃能力、代表暗中計劃的事，官非、災禍及強勢的影響。

廉貞也是桃花星，代表人緣桃花、交際、應酬、代表男女之間的關係或情色問題。

廉貞亦代表紅色、血液、流血的傷災，火災亦或是長腫瘤。

因此『廉貞化忌』就代表頭腦不清、企劃能力不佳，或自以為很好、但別人認為不好。有官非之事，或惹是非口舌、被告上法院。更有事業上之起伏，或事業破敗。以及暗中所做的事，會引起是非混亂與災禍。

命格中有『廉貞化忌』的人，會有人緣上的問題，或態度保守、不喜應酬、與人無法親近，以及有男女關係引發災禍或官非。倘若有『廉貪陀』格局中，再有『廉貞化忌』時，定會有不正常的男女關係而導致的官非或傷災、流血事件。

當廉貞化忌在疾厄宮時，代表血液中有雜質、或血液濃度太濃、太淡，或有血液方面的問題。（如地中海貧血症、血友病或其他和血液有關之病症等）

有『廉貞化忌』在疾厄宮的人，也要小心得性病的問題。

女性有『廉貞化忌』在命宮、疾厄宮或田宅宮時，要小心有子宮開刀、血崩、或月經不調、流血太多或太少的問題。更要小心有生殖系統長腫瘤的問題，諸如乳癌、子宮癌等。

流年、流月逢到『廉貞化忌』的運程，會有車禍、血光、開刀

事件，而且在這些事件中也會夾帶著官非問題，因此因車禍受傷而打官司，或撞傷人而打官司，在醫院中的醫療疏失。在醫生方面，要小心和傷患、病人的糾紛。在病患方面，要小心被治療時遭受醫療疏失，而起官非、損失。

廉貞為『囚星』，為刑星，因此當命格中有廉貞化忌時，為因某些是非災禍會被囚住或被困住，因此要小心有坐牢的危險，或因病住院。

當命格中有廉貞化忌、天相、擎羊時，為『刑囚夾印』帶化忌。這是帶有是非、災禍或血光問題，受到欺侮的格局，是非災禍會更深，會有傷災導致傷殘還帶有官司不斷的現象，情況嚴重。而且也會在流運逢到時，因頭腦不清、懦弱而遭受被欺負的不平等待遇。

廉貞化忌，也代表政治上的爭鬥，因此有廉貞化忌在命格中的人，在從政的路上，常會因政治上的爭鬥是非而起起伏伏。就算是一般人，也會有爭鬥是非。

廉貞化忌居廟時，會有是非爭鬥和桃花事件，若有智慧高的人相助，可釐平。因化忌也居廟，是非災禍也不那麼嚴重了。

若廉貞化忌居平或居陷時，化忌亦居陷，是非、爭鬥、傷災，刑剋會較嚴重，很難平復，只能讓時間、運氣運轉，等過了這個流年、流月，也能在自然中慢慢平復。

# 十干化忌

## 丁年生

### 巨門化忌

巨門是口才、口舌是非、災禍。化忌也是忌星、災禍、是非。因此巨門化忌是雙重是非災禍，亦是專屬於謠言、毀謗、口舌方面的災禍。

巨門是暗曜，故巨門化忌也代表暗中的是非變化，或暗中的鬼怪、不順的現象。

有巨門化忌在命格中的人（在命盤上），表示常有內心煩悶、不清爽、煩惱多的現象。這些現象有時是因外在的口舌是非多所造成的。有時是因自已內心的古怪、扭曲的想法所造成的。總之，這也是頭腦不清的現象。

是故有巨門化忌在『命、財、官、夫、遷、福』等宮的人，都會頭腦不清，很會說廢話，更會做莫名其妙的事情或愈描愈黑、畫蛇添足等的事情。並且也容易犯煞、遇鬼、或迷信鬼神之說，自己嚇自己，或假借鬼神的旨意來解釋自己反常的行為舉動。有巨門化忌在上述宮位的人，更容易相信密醫、巫師、符仔仙、小人、仙道、神佛、容易受騙、丟東西。自己也喜歡說謊話，或編一套謊話來講，自己騙自己，久而久之，連自己也相信自己的謊話了。

有巨門化忌在命格中的人，好吃、喜歡古怪特殊的口味，或吃古怪特別的食物，但常吃壞肚子。也要小心有糖尿病、或腸胃生癌症或其他腸胃方面的病症。

巨門五行屬水，化忌也屬水，故巨門化忌在病症上亦代表氣喘、肺氣腫、水道系統，如膀胱、腎臟、尿道方面的疾病，以及生殖系統及淋巴、內分泌方面的病症，以及其他古怪的病症、暗病，如性病等。

女子在疾厄宮或田宅宮有巨門化忌時，要小心子宮有病變，或輸卵管、卵巢有病變，生子不易。再有天空或地劫同宮時，主有生殖系統之癌症或開刀割除子宮。

巨門化忌加天空，或加地劫在疾厄宮或命宮時，要小心胃及腸部有古怪的潰瘍或下垂及糜爛狀況，也要小心會割除部份。且在生殖系統的部份，男性也易被閹割或做輸精管結紮手術。

有巨門化忌在命宮的人，一生多招是非，人生不順，運氣都不好，其父母宮都有一顆天相星，父母會照顧他，他也與父母親密。但若有羊、陀、火、鈴、劫空進入父母宮，父母宮變差的人，則幼年易有被遺棄、送人養的狀況。有巨門化忌在父母宮的人，更易遭

棄養。

在命格中有巨門化忌、擎羊、火星在對宮、同宮或三合宮位時，有用古怪方法自殺的怪異現象，此人自殺以後，仍多是非糾纏，吵不清楚。這是其家人或事件的相關人士在吵，是非麻煩很嚴重。

當巨門化忌居旺在命格中時，其人口才好、歪理也能說成正理，其人某些時候還是頭腦清楚的，但多招是非、較易做因循苟且之事，凡事重情不重理，做事進退反覆、多疑、愛欺騙、凡事複雜化，容易製造問題。有時他們用製造問題來當做解決問題的一種方法。易親近小人，對不善之人有同情心，思想方式與常人不一樣。更喜酒色財氣，會有某些異想天開的想法，或有不良嗜好。

當命格中有巨門化忌居陷時（在辰、戌、丑、未宮），其人口才

差，很悶、不愛講話，一開口說話就惹人厭、或遭人罵，會遭遇不好的、沒面子的待遇。其人一生也難有成就。其人在身體上也會有病痛、傷殘等問題。亦會有頭腦不清、胡攪蠻纏、愈做愈錯。一生生活水準低，命中的錢財少，常不順利的狀況。

行運走到巨門化忌之流年、流月或流日，流時的時間點時，則必有不吉之事發生，或有爭吵、遭嫉、毀謗、謠言、災禍、被冤枉、被牽連、有官非、傷災、身體有病痛、開刀、被罵、停職、撤職處份等問題，而且會拖延很久。一直要到那個時間點移動到下一個運程才會好。例如巨門化忌在流年中，便要等一年後才會變好，巨門化忌在流月中，便要等一個月之後才會變好。

# 十干化忌

## 戊年生

### 天機化忌

天機代表智慧、聰明。有天機化忌時，表示頭腦不清、聰明智慧有問題。也代表聰明、智慧有古怪發展，不合於一般正常人的思考方式。當天機化忌居廟、居旺時，表示聰明、智慧還是很高，但常有另類思想，或將聰明、才智用錯地方，因此還是無用的。當天機化忌居平或居陷時，其人聰明、智慧不高，又愛耍小聰明、愛搞怪、愛佔小便宜，常胡攪蠻纏，有精神不正常的現象，一生無用，靠家人過日子，形同廢人。

天機是運星，有天機化忌時，表示運氣有古怪及向多是非方面的發展。

當天機化忌居廟、居旺時，表示聰明度還是有的，運氣往好的方面、向上的方面發展還是有機會的，但會因意外或古怪的事件插入，而影響機會、運氣的順利發展，故最終結果，仍是不利的。

當天機化忌居平、居陷時，表示運氣不佳，一直往下落，還有更多的是非糾纏，根本無法脫困，問題很嚴重，有致命的傷害與刑剋。

天機亦代表手足，因此有天機化忌時，一方面代表你身體上手足較弱，會有問題，會疼痛，會手足筋骨有奇怪的病痛，神經系統有毛病，也易常抽筋。另一方面，代表你和兄弟手足在情感上不順暢，你和平輩之間的關係也多是非、口舌，故要小心。當天機化忌居廟、居旺時，你身上的手和腿、腳問題不大，偶有疼痛，亦能治癒。你和兄弟姐妹及平輩朋友之間的關係是偶有磨擦、是非口舌，那是運氣遇時間點不好時會這樣，時間點轉移，還會變好。當天機化忌居平、居陷時，你身體上手臂、腿、腳等易有問題或疼痛的毛病。而且你與兄弟姐妹及平輩朋友之間的磨擦、是非很多，難以改善。

有天機化忌在命格中的人，不是其人本身身體上有問題，就是其兄弟輩的身體有缺陷，亦或是其父親的同輩，如叔、伯輩的身體有缺陷。

天機化忌坐命的人，脾氣急躁、古怪、情緒不穩定，很難控制、自制力差、神經質很嚴重，更易鑽牛角尖，及做出怪異舉動，頻招是非。這主要是腦袋有問題之故。

天機主變動，有天機化忌時，居廟、居旺時，表示有古怪的變動機會，或也不愛動。當天機化忌居平、居陷時，根本不愛動，或

一變動就有災禍發生。因此逢天機化忌運時，不可搬家、遷移。其人的活動性也差。

天機主機會，有天機化忌居廟、居旺時，表示機會古怪、或機會略受阻，稍等一下就會明朗，再觀看機會之好壞。但多半亦不算好，但也不致於太壞。當天機居平、居陷時，機會愈變愈壞，有長時間的磨難，因此要以不變應萬變，先做最壞之打算及準備，以免措手不及，用心應付問題，把災難降到最低，便不會有大損失了。

天機屬木，在病理上，屬於肝膽方面之疾病。有天機化忌時，要小心肝癌、膽囊炎，或膽囊癌、手足必有損傷、神經系統易錯亂、易頭昏眼花、腦神經衰弱、多憂慮、易做惡夢、夢遊等病症。天機在物代表車輛、機車、樹木、電線桿、高直的建築物、玻璃、眼鏡、機器、鐵道、會運轉不停的物體、茶葉、眉毛、窗戶。故有

天機化忌在命格中時，容易有車禍，所戴的眼鏡常壞，所用之會運轉的家用電器或用品，常不轉了。以及不喜住高直的建築物，或住在高直建築物中易遭災、不順。也不喜歡住在木造屋或與樹木太接近的地方。其人的眉毛會稀少，喝茶有胃部不適現象，居處房間內也不喜開窗。

天機在人代表兄弟、平輩、父執輩、老師、設計師、新聞記者、奔波好動之人。命格中有天機化忌時，其人和兄弟、平輩、父執輩都會有是非、口舌、有爭執。其人的兄弟、平輩及父執輩中也有身體或精神方面的缺陷。其人也不一定會做教師、新聞記者、好動的工作，即使去做這些工作，發展也不大，能力也有限，升遷機會常有阻礙。

天機在地，代表樹林、眼鏡行、鐵道旁、機械工廠、機車行、玻璃裝配店、車站、貨物站、十字路口、四通八達的地方。當命格中有天機化忌的人，上述這些地方全對他不利，易有是非、災害發生，要小心。

## 己年生

### 文曲化忌

文曲化忌主要是口才、才藝、名聲、功名、桃花方面的問題。

文曲化忌居廟、居旺時，口才、舌辯、藝術方面，會往古怪方向發展，有異途顯達的機會。其人也易藉桃花（男女關係）來創造晉升的機會，但機會不是很順利。其人也容易頭腦不清、強詞奪理、說些歪理，最後多半在金錢上消耗、花錢消災。

文曲化忌居陷時，很悶、話不多，一開口便遭災、惹是非，而且才藝不佳、永無出頭之日，此人最好轉往『求富』的方面發展，讀書、升官都是不太順利的。另外在桃花方面也少，人緣關係有阻礙。而且一招惹桃花，必有災禍降臨。

有文曲化忌在命格中的人，頭腦不清，精神不能集中，會東想西想，全想無用的事，或多惹是非的事情，心情反覆不定、容易鬱悶、不能精打細算、學習能力也差。其人會呈瘦型。

文曲本來就代表異途顯達。文曲也代表藝術中各類靠感覺靈敏而成就的藝術型態，例如彈奏樂器、鋼琴、小提琴或吹奏簫、笛、薩克斯風等等，又包括各類的歌唱、舞蹈、表演類型、雜耍等。以及繪畫、雕塑、編織，所有和技藝有關的功夫，甚至連運動類別，如田徑、馬戲、舉重、標槍、射擊等等皆包括之。

有關文學、思想、文字、計算方面的才藝是屬於文昌範圍去管的，文曲代表的是有韻律感的藝術層面。文昌代表的是邏輯、思想等藝術方面的層面。

因此有文曲化忌在『命、財、官、遷、夫、福』等宮的人，倘若文曲是居旺的帶化忌，這人會有在才藝上往另一方面發展，離開正途。例如某些從小學正統鋼琴的人，本來彈得也不錯了，甚至是大學主修鋼琴，要走正統音樂的路子，但後來居然到餐廳或飯店工作，而彈一些俗樂，而無法完成成為正統音樂家的成就。但也許可在異途中小有名氣。

倘若文曲化忌是居陷位的，例如在『寅、午、戌』宮，文曲居陷本來就才藝不行了，再加化忌，是永無出頭之日的。

有一位母親來為女兒論命，她的女兒在才藝資優班主修鋼琴，

平常都彈得很好，常獲老師誇講，認為前途大好，可以鋼琴家為終身職業，亦可出國進修、成名，但每次在鋼琴比賽時皆無得名，這位母親十分納悶，希望得到解答。

經命盤上顯示，有文曲化忌在官祿宮，又居於午宮為陷落之位，既表示頭腦不清楚，又表示所學的才藝只是一般水準，不可能太好的，並且是永無出頭之日。此種命格，若未來的目標只是一般的教授鋼琴的老師尚可，但也不一定做得久。因為環境改變，也許她就沒興趣做了，倘若一直執迷不悟，父母要浪費很多金錢在她的學習過程中的學費上，她自己也會浪費了生命和時光，耽誤了一生，也無成就可言。她的唯一路途，就是做回正常人，學習正常的學業與謀生之道，不要再迷戀做藝術家的美夢。

張大千先生也是己年生，命格中有文曲化忌。但其文曲化忌在兄弟宮，又居陷，故是其兄弟的才藝差，無法成名。故大千先生自己很有名，高出兄弟很多。其二兄張善子先生也畫畫，善畫虎，中年辭世。文曲化忌在兄弟宮，亦代表兄弟姐妹多是非口舌爭執。

大千先生有兄姊弟十人，只有和二兄及姐姐較親近。

因此命格中有文曲化忌時，想要成名是較困難的了。這種狀況也會在八字中明顯的顯現出來。

另外命格中有文曲化忌時，也要看和什麼星同宮，亦分別代表不同的意義。

※任何主星帶化忌星，都要看同宮還有那些甲級主星一起，要一同解釋其意義。倘若宮中只有一個主星帶化忌的星，就以『此主星帶化忌』之意義為主了。

**例如：**

**貪狼和文曲化忌同宮時**，代表頭腦不清、政事顛倒，會在才藝、能力、口才等方面亂七八糟而遭禍。會遭解職、開除、降級、懲處、處罰等狀況，且後續是非還很多。更會看起來自己是得到了好機會，但自己能力不足、思想混亂，把機會搞砸了，還惹了一大堆麻煩事。

**廉貞和文曲化忌同宮時**，代表其人油腔滑調、頭腦不清、專說一些亂七八糟的話，也會說黃色笑話或組織能力不好的說話方式。在寅、午、戌宮，是粗俗、無才藝可言、話少。

**廉貞和文曲化忌居旺時**，就是會亂說話，說不得體的話而惹是非。亦會有不正常關係，由拐騙的方式來得到色情桃花，而遭麻煩災禍。

**廉貞和文曲化忌居陷時**，口才不好，組織能力差，或許會有口

吃、結結巴巴，但想討好人，說話仍是不得體、不高級的。在桃花方面，亦會有邪淫行為和思想，去強暴人，或被強暴的狀況，亦會貪小便宜而遭災。當運氣不好時，又流日、流時逢到此廉貞、文曲化忌時，問題就會發生了。

**巨門和文曲化忌同宮時**，代表頭腦不清、感情複雜、扭曲、口舌銳利、令人討厭、是非糾纏不清。

**巨門和文曲化忌皆居旺同宮時**，表示口才好、好舌辯、歪理多，想法奇特，毛病不少，情感扭曲複雜、陰險、心口不一、不守信諾、愛騙人、自以為聰明，其實糊塗、頭腦不清、是非糾纏不清。

巨門居旺、文曲化忌居陷同宮時，表示口才好像很好，但實際很差，講話的方式不讓人認同，也會較沈默，該講的不講，不該講

的說一堆，言不及意，廢話多，沒有中心思想、糾纏不清、才藝差、喜歡做些無意義的事。

巨門居陷和文曲化忌也居陷時（在戌宮），表示口才差，不敢多說話、頭腦不清、只會用鬧的、胡攪蠻纏來解決和表達，超級難搞、是非太多，也難解決。若惹上桃花糾紛，肯定因此而敗落，一生難以復起。

有一位律師來論命，其官祿宮即是巨門、文曲化忌在戌宮，生意不好，才來論命。我說：「你怎會去做律師呢？一定一生中從未打贏過官司！」他說：「是啊！從沒打贏過。」而且一直無法考到律師執照，學校也無畢業，因為妻子幫助之關係開了事務所，目前用借牌的方式在營業，律師事務所也像是替別人開的。此種命格最好去找固定上班族的工作，朝九晚五，而且也做不久，會斷斷續續。大

運不好時，會根本不工作。

**破軍、文曲化忌同宮時**，無論破軍、文曲化忌是否在旺位，或在陷位，皆表示窮困、破耗、清高，還帶有是非災禍。更表示才氣窮拙不佳，難以出名，白花力氣。

有一位大學美術系的主任，在官祿宮有此破軍、文曲化忌同宮，你會奇怪為何還能坐到此位置。那是因為在他的命格中有極強的暴發運格『武曲化祿、貪狼化權』，而且他也是在『武貪格』的年份得到此位置的。但是此人是不可能以繪畫有名，而且在工作上能平安度過已最好了，也不可能將該系的才藝發展做到有名，這一方面是其頭腦的關係，一方面是能力上只會破耗、頭腦不清之故。將來亦可能發生災禍而去職，亦有可能要賠錢。

十干化忌

## 辛年生

### 文昌化忌

文昌代表文字方面、文學方面、計算能力方面、邏輯性、思考性、結構性、數字方面、計算利益、價值方面、氣質方面、文化水準方面、知識層面、智慧及聰明度方面、文名及讀書、學習能力等等的問題。故有文昌化忌時，上述這些方面的問題，不是怪異、古怪的發展，就是無法發展、程度差。

有文昌居旺化忌時，有時其人氣質還不差，但頭腦不清、做事沒方向或沒個性、沒邏輯性、計算能力也不佳，常發生問題、糾紛而手忙腳亂。

有文昌化忌居陷時，其人長相粗俗、愚笨、頭腦不清、計算能

力更差，常因此而遭災、致禍。

**當文昌居旺帶化忌出現在『命、財、官、遷』時**，你會有人生起伏，並脫離正常人生道路，從事別的行業，異途顯達、繞遠路的問題。不論命格有多強勢，也會較晚才好，中年以後才會有成就。

**當文昌居旺帶化忌在『夫、遷、福』出現時**，你會思想古怪、邏輯性、思考性、計算利益的方式和價值觀與別人不一樣，會重視一些虛幻不實際的事情，以致讓你的人生有些雜亂或保守、前進不順暢，成就遭打折扣而不高。這也是頭腦不清楚之故。

**當文昌化忌居陷在『命、財、官』出現時**，你的人生成就是直接被打了很大的折扣的，要看文昌居陷化忌在那一宮，就是那一個部份出了問題。例如在命宮，就是本身頭腦的問題，會愚笨、凡事扭曲、要不就是凡事想不周全、莽撞。要不就是想得太多、計較太

多、是非糾纏。因此想與不想都是問題多多，怎麼樣都做不對的。而且有文昌化忌或文曲化忌在命宮中時，會解桃花，人緣機會會變得不甚好、沒有了。

本來文昌、文曲二星同宮在丑宮或未宮，是很重的桃花格局，會在男女問題、性愛問題上有特殊的發展，異性緣強。但昌曲同宮時，若有一個帶化忌，桃花就會變樣，無論同宮其他的主星是否是天梁、日月、天相、紫破、武貪，這些或多或少帶有桃花的星曜，都會對桃花有解除作用。即使硬想創造桃花機會時，便有是非災禍、遭牽連致災而損失。

**文昌居陷帶化忌在財帛宮**，就表示在賺錢和理財上，智慧不高，且有愚蠢的計算利益和邏輯方式，因此手邊的錢財易耗財或多生是非而不順。即使同宮的主星皆在旺位，也是財來財去，常有是

非麻煩，在錢財上有閃失，而吃虧。亦容易借貸、周轉過日子。

**文昌居陷帶化忌在官祿宮時**，表示學歷不高，或不想唸書，亦會自做聰明，常陷自己於不利的境地。在工作上有起伏、不穩定現象。在工作上也會不積極、勞碌而所得不高。亦會做較粗重、雜亂、用腦不多的工作。因此在升遷上競爭力不強，並且其人在計算能力上、邏輯性和常人不一樣，也容易靠借貸、周轉過日子。

命格中（指命盤中）有文昌化忌時，流年、流月、流日走到，便要小心有理財、數字支票、簽約文書上易出錯的問題，要小心。

**貪狼和文昌化忌同宮時**，表示頭腦不清、思想、觀念和做事方法有問題，政事顛倒、古怪而遭災，易被罷黜、停職撤換、調職，因頭腦糊塗而做不法之事、貪污等遭處罰。

**破軍和文昌化忌同宮時**，是窮困、破耗、頭腦不清、思想清高、所學的知識觀念有問題，內心思想窮而糾結而造成的困頓現象。

**廉貞和文昌化忌同宮時**，會做一些假面子、陰險、暗中之事，打腫臉充胖子而事後遭災。也容易做假帳而被抓、賠償很大。也容易做雞鳴狗盜之事。尤其文昌化忌居陷時，最應驗。

**巨門和文昌化忌同宮時**，是頭腦不清楚、計算利益算不清楚、還愛強辯、爭執。也會吵架時，口舌銳利、很凶，但胡攪蠻纏、亂吵一通。更會語彙章法亂七八糟，但吵得很熱鬧，歪理多，也講不清楚。

**文昌化忌在疾厄、健康上**，代表肺部、大腸、皮膚、毛髮上的問題。要小心肺炎、肺癌、支氣管炎、呼吸道病變，大腸癌、皮膚粗躁、濕疹、禿頭、落髮較多、氣不順、氣喘病等問題。

## 壬年生

### 武曲化忌

壬年生的人，都會有武曲化忌在命格中，要看武曲化忌是居廟、居旺或居平。居廟、居旺的，問題稍輕。居平的武曲化忌，必和七殺、破軍同宮，自然問題較嚴重，而且是更窮困、破耗。

武曲是財星，自然武曲化忌以錢財方面的問題為最嚴重。武曲化忌居旺時，是錢財上還有，但有是非糾纏和災禍。例如借錢給別人不還、要不回來，或是帳務不清、遭人置疑，有名譽損失，有金錢是非和糾纏。

例如親民黨主席宋楚瑜先生是壬年生的人，有武曲化忌、天府、擎羊在官祿宮，武曲化忌是居旺的，又有天府財庫星同宮，其本人的資產仍很大，但容易有錢財上的是非糾纏，例如輿票案即是一例。

同樣是壬年生有武曲化忌、天府、擎羊在命格中的人，也同樣有金錢糾紛和煩惱，但其人所擁有之財產卻不相同，某些有此格局的人，也是會有很窮困現象的人，這是為什麼呢？

因為每個人本命的財富，其實要由八字中來斷定。八字中財多的人，其『武曲化忌、天府、擎羊』的格局也就較高，因此可享受的財較多。八字中財少的人，即使不是壬年生的人，是己年生有『武曲化祿、天府』在命格中，其財富也不見得有宋先生多。紫微斗數是一門歸納學，把有相同狀況的現象做一歸納分析。但命中財多、財少，是另外一個層面的問題。故無法同置一處來講。是故，要看兩個命格的『武曲化忌、天府、擎羊』時，還要連帶八字一起看，才能分出此『武曲化忌』的問題的嚴重性，和對其人的影響有多深？

有武曲化忌時，還要比較宮位的位置。例如武曲化忌在辰宮，或在戌宮，雖同屬廟位，但實際上是不一樣的，其人本身的感受也不一樣。

武曲化忌在辰宮，辰宮是帶水的土宮，土能生金，水又能清金，故武曲化忌在辰宮時，仍有錢，金錢是非的嚴重性比在戌宮為輕，若稍加注意，某些不吉的事也能不發生。

武曲化忌在戌宮，戌宮是火土宮，火土無法生金，故會稍窮，又有金錢麻煩和是非。是非也會稍嚴重。

武曲化忌在丑、未宮也是一樣的，在丑宮比在未宮略好一些，它會和貪狼同宮，貪狼也以在丑宮較強。是故武曲化忌、貪狼同宮

於丑宮時，錢財還是有的，機會還很好，只是略有金錢上的是非糾纏而已。在未宮，錢財的層次少了，機會略差，不如在丑宮，錢財的糾紛是比在丑宮時多一些的。

武曲是正財星，帶化忌，就是『因財被劫』了，也就是被劫財、耗財了。武曲居廟時，帶化忌，財還多，被劫財、耗財後，還是會剩一些財給自己用。只是麻煩是非、不順而已。當武曲居平帶化忌時，就算是陷落之位了，會和七殺或破軍同宮。

**武曲化忌、七殺同宮時**，表示財少、窮困、操勞，所獲不多，且有金錢上的麻煩，是雙重的『因財被劫』。既沒錢還被劫財，是故異常辛苦難過的。同時這也是『因財持刀』的格局。有武曲化忌、七殺同宮的時候，會因錢財上的糾紛、欠債而殺人或被殺。

**武曲化忌、破軍同宮時**，也是財少又窮困，有債務和錢財上的

麻煩，也是『因財被劫』的格式，這是既窮、又有錢財是非，更加上因是非災禍而造成更大破耗的結果，亦會因錢財問題而損失或因欠債問題而自殺、被殺。

武曲屬金，代表剛直、強硬、僵硬如鐵一般，或代表鐵器。故武曲化忌代表政治衝突、被剛硬物撞擊所遭的傷災、車禍、飛機空難，亦或是部下、老百姓強烈的反抗、抗爭。

有武曲化忌在命格中的人，一方面要小心錢財上的是非、災禍，更要小心政治方面的災害和衝突，最好不要參與政治，以防遭受政治迫害。並且有此格局的人，要小心車禍與交通工具的意外災害。旅遊時定要買保險，在武曲化忌之流年、流月少外出旅遊，走路小心，以防車禍血光。更要小心被鐵器或巨石打到，颱風時有土石流發生，也要小心不要被沙石沖走或打到。

武曲化忌在病理上，主肺炎、肺癌、支氣管炎、呼吸道的病症、麻煩。也主大腸的病變、大腸癌、腎臟病、膀胱的毛病、肝病、濕疾、皮膚病、鼻病、氣喘、感冒，或身體中易長腫瘤、硬塊，或結石。

## 癸年生

## 貪狼化忌

癸年生的人有貪狼化忌在命格中。貪狼是大桃花星，是運星，主掌運氣和運動、活動的變化。同時貪狼也是『好運星』、『偏運星』。

當貪狼化忌代表桃花方面的問題時，要看貪狼化忌是否在旺

位。

貪狼化忌居旺時（包括居廟、居旺），其人會保守、拘謹、不太和人來往，或是來往的人際關係狹小，桃花受到限制，桃花會少，流年不利時，會有桃花糾紛，或人事上的人際關係的是非災禍。

貪狼化忌居陷時，會和居陷的廉貞同宮，會在巳宮或亥宮出現。此時是人緣不佳、機會不好、讓人討厭、智慧低落、運氣很差，還惹是非糾紛或遭災不斷。其人也會成就不好、懶得動、做事不積極、也無法負責任。

貪狼是運星、是運動速度很快的星，有化忌時會限制其行動、活動力減低，不太動了。因此會保守、內向。

貪狼化忌在運氣上代表往古怪上發展的運氣。貪狼化忌居旺時，會自己不想掌握運氣，或遇到怪運氣，或遇到不吉的運氣。貪

狼化忌居陷時，運氣很壞，又有是非災禍糾纏。且運氣會往愈笨、愈糟、是非更多的方向墜落，而無法控制。或卡在既笨、又環境低落、又窮、又慘的谷底，而無人救助支援。

因此貪狼化忌主要是人緣、機會的喪失、減少、打折扣，或運氣停滯在低落的地方，而不翻升，讓人希望落空。

貪狼是『好運星』，也是『偏運星』。在貪狼居旺的年、月、日、時上，都會有好的機會和運氣展現。因此在『暴發運格』或『偏財運格』上，如『火貪格』、『鈴貪格』或『武貪格』中，則必有貪狼一星，才會暴發。沒有貪狼星者，格局不能成立，縱然稍有意外之財，只是如螢螢小火，稍亮即滅，發不了大財，成不了大富翁。因此在『偏財運』格局或『暴發運』格局中，貪狼是非常重要的主將。少了其難成大事。

貪狼是速度快，且橫衝直撞之星，故而在貪狼運的時間點上，其人也容易外出、奔波、忙碌、暴發運才發得大。因此暴發運也是勞碌而來所發的財。沒有看到任何動不了的人，會暴發偏財運的。

故而當暴發運格和偏財運格中有『貪狼化忌』時，會有的狀況有二。一、是不暴發。二、偏財運是暴發了，但帶有古怪的災害，反而不暴發還比較好。

※偏財運格中有化忌星，就不暴發。例如有武曲化忌或貪狼化忌等星。有劫、空同宮或相照也不暴發。有擎羊、陀羅二星時，仍會暴發，但會有延遲現象，或暴發得略小。

像壬年生、癸年生的人，命盤上有『武貪格』、『火貪格』、『鈴貪格』的人，都不會暴發偏財運。

## 偏財運向古怪、災害發展的案例：

多年前有一位讀碩士班的學生，在丑年走『武曲、貪狼化忌、火星、擎羊』之年，遇車禍而成植物人，獲得賠償八佰萬元。其人三十歲的生涯從沒暴發過偏財運。而在丑年這一年遇車禍而獲巨款暴發，因此這種雙重爆發運格又帶化忌、擎羊的格局，就是連帶血光、災禍的暴發格，不發還好，一發不可收拾，更增痛苦。這就是偏財運向古怪、災害發展的案例。

## 例二：

有一位在教育界鑾有地位而退休的女士，年已七十了還要來論命，原本六十歲以上想來算命，因為人生的精華和該打拚時段都已過了，故而會推辭不算。但是這位女士說：她實在很想知道，自己的命運為何如此坎坷？先後結過四次婚，目前依靠女兒一起過活。

這位女士是破軍坐命戌宮的人，一生手頭都還有錢富裕，物質生活過得不錯，但感情生活真是不順。四任丈夫中都是脾氣暴躁、會打人的人。有兩任丈夫是爭吵離婚，一任丈夫車禍死亡，最後一任丈夫生病死亡。她自己覺得，每次都是在她的事業有非常好的發展時，家中丈夫就鬧得特別凶、打架、吵架每日上演，讓她十分痛苦，為了愛面子不敢聲張，但最後還是吵到眾人皆知，以及發生重大災禍才停止。離婚的兩任丈夫是把家中的財物、房地契都帶走及賣掉了，讓她陷入生活的窘境。第三任丈夫是連續吵鬧了一段時間，準備要離婚時，卻發生車禍死亡了。看起來她的人生真是非常離奇。

經過印出命盤之後，我們發覺還是偏財運、暴發運在作怪。這位女士的夫妻宮是廉貞化忌、火星。而官祿宮有貪狼相照形成『火

## 十干化忌

貪格』，而又有化忌同宮的狀況，其實這也是不會暴發偏財運的格局。據她的記憶中，也從未中過什麼大獎，也根本不知道自己有這種奇怪的偏財運格。

夫妻宮有廉貞化忌、火星時，表示其人的內在感情模式，仍然是頭腦不清楚，會有怪異的桃花，以及較衝動和奇怪想法又剛硬的愛情模式。自然她所找到的配偶對象，也是這麼一種頭腦不清、性格衝動、會動粗、會具有某些奇怪念頭而易衝動吵鬧的配偶或情人了，因此她會一見鍾情，閃電結婚。或因為自己內心一時有奇怪的想法而結婚。以致於重複找到相同衝動又頭腦不清性格的人。她的夫妻宮和官祿宮相照而形成『火貪格』帶化忌的形式。本來不該發，但會因為某些原因的關係，讓她在事業上有突發的機會。這些原因包括了天干、地支的相應合，以及她本命的運程的關係，因此

在某些時間點上固定會發生某些事情。

這種『火貪格』帶化忌的形式，就是帶災的暴發運，是不發還好，一發就遭災的。『火貪格』加廉貞化忌所帶的災，一是桃花之災，二、是官非之災，三、是血光之災。

貪狼還有一層內含意義是貪心、強悍。有貪狼帶化忌時，就是貪心往奇怪上發展。普通人心中好貪的東西，不外乎金錢、權力等名利的東西。有貪狼化忌時，好貪名聲或一些不實際的東西或古怪的東西。當貪狼居旺帶化忌時，貪心還貪得到，有時會蒐集一些古董或怪東西。其人性格保守孤獨一點，自顧自的貪心及蒐集自己喜愛之物，或做自己喜愛之事，較獨來獨往。當貪狼化忌居陷時（和陷落的廉貞同宮），貪心貪不到，什麼也不想做，智慧和成就都低，人緣機會也少，處處惹人厭，又自私，只貪對自己有利的小小利益。但所能貪到的好處也十分之少。

## 第三節　化忌星的強勢與弱勢

在十干化忌中，以甲級星的紫微諸星及天府諸星中帶化忌的星曜為強勢，所引發的事端也較嚴重。如紫微諸星中的天機化忌、太陽化忌、武曲化忌、廉貞化忌。如天府諸星中的太陰化忌、貪狼化忌、巨門化忌。

在十干化忌中，以時系星的文昌化忌和文曲化忌在發生事態時為較輕，因為這兩個化忌是時系星，因此所發生事態的時間長度較

短，故而算是弱勢的，常常在一個時辰中易發生，只要控制住那個凶時，問題較不會嚴重了。但是文昌化忌、文曲化忌也會影響人的思想和觀念，這個部份便不是一、兩小時會解決的，往往受其影響時，其人就會在人生中繞了一個大彎。最明顯的就是有這種化忌格局的人，往往自年輕時代一直反反覆覆找尋人生的方向，或找尋賺錢的方法，有些人一直到四、五十歲時才找到，才發現自己繞了遠路。而另有一些人，終其一生都沒找到屬於自己的路。

化忌星就是對人命的刑剋。這些刑剋從八字上亦可看得出來。但八字的解釋較難，一般人很難瞭解。紫微斗數也是從八字而轉變來的。它把八字內含分門別類歸劃整理後，形成十干化忌和十干的權、祿、科，以及祿存、羊、陀等刑、制、增、減命格吉凶的表現方式，讓一般學習命理的人容易懂。因此我們也才能從生年所帶化

忌中，瞭解到我們人生方向的缺失或優點。

例如，大體來說：

**甲年生，命盤中有太陽化忌的人**，人生中主要是事業和運氣好壞上的問題。

**乙年生，命盤中有太陰化忌的人**，人生中主要是錢財和儲存的問題。

**丙年生，命盤中有廉貞化忌的人**，人生中主要是智慧、企劃、官非、桃花的問題。

**丁年生，命盤中有巨門化忌的人**，人生中主要是嘴巴所惹的禍。

**戊年生，命盤中有天機化忌的人**，人生中主要是聰明、智慧的問題。

# 十干化忌

己年生，命盤中有文曲化忌的人，人生中主要是才華和出名的問題。

庚年生，命盤中有太陰化忌的人，人生中主要是錢財和儲存的問題。

辛年生，命盤中有文昌化忌的人，人生中主要是計算利益及思想、觀念的問題。

壬年生，命盤中有武曲化忌的人，人生中主要是錢財或政治的問題，以錢財為嚴重。

癸年生，命盤中有貪狼化忌的人，人生中主要是機會和人緣的問題。

# 第二章　化忌和左、右、羊、陀、火、鈴、劫、空同宮時的狀況

## 第一節　化忌和左輔、右弼同宮時的狀況

### 化忌星和左輔、右弼同宮時

左輔、右弼是輔助之星，助善也助惡，與吉星同宮時助善，與煞星同宮時會助惡，化忌是煞星，故是更增加其是非糾纏。

化忌星和左輔、右弼同宮時，就是助紂為虐，問題更加嚴重一

級的狀況。並且在其人旁邊有朋友、兄弟或平輩之人來幫忙頭腦不清、更增混亂、更增不順、更增衰亡。這時要看化忌的主星是什麼，旺度如何，就能知道是在什麼事上會出問題，問題的嚴重性又為何如了。因此凡是有化忌星和左輔、右弼同宮者，是更增其亂、更增不吉，而沒有一點好處的。

**例如：**

**太陽化忌居陷、左輔在戌宮**，表示本身鬱悶，與男性不合，事業晦暗無著落，還有朋友、兄弟、部屬之人來助長不順，自然景況是更加惡劣。**倘若此『太陽化忌居陷、左輔』是在遷移宮**，就表示此人的外在環境中是較黑暗、窮困、不良的環境，周圍都是一些事業不成、沒用的人，而且多招是非、災禍，因此很容易交到壞朋友，或本身家庭就是不良或窮困的家庭，有些是父母離婚、父親不

在了的單親家庭、有些是父親、兄長凶暴、不講理的家庭。此人一生受不到良好教育，能接近的只是低下社會，因此一生容易在低等社會中生活，沒有能力出頭。也容易被朋友牽連入獄。**若此格局在官祿宮**，表示其人易受朋友慫恿頭腦不清，同時也表示易遭人陷害而事業受阻，或失職遭處罰、被開除或被迫離職，最後沒工作。**若在夫妻宮**，倘若你是女子，表示你會受人（男人）影響，和內斂的男性不合，而每次看上的又是悶悶的、事業不好的、內斂的男性，因此容易結不成婚，或結婚後又離婚、獨守空閨。倘若你是男子，會找到性格陽剛、頭腦不清、會幫你又會幫倒忙的妻子，也很容易離婚。

**倘若太陽化忌居陷再加右弼時**，表示會幫助太陽化忌不順的是女性平輩的朋友、兄弟姐妹或部屬。有時也是家中的母親（溫和而

和你感情親如朋友的長輩），這些人表面看起來是在幫你，其實是幫倒忙，更使你不順的，或更讓你和男性不合及事業不順受阻的。

**倘若是太陽化忌居旺，加左輔或右弼在午宮時**，表示有平輩或晚輩之人幫助你和男性交往上有古怪，是非多的現象。雖然也是不好，但沒有太陽陷落化忌那麼嚴重。還表示有平輩（朋友或兄弟姐妹）或晚輩（部屬），會引導你的事業往奇怪方向發展，有好有壞。有太陽化忌時，已沒有領導力了。再有左輔、右弼同宮，表示會遭同事或部屬的反抗及陷害，容易被迫離職。而這些迫害你的同事及部屬必為男性。

**倘若太陽化忌、左輔或右弼，是在夫妻宮時**，表示配偶是個麻煩的角色，而你的心裡也是糊塗、頭腦不清的人，夫妻倆會因工作上或事業上不能配合，或工作上、事業上的朋友，而造成夫妻有衝突而離異。同時也表示你的配偶是事業會發生問題的人。有此格局在夫妻宮的人，倘若你不能忍耐、性格衝動，那就一生很難找到合意的配偶，只有獨守空閨了。

**當夫妻宮有太陽居旺化忌，再加左輔或右弼時**，亦表示在你的心中，有時可受朋友影響、勸說一下，也能開朗、不計較，但時間很短，又回復到和男性的是非多、糾結不清的狀況，因此反反覆覆、起伏不定，煩惱更多，左想右想都搞不清楚的狀況。這種思緒上的反覆，也會讓你一事無成。

**有天機陷落化忌、左輔、右弼化科在丑宮時**，表示頭腦不清、聰明向鬼怪、邪惡上發展，大聰明沒有，小的、壞的主意一堆。又有朋友（包括男的、女的）、和兄弟姐妹的幫忙，一起使壞，所以更陷於萬劫不復之境地。此格局中的右弼化科，是女性同輩的朋友或

姐妹，會用巧妙的方法來幫助陷落的天機化忌，更向下墜落，有更多是非、更增加其頭腦不清和惡運。

## 左輔、右弼助善也助惡

當同宮之中的星曜有好多個時，有吉星也有凶星、煞星，再加左輔或右弼時，其解釋就要面面俱到。

在一個宮位中，最大、最重要的星曜是紫微諸星（包括紫微、天機、太陽、武曲、天同、廉貞）和天府諸星（包括天府、太陰、貪狼、巨門、天相、天梁、七殺、破軍）。因為這些星組成了不同的命盤基本格式。刑星羊、陀、火、鈴、化忌、劫空展現了刑剋的狀況，權、祿、科是增加、加強命理的結構。有時某些『權忌』、『祿忌』、『科忌』相逢的狀況，表示加重負面的比例。

※在十種化忌星中，文昌和文曲所帶之化忌，要比其他的化忌星嚴重性略輕微的。主要是因為文昌和文曲是時系星，效果較短暫。況且它們又是文質的、溫和的吉星帶化忌之故。是故它們的凶性不如其他主星帶化忌來的強。

**例如：**

**紫微、天府、文曲化忌、左輔在申宮出現時**，表示仍然吉祥、平順、賺錢多、有財，但會因口才不好、才華不佳、多招是非。有平輩、同輩的男性在幫助你平順賺錢，也幫助在口舌是非方面多增困擾。因為紫微強勢能趨吉避凶的關係，你所感覺到的口舌是非不會太困擾你，會輔平。有時你只發覺自己口才不佳、偶而常說錯話，但並不常見災禍，甚至是沒感覺有太大的痛苦或不順的。倘若此格式是官祿宮，就肯定的表示你不會做用口才來賺錢的行業。**倘**

**若紫府、文曲化忌、左輔在寅宮出現，又為官祿宮時**，表示你在工作上仍能賺到錢，但才華和口才不佳，常惹是非，有同事或朋友幫你好的、也幫你壞的，工作仍能賺到錢，但事業的成就和層次不高，也容易默默無名，出不了頭。這是因為文曲化忌在寅宮陷落的關係使然。（有右弼同宮時亦是，只是幫好或幫壞的是女性平輩）

**例如：**

**倘若宮位中只有文昌化忌、左輔在宮位中**，表示是空宮。亦表示是在觀念思想，或計算利益的價值觀上受到外來影響，而頭腦不清。有平輩的人，或旁邊有助力使你人生走錯路或繞遠路，那到底是什麼人或什麼事來影響到你的呢？這時就要看對宮有什麼星，就能瞭解了。

例如有一位先生的子女宮有文昌居平化忌、左輔在卯宮，而對

宮（田宅宮）是紫貪、祿存。子女宮表示子女和才華。有這樣的子女宮時，生子女較麻煩，須靠別人幫忙（靠醫生幫忙做精蟲分離術）也可生一個。但是這位生先不喜歡小孩，也沒有生。

子女宮代表才華，有此子女宮時，代表常有古怪想法，或由別人的影響而走上不同的道路。子女宮的對宮（田宅宮）是紫貪、祿存，表示有好的，卻保守的機會而讓此位先生走上學非所用的人生路途。的確如此，這位先生在大學文科畢業後，經父執輩介紹進入長輩的公司工作，後又自己開公司做貿易，其間換了數種不同的行業，最後以四十歲的年紀又學法律、考法官資格，人生繞了多大的彎。我說：千萬別再換職業了！

每換一次職業，都會損失很大，損失了光陰、精力和金錢，一生的財富和運氣都很難聚集。再加上事業是靠累積經驗和成果而成

的，每次改行，都造成事業的中斷和重新再造，是前功盡棄，一無所有而再重新開始，這些都是得不償失的。而且他的官祿宮是巨門陷落化祿、擎羊、火星，再適合打官司、做律師或法官不過了。因此不能再換行業了，只要在此行中多加努力，亦能略有成就的。

這位先生命格中有『陽梁昌祿』格，但帶文昌化忌，因此有大學學歷已不錯，不想更往上發展，這也是其人頭腦觀念的古怪想法與計算利益的價值觀不同而形成的，而使『陽梁昌祿』變相發展或無用。

據他自己告訴我，他的數學能力很強、唸微積分，都考高分的。並不像我所說的計算能力有瑕疵。

**文昌化忌居平、居陷時的意義是：一**、是計算能力不好，沒有數字觀念。**二**、是計算對自己有利之利益觀念不佳、價值觀不同、

頭腦不清。三、文字表達能力不好，契約、文書易出錯、有麻煩。

**文昌化忌居廟、居得地時的意義是：**一、計算能力還不錯，但會用古怪的計算方式來算，最後還是錯。二、計算人生中對自己之利益、益處方面，有古怪的想法，不同於一般，價值觀不同，有時也會清高、不重錢財，或做一些吃力不討好、沒有結果之事。三、在學習能力上，或人生中，會不務正業、或由其他行業而成功（不是自己原先所學之行業，亦稱異途顯達）。四、在文書、契約上會馬虎、出錯，要小心。

像前述這位先生一直在換行業，事業不長久，就是文昌化忌的影響，不能找出對自己人生成就有利的方向，常失業又改行，就是計算利益的頭腦有問題了。也許他在數鈔票和算術方面很行，但仍然是在觀念上有頭腦不清、做事不能堅持努力，在人生路途上有太多的茫然，這也是他本人在命理上的一種刑剋，最終也很難成名的。

**例如：**

**太陽化忌、巨門、祿存、右弼在寅宮時**，右弼會幫助太陽居旺化忌在事業上不順和與男性不合、有是非。也會幫助巨門，口舌是非更多。更會幫祿存更保守、小氣、財少。所以在這個形式所代表的宮位中，表現的就是事業起伏不順，常遭是非而影響事業，起伏不定、工作不常久，所賺的錢少。會造成此人有這些人生問題現象的，正是平輩的女性，如同事或姐妹或部屬等的人。

祿存逢化忌是『祿逢沖破』，自然沒什麼錢了，有吃飯的錢就不錯了，可能有時也常借貸的。

**例如：**

天同居平、擎羊居廟、文昌陷落化忌、鈴星居廟、左輔同宮在戌宮時，在這一個宮位中這許多星之中，有擎羊和鈴星是居廟、最強的，因此在此宮位中是由擎羊和鈴星來主導的，表示十分強悍、且具有怪異的聰明和陰險，同時也帶有意外的血光之災和車禍因素。

**天同和擎羊同宮是『刑福』格局**

在此『天同、擎羊、文昌化忌、鈴星、左輔』同宮在戌宮時的解釋就是：左輔幫助刑福、幫助有車禍、血光、幫助頭腦不清、計算利益的觀念不好，幫助有怪異的聰明。倘若此形式在福德宮出現，再簡而言之，此宮中的意思就是說其人頭腦不清、有古怪聰明及計較的。又清高之思想。好事的方面、賺錢及對自己好的方面沒

# 十干化忌

有，但刑剋自己、用心不專、不小心的狀況常出現，突發的惡事、災禍常出現，且要小心影響到身體傷殘現象的血光之災、車禍會發生。

※文昌化忌也代表車禍或呼吸道、大腸等病症。流年不利逢此也要小心。

**例如：**

**武曲化忌、陀羅、左輔化科在戌宮**，表示有男性平輩的幫手如同事、朋友或兄弟，會用很巧妙的方法來幫助武曲化忌在錢財上的是非糾纏和在政治活動上的是非災禍。這些人還會在陀羅方面幫助損耗、磨平、拖拖拉拉、上下左右糾纏一堆，搞不清楚，也使你有苦說不出，在心中鬱悶打結。此種格局，亦是車禍血光、金石、鐵器之傷很重的格局。

※武曲化忌在政治活動方面的是非，通常是指兩個人以上，彼此相處的方

式有遠有近，一會兒親近，一會兒疏遠，這就是政治了。因此有武曲化忌在命格中的人，從事國家、政府政治的人，就會有政治迫害的事。若只是一般老百姓，就是在人際關係中，甚至在家人、朋友中的相處裡，都算是政治活動，易遭是非口舌的糾纏。

**當『武曲化忌、陀羅、左輔化科』在命宮時**，表示你的思想、觀念和人生經歷都會發生前述現象。人生格局是受到刑剋和阻礙的。雖然武曲也是居廟帶化忌，仍有生活之資、衣食之祿，但是非太多，會拖累你的人生，使你一生的成就差，也會享受財的部份少。

**當這些星在財帛宮時**，直接就影響到你手中可擁有、流動的現款，你會賺錢少、較窮困，每日為錢財奔忙，但還是入不敷出。**在福德宮時**，表示財的來源不好，自己觀念不清，理財能力和觀念都不好，易聽信人言而損失，自己根本是個窮命，留不住錢。**在官祿**

**宮時**，表示事業上會因自己觀念不好、賺錢方面有問題，有是非災禍，和政治阻礙，一生難有發展，也會因錢財問題而遭罷黜，或有牢獄之災。亦要小心因車禍問題而傷殘，無法工作。**在夫妻宮**，表示會擁有對錢財有麻煩困擾的配偶，自己也是金錢觀很糟，夫妻倆會入不敷出、欠債累累，經濟狀況不佳。更會因配偶的關係而負債。**在遷移宮**，表示你外在的環境就是有一點小錢、不富裕，且有金錢是非麻煩及災禍的環境，進財常拖拖拉拉進不來，而耗財凶，要花的錢多，又易遭騙財，這根本是你自己頭腦不清，環境中又多在金錢上險惡之輩的關係所造成的。並且在你出生時，家中就遭受錢財的是非、被騙或家道中落受打擊。因此你一出生，環境就不好了。

**例如：**

『**武曲、擎羊、文昌化忌、鈴星、右弼**』在戌宮同宮時，武曲居廟，又是正財星，自然還有錢，但和擎羊同宮為『刑財』格局，錢就少了許多了。再有文昌居陷化忌，鈴星居廟，表示有怪怪的想法和聰明，但是計算能力太差，每次都錯算數字或錯估利益，或不實際和一般人想法不一樣，別人認為是損失不吉的，你卻認為會賺錢，結果也是失敗的。右弼在此格局形式中，既幫忙武曲賺一點錢，又幫助刑財。還幫助不實際、有怪想法、怪的計算利益所得的方式，因此總括合計起來，得到的財少，只是吃飯的錢，或也常不夠。常為錢頭痛，但也不太會賺錢，但在花錢上很凶。而你所會賺的錢也會是競爭多、不容易的。很適合做軍警職、會有奇怪的奇遇，但也是不長久的。做刀筆、訟師也適合，亦不長久。並且此格

局和對宮所形成的『鈴武貪格』，因帶化忌的緣故，雙重式的暴發運不發。在此格局中，武曲財星被擎羊、文昌化忌、鈴星好幾重刑財，再有右弼同宮，等於是更加重『刑財』的倍份，因此這樣的格式，你就會知道到底有多少財在其中了。

由上述的舉例中，你就可以瞭解到左輔、右弼在與化忌和煞星同宮的狀況下，只是一個幫凶或將災害再加重。在有吉星時也會增加吉星的優點，但吉星受剋，優點無法展現時，總結時，也就是災禍很重了。

# 第二節　化忌星和擎羊、陀羅同宮時的狀況

## 化忌和擎羊同宮

主星帶化忌和擎羊同宮時，表示刑剋極深，會傷及血肉或內骨，有無法磨滅的傷痕或有傷殘現象，而且很難痊癒或好得清，常有多次手術，或有復發現象。每逢流年行到該宮位就有一次重複折騰的經歷，十分痛苦。

**在子宮會出現有：**

**武曲化忌、天府、擎羊**，表示有錢財是非問題，傷災、車禍，或有債務問題。賺錢受到剋制、打壓。人生在金錢上會栽跟頭（斛斗）。

**在丑宮會出現有：**

**武曲、貪狼化忌、擎羊**，表示有奇怪的機會能得財的話，一定和車禍、血光、傷災有關，是一定有生命上、身體上出血等的損失，才能得到財。因此這種財往往是賠償金和保險費之流的錢財。

**在卯宮會出現有：**

**太陽化忌、天梁、擎羊**，表示有眼疾之災，有瞎眼之虞、腎臟病、傷災、車禍，以及事業受創傷、垮掉了之災，或是有父母之喪，亦或是反遭長輩、上司、貴人陷害。男的長輩上司與你不合，女的長輩、上司、貴人對你更壞，問題很多，與公家機關常有是非、打官司打不過。

**在辰宮會出現有：**

**太陰化忌、擎羊**，表示有眼疾之災、有瞎眼之虞，與嚴重的腎

臟病、婦女病、傷災、車禍現象。錢財受剋、賺錢少、賺得辛苦，也無積蓄，存不住，與銀行有不合的地方，易借貸不容易，且與銀行常有是非。小心和女人及房地產有糾葛不清之是非。一生中受女性親人、友人的牽累最多。

**在午宮會出現有：**

**廉貞化忌、天相、擎羊**，此為『刑囚夾印』帶化忌，故有血光傷災、頭腦不清、受欺侮，還有官非問題扯不完。若此格局再加火星時，表示頭腦混亂，有精神病的象徵，身體傷殘，需動多次校正手術，十分痛苦。而且其人會沒用、殘廢。

**天機化忌、擎羊**，此為『刑運』帶化忌的格局，表示四肢易遭車禍或意外事件傷殘。頭腦不清、有古怪聰明而導致刑剋。機會愈變愈古怪，愈對自己不利，愈做愈錯。是非爭鬥太多。或因一時的

思想不周全而傷害自己更深。

**在未宮會出現有：**

**天同化權、巨門化忌、擎羊在未宮**，在命、遷二宮為最嚴重。有身體上傷殘現象，脊椎骨的問題，會有多次開刀紀錄，也會有危及心臟的病症。流年、流月逢之，亦會有意外之傷災、血光，帶病延年過一生。

**擎羊、文曲化忌、文昌在未宮**，表示是長相普通、才華不佳、口舌上的是非、口才不佳上的刑剋。其人較內向、沈默、陰險、內心凶惡不善。此格局亦要看對宮有什麼星來相照，就會有什麼樣條件的事來對應。

**例如有擎羊、文曲化忌、文昌在未宮，對宮是同巨相照**，表示此人的外在環境不佳，但是溫和多是非、煩憂的環境，而本身是沈

默、陰險、口才不好、也會常說不得體的話語，自己好爭，會做一些陰險之事，自私自利來維生。

**例如有擎羊、文曲化忌、文昌在未宮，對宮有武曲化祿、貪狼化權來相照的格局**，表示其人外在環境非常好，能掌握一些的機會，在外能得財，有一些突發的機會，在丑年可能會爆發，未年不暴發。其本人是話少、沈默，比較悶、口才不好、人緣也不好的人。此命格最好做軍警業，或做競爭性強的行業。其人性格強、凶狠、能做到大將軍，但仍有頭腦不清楚的時候，也會有身體的傷災，流年不利時會陣亡或傷亡。

**倘若是有擎羊、文曲化忌、文昌、『天空』在未宮及命格之中，對宮又有武曲化祿、貪狼化權的人**，擎羊是居廟的，表示好爭、陰險、口才差、頭腦不清、才華有問題，亦會弄不清楚自己的方向，

多耗財，而一生起伏、事業做得多，但最後結果都不好，一事無成。這是其人思想不實際之故。偏財運也不一定會暴發，即使暴發也在丑年，未年無暴發運，亦恐有是非。

**倘若是擎羊、文曲化忌、文昌在未宮，對宮有太陽陷落、太陰居廟相照的格局**，表示其人頭腦不清、自私、好爭、話少沈默，其外界環境中起伏不定，能賺一點衣食之祿而已，事業也不穩定，做事業也不見得好。

**在未宮：**

**天相、擎羊、文昌、文曲化忌在未宮時**，『天相、擎羊』是『刑印』的格局。『文昌、文曲化忌』是帶麻煩的桃花。是故有此格局時，會因有麻煩的桃花而受欺負。容易被侵害、受強暴，也易喪命。

**紫破、文昌、文曲化忌、擎羊在未宮時**，表示自命清高、窮困、頭腦不清、沒有才華、好爭，會為不好的桃花競爭，爭風吃醋，好貪邪淫桃花、破耗或倒霉。亦會有傷災、傷及下半身或得到不名譽病症，如性病之類的病症。這是窮命、還好爭，又自食惡果的命理特徵。

**天府、文昌、文曲化忌、擎羊在未宮時**，『天府和擎羊』是『刑財』格局，再加文曲化忌時，表示才華也不好，口才拙劣、有問題，其人會很靜、話少、陰險、頭腦不清、賺錢也不多，更存不住。會有傷災、眼目有病、腎病、生殖系統有病、下半身的毛病、子息艱難。但仍好邪淫桃花，亦可能是同性戀之類的桃花。

**天機陷落、文昌、文曲化忌、擎羊在未宮時**，表示頭腦不清，有傷殘現象，不是肢體傷殘，便是有精神疾病、憂鬱症、運氣差，

且有不好的桃花造成刑剋、侵害。

**武曲化祿、貪狼化權、文昌、文曲化忌、擎羊同宮在未宮時**，表示偏財運不一定會爆發。雖然賺錢的機會仍很多，但頭腦不清、政事顛倒的厲害。為人很靜、沈默，但終究是影響財運，且其有糊塗桃花的格局，在財富上所得也並不多。若是偏財運爆發了，也會有災禍同至，而有傷災、血光或受騙損耗之事發生。

**天梁化科、文昌、文曲化忌、擎羊在未宮時**，『天梁化科和擎羊』是『刑蔭』的格局，文昌和文曲化忌同宮，是怪異的桃花。因此有此格局時，貴人會用巧妙的方法提出要求不合理的事，而不對你提供幫助。同時你也會有表面看起來有格調，實際是不好的邪淫、不正常的桃花來剋制你，使你遭災或損失。

**太陽、太陰、文昌、文曲化忌、擎羊在未宮時**，表示事業、錢財都受刑剋、不順、會窮困。你亦可能會靠不正常的男女關係來解決生活問題，但也不會順利。要小心身體健康不佳、傷災血光、開刀問題，以及眼目有病、下半身有病痛、傷災、車禍、生殖系統不佳、腎臟病、性病等。

**廉貞、七殺、文昌、文曲化忌、擎羊在未宮時**，表示有心臟開刀的狀況，身體不佳，有瑕疵，帶疾延年。亦會因房事而突然心臟病發而暴斃。此格局亦是『廉殺羊』帶化忌，會有車禍身亡，且還帶有是非爭執的事件。

**在酉宮會出現有：**

**太陰化忌、擎羊在酉宮**，表示雙重刑財，根本賺錢不多，又耗財凶，存不了財。並且與女性的關係極差，常為自己帶來痛苦。其本人在感情上、愛情上不順利，多招是非口舌及煩惱，有內斂、自

私、煩惱、因情受困而自殺的狀況。若此格局在田宅宮出現，表示會因房地產的是非帶來災禍，會失去房地產。沒有房地產反而清靜舒服。女子有此格局在田宅宮，會子宮不好，常開刀，或拿掉子宮，無法生育。

有此格局在田宅宮的人，亦表示有家宅不寧之現象，且是家中女性家人所引起的刑剋不合。關鍵在女性。

**在戌宮會出現有：**

**文昌化忌、擎羊在戌宮時**，擎羊是居廟的，文昌化忌是居陷的，因此主要以擎羊為強勢，其意義是頭腦不清楚，強勢好爭，言行粗俗不雅，爭得難看，又因計算利益的能力差，反而造成自己的刑剋耗損，得不償失。有車禍傷災，及有心臟、肺疾、呼吸道的疾病，以及金石所造成的傷害、血光、開刀、大腸癌等等的災禍。受災後且麻煩不斷，亦有官非、打官司或賠償上文字契約上的錯誤麻煩。延伸的問題很多、損耗很重。

**七殺、文昌化忌、擎羊在戌宮**，表示辛苦勞碌、頭腦不清、凡事凶悍、不講理，會引發災禍、糊塗受傷、造成血光。有車禍及金屬類的傷害血光。身體易傷殘或死亡。這是計算對自己有利之利益不足而引起的。

**廉貞、天府、文昌陷落化忌、擎羊在戌宮**，表示智慧不足、計算利益的能力不好，錢賺得少，常存不住，只有衣食之祿，必須有固定工作才會平順。小心車禍傷災，小心開刀，和身體有殘障現象及癌症、病痛、眼目之疾，易失明。

**武曲、文昌陷落化忌、擎羊在戌宮**，表示『刑財』，賺錢辛苦，計算數字的能力及計算利益的方式皆差，因此財不多。做薪水族，可有衣食之祿。小心車禍傷災、開刀、犯血光，也易生癌症（肺癌、大腸癌、呼吸道及腸胃癌等）。亦表示在政治活動中，會因知識文化水準不高，或清高、計算能力不足、頭腦不清而引發爭鬥。

**貪狼、文昌化忌、擎羊在戌宮**，表示是頭腦雙重不清、政事顛倒而『刑運』。或處處與人唱反調而遭攻擊處份。有神經腫瘤、或神經系統不良症、大腸癌、腸胃癌、肺部、呼吸道之病症，傷災、車禍之血光問題。亦會因知識水準低落而運氣受限制而不好。

**破軍、文昌化忌、擎羊在戌宮**，表示窮困、刑剋、破耗、頭腦愚笨不清、計算利益的能力太差、又好爭。此格局中破軍居旺、擎羊居廟、文昌化忌居陷，是故是文化水準低、愛胡鬧、流氓式的、不講理的侵佔利益，搶來的東西卻又未必是好的，或未必是自己所需要的。這是窮凶極惡而仍無好結果的格局，要小心車禍、傷災之血光問題，以及後續的是非災禍的問題。此格局是本身窮困，還更增破耗，其中是因智慧低落，所受之教育不高、學習能力差所造成的。

## 十干化忌

**紫微、天相、文昌化忌、擎羊在戌宮**，表示其人外表普通不細緻，但性格懦弱、文化水準不高、頭腦不清楚，有些愚笨、做事能力差、又自私自利、投機取巧，享福享不到。其人有車禍、傷災、身體不佳、要小心呼吸道及大腸會發生病變，及癌症。有多次開刀的問題，無福可享。

**太陽、文昌化忌、擎羊在戌宮**，擎羊居廟、太陽和文昌化忌皆居陷，故是以擎羊為強勢。表示表面溫和、不計較，但內含強悍、陰險之性格，但話少、沈默、知識水準低、鬱悶、不開朗、頭腦不清、易衝動、不用大腦、易鬱悶自殺，有車禍、傷災、血光和身體

有疾病，頭部病症、高血壓、眼疾（有瞎眼之虞）、呼吸道及腸胃消化系統之病變、脊椎骨、四肢傷殘、癌症等。

**太陰、文昌化忌、擎羊在戌宮**，擎羊居廟、太陰居旺、文昌化忌居陷，表示外表性格陰柔、不斯文、不美麗、內在陰險、智慧又低、知識文化水準低，有小陰小險及無格調之爭利，凡事愛爭，但爭到也未必有用。計算利益之智慧低落、無用。小心傷災、車禍、有自殺之虞，身體有疾病。

**天機、天梁、文昌化忌、擎羊在戌宮**，表示其人粗俗、陰險、智慧低落又好爭鬥、爭奪，常自做聰明，做陰險之事，反自受其害。頭腦不清楚，文化水準不高，愛講話、口沒遮攔，故意說沒水準的話，製造是非。車禍、傷災不斷、身體有疾、腎病、脊椎骨、大腸有病變、癌症。

**巨門、文昌化忌、擎羊在戌宮**，擎羊居廟，巨門和文昌化忌居陷，是故是強悍的流氓、土匪的爭奪方式，製造是非災禍而侵佔，頭腦不清、粗俗、沒文化、沒知識，還頻惹是非、好爭吵不停、無理取鬧、口舌爭鬥嚴重，未必會贏，不愛面子，運氣也極差，反遭災禍，有傷災、車禍病災、糾纏很久，不易好，且帶是非糾紛，有官非難了。

## 化忌星和陀羅同宮

化忌星深層的內含意義是：內在糾纏的是非，是從內在思想和觀念上所產生的是非，這其中包含了一種慣性和長時期所形成、造成的不好的會引起是非的想法。

陀羅星深層的內含意義是：原地打轉的是非。是因為不明瞭、無法決定好壞和『對與錯』，拿不定主意、又疑心生暗鬼所造成的是非。所以陀羅的是非會拖得很久，態度是曖昧不明，又外表笨笨的樣子，處理事情很不明快。

化忌和陀羅同宮時，就是這種先入為主、觀念性的、想法性的是非又加上疑惑不定、拖拖拉拉、愚笨的是非、一起糾纏，自然解決問題的方法會朝向更不吉、更多麻煩、災禍方面延伸發展了。

## 化忌和陀羅的組合有：

### 在丑宮時

**太陽化忌、太陰、陀羅**，其中太陰和陀羅皆居廟位，太陽化忌居陷，因此是陰柔、內向、多煩憂、陽剛面受到抑制，會頭腦不清、與男人不和、事業不順、失敗無發展、工作能力差、為人愚

笨、內心又糾葛是非、怨天尤人、稍有一點生活之資，也會耗財、慢進、生活不富裕、也不愉快。有眼疾、腦疾、心臟疾病、濕疾、循環系統與生殖系統之病症、縮腰、駝背、身體不佳、有癌症。

## 在寅宮時

**天機化祿、太陰化忌、陀羅**，其中天機在得地之位化祿、太陰居旺化忌、陀羅居陷，這是『祿忌相逢』帶陀羅的形式，因此財的部份仍是不佳，有很是非麻煩，且會拖拖拉拉進不了財，進財慢。這主要是內在思想與感情上有古怪想法，頭腦不清，有古怪的、自做聰明、圓滑的方式，會繞道取財、反而讓財進慢了。在感情問題上也會表現太聰明、圓滑，感情往古怪處發展，而不順利。在這個格局中運氣是又快、又慢、一會快、一會慢，還自做聰明，常換跑道，或感情用事、情緒起伏不定、愛用直覺處理事情，直覺又常不靈敏，故有損耗及不順暢。小心車禍、傷災，有生殖系統之毛病、感冒、肺部、肝臟、水道系統之毛病、濕疾、皮膚病、駝背、縮腰。

## 在辰宮時

**廉貞化忌、天府、陀羅**，其中天府和陀羅皆居廟，廉貞化忌居平，表示智慧混亂和企劃能力拙劣，再加上慢吞吞和拖拖拉拉，有十分愚笨的樣子，頭腦不清，但仍有一些儲存的財。雖有破耗，還有剩。這是一種笨笨的、是非糾纏不清、容易犯官非、血光、身體易有傷殘，但仍有錢過日子，不會很富有，但有衣食之祿的格局。此格局中廉貞化忌、陀羅和對宮的七殺，形成『廉殺陀』帶化忌之格局，會有車禍、路死街頭、且後續帶有是非，會打官司纏訟很久。另外也要小心血液的問題、濕氣、皮膚病、咯血、腎臟出血、癌症、駝背、縮腰等問題。

**天機化忌、天梁、陀羅在辰宮**，其中天梁和陀羅居廟，天機化忌居平，是頭腦不清、自做聰明，而聰明得古怪，但別人看起來是十分愚笨的。稍有貴人運，但貴人也是用慢慢的、愚笨的方式來救助你，幫助不大。有此格局時，愛說廢話、笨話、做事能力不好，愛推諉、搪塞、怨別人。有小聰明，但都是無用之聰明。有手足之傷災、血光。肝病、肝癌、皮膚病、濕疾、駝背、縮腰。

## 在巳宮時

**巨門化忌、陀羅在巳宮時**，巨門化忌居旺，陀羅居陷。巨門是本性或外在的口舌是非，化忌是內心的是非，陀羅是內心自轉不停的是非，加起來有三重是非。因此在此格局中，肯定是爭執不停、爭吵不休、內外攻煎，無法平息的了。口舌銳利、不講理、內心又

多陰謀，會用笨方法來害人，未必害得了人，反而自己惹了更多麻煩。此格局亦是惹了很多事，但都做不成，白白勞累、惹人厭、被罵、被申斥、被埋怨的格局。在病理上是有古怪、難纏之病症，癌症、肺疾、呼吸道之疾病，腸胃、消化系統之病症、內臟有濕疾、皮膚病、腎臟、膀胱、水道、泌尿系統之疾病、淋巴及循環系統之疾病、糖尿病、傷災、血光等。

**文曲化忌、陀羅在巳宮時**，對宮是廉貪雙星俱陷落相照之格式，文曲化忌居廟、陀羅居陷，表示是頭腦不清、口才和才華古怪、思想愚頓、不討人喜歡。且常有邪淫思想。這是『廉貪陀』之『風流彩杖』格帶文曲化忌之格局。會有好色、不正常之男女關係，本身惹人討厭，但好貪，強行要捲入男女色情事件之中，因此惹上桃花邪淫糾紛，做些笨事。也會因口才有問題，表達不好，而

惹口舌是非、惹眾怒、群起而攻之。

在病理上，為腎虧、下半身之疾病、四肢神經系統不良、血液循環不佳、傷災、癌症、性病、生殖系統、泌尿系統之病症。

**太陰、文曲化忌、陀羅在巳宮時**，文曲化忌是居廟位的，而太陰和陀羅皆居陷位，是故是又窮、又粗鄙、寒酸、口才犀利但會惹禍，不討人喜歡，容易做笨事又死不認錯。有古怪的才華，但無法對自己和別人有利。有傷災、血光、車禍、下半身疾病、肝病、膀胱、腎臟、生殖系統、水道系統、泌尿系統的毛病、濕疾、皮膚病等。

**廉貞、貪狼化權、文曲化忌、陀羅在巳宮時**，有邪淫桃花而惹是非災禍。這是『廉貪陀』之『風流彩杖』格而再帶有『權忌相逢』的格式。因為強力好貪色，又口才銳利、桃花變色、頭腦不清

楚、又頻惹桃花事件，而必有糾紛來糾纏不清。有化忌在宮位時，就是頭腦不清楚了。還有貪狼逢文曲，又更加一層頭腦不清、政事顛倒。是故此格局是頑固的、強勢的要跳到邪淫桃花之中自找麻煩，誰也阻止不了。在病理上代表四肢的傷災、筋骨酸痛、牙痛、下半身病痛。生殖系統不良、有病、腎虧、性病、肝膽之疾病、血液有雜質、出問題。

**巨門、文曲化忌、陀羅在巳宮**，其中巨門居旺，文曲化忌居廟，陀羅居陷，故是頭腦不清、多惹口舌是非、自招災禍，有三、四重大災禍，每日忙不完。有傷災，受傷之後還有是非，難獲賠償。此格局亦是喜歡講話、抗議，常內心不平、意見多，但好說而言不及義，容易東拉西扯，主題不正確。胡攪蠻纏，遇到凶惡之人便住口了，不敢吵了。遇到溫和者，吵得更凶。內心古怪、不從正

理、內心扭曲、不按牌理出牌。行事沒法度、自私、做事推、拖、拉，全是一些愚笨的理由，不為人信服。在病理上，代表傷災、車禍、血光、古怪的病症、消化系統、下半身、水道、泌尿系統、淋巴腺的病症，亦包括生殖系統、腎臟、膀胱等病症。

**天相、文曲化忌、陀羅在巳宮時**，天相居得地之位，文曲化忌居廟位，陀羅居陷位。天相和陀羅同宮，又加化忌，皆是『刑福』格局，也是『福不全』，故多懶惰、多是非、口舌銳利、多招是非、內心扭曲、思想奇特。理財能力也差、耗損多。做事也不俐落，容易拖拖拉拉。自私。自私、做人不公道。在病理上代表下半身有病、水道系統、生殖系統、膀胱、腎臟、淋巴腺、糖尿病等等。也會有傷災、牙齒的傷災、齲齒、駝背、縮腰現象。此宮中有文曲化忌和對宮的武破形成貧窮格局。因此也有『福不全』之現象。

**天梁化科、文曲化忌、陀羅在巳宮時**，其中天梁化科和陀羅皆居陷位、文曲化忌居廟，表示因古怪、愚笨的想法，而讓名聲有負面突出的狀況。也就是說頭腦不清，往壞名聲上發展而洋洋得意。同時這個格局是『刑蔭』的格局，根本沒有貴人，還多惹是非。別人不會幫你忙，還替你添亂，更帶是非災禍給你。還有另一層意思是頭腦不清楚，根本出不了好主意，但還喜歡亂說話、亂出主意，更引發是非口舌之災禍。在病理上代表，傷災拖很久才好，引發併發症。下半身疾病、腎臟病、膀胱、水道之疾病、牙病、手足之傷災、內臟有濕疾、駝背、縮腰。生子不易。

**紫微、七殺、文曲化忌、陀羅在巳宮時**，紫微居旺、七殺居平、文曲化忌居廟、陀羅居陷。代表頭腦略有不清、思想、動作慢半拍，但為人勤奮、口才不好。常惹是非，但能平復，才華不佳、

頭腦中的思想古怪、做事會推、拖、拉，或不實際，人生成就不高，只是一般小市民的生活，事業會起伏較多，辛苦但會做不對行業。在病理上代表，傷災多、開刀多、下半身有病、癌症、肺部、大腸有病、濕疾、皮膚病、呼吸道之病症，腎臟不好等等。

**天機、文曲化忌、陀羅在巳宮時**，天機居平、文曲化忌居廟、陀羅居陷，表示聰明智慧不高、多是非、內心扭曲，常講不該講之話、頭腦不清、古怪。在運氣上也有古怪、向下滑落、停停走走的趨勢。也會有衰運留得久，好運總不來的煩惱。在病理上，有手足的傷災、牙齒的傷災、脊椎骨的傷災、下半身有病、生殖系統有病、神經系統不良症、筋骨酸痛、肝、腎、膀胱的毛病、皮膚病、濕疾、駝背、縮腰的狀況。

**太陽、文曲化忌、陀羅在巳宮時**，太陽居旺、文曲化忌居廟、

陀羅居陷，表示事業普通，才華古怪，會有改行、中途停頓，或思想上混亂，東做做、西做做，不能集中心力從事一門行業到底的狀況。也會表面上開朗、寬宏，做事草率、不用心，能力不太好，自我要求不高，在錢財上還有的賺，但會耗損多、是非也多的狀況，錢財留存不易。在病理上，要小心心臟病、高血壓，傷災及下半身的毛病。

**武曲化祿、破軍、文曲化忌、陀羅在巳宮時**，武曲化祿居平、破軍居平、文曲化忌居廟、陀羅居陷，其中『武曲化祿、破軍』的意義是窮而不富裕，但偶而有進帳，看起來還好的經濟狀況。『破軍逢文曲』就是窮，再帶化忌，是窮且多是非、有災禍發生。有陀羅是不注意、不用腦子、不小心而有耗損及傷災。因此總括起來的意思是表相雖不富裕、有點窮，但仍有錢可賺、可生活，而內裡卻是

頭腦不清、是非糾纏、愚笨，常原地打轉而轉不出來的，是故還是窮，還帶有災禍、傷災，傷害不輕，且要小心車禍、水厄，或車掉入水中而滅頂。

武曲化祿居平是有一點生財的機會，有一點小錢在流通。武曲居平就財少了，再加上化祿逢破軍、化忌、陀羅這些煞星中的一個，就已是『祿逢沖破』了，沒有財了，何況還逢三個煞星沖破，自然財都不見了，只見窮困和是非、災禍、不吉了。這些是非災禍的問題中，還多半是其人內心窮、口才不佳、才華古怪、內心多思慮糾纏、煩惱多、又疑心病重、處處防人，以致什麼也做不成。適合做武職，在軍警業中、話少、清高的地方來工作。有此格局在『命、財、官、夫、遷、福』等宮時，其人也會膽小、清高、說話小心，做會計會數錢，但仍容易出錯。一生成就不高，做薪水族最好。

**天同、文曲化忌、陀羅在巳宮時**，天同居廟、文曲化忌也居廟、陀羅居陷。天同是福星，居廟時享福很多，但逢陀羅、化忌，會有傷殘、刑剋現象。這是一種外表溫和、魯鈍、思想古怪、口才和才華有怪異發展，頭腦不清，有時很悶，有時又口舌銳利，引起非常多之是非，是福不全的狀況。而且還會懶惰、心態惡劣處處遭忌、人緣不好。有福享不成，傷災、災禍多。

**天府、文曲化忌、陀羅在巳宮時**，天府居得地之位、文曲化忌居廟位，陀羅居陷，表示財庫很小，有一點錢，是一般小市民、上班族的財庫格局，但有耗損，和頭腦不清、才華古怪、口才有問題，常招惹是非麻煩。內心多古怪，有是非糾纏，故無法好好工作及儲存錢財，因此仍是心窮、財少、損耗多的境況。工作會起伏不

順、做做停停、賺錢也不多，適合做公務員、薪水族，但常會因口舌是非，而遭遇離職、開除等問題，狀況百出。

### 在未宮時

**太陽、太陰化忌、陀羅在未宮時**，太陽居得地之位，太陰化忌居陷、陀羅居廟，表示還有事業，是屬於用腦不多、較粗重繁雜的工作，但賺錢極少，常有金錢上的是非困頓、拮据、很窮。工作也容易斷斷續續不長久。主要是因為頭腦不清、敏感力不足、人際關係不好，腦子笨、又頑固、自以為是、有工作就不錯了。這是本身窮命、才華亦不好，再怎麼怨天尤人也無法改善的。

### 在申宮時

**文昌化忌、陀羅在申宮**，表示頭腦不清、自以為聰明，但東想西想是非很多，內心古怪扭曲，而計算利益的方式不好，導致自己

損失和得不到想要的東西。也會窮又多惹是非災禍。會有車禍、疾病、癌症發生，要小心。倘若對宮相照的是太陽化權、巨門化祿，表示環境中男性很強勢，你也能用笨方法、用吵的、胡鬧的方式去得利。

**武相、文昌化忌、陀羅在申宮時**，武曲居得地之位，天相居廟位，文昌化忌居得地之位，陀羅居陷位。因此，這代表有不錯的財力過舒適的生活，但仍頭腦不清，計算利益的能力不好，或會改行，或東找西找的找人生之路。因為文昌化忌和對宮的破軍相照，故也是窮的格局。因此一生沒有大錢，有吃飯、生活的錢就很不錯了。一生勞碌奔波，小心水厄、車禍、傷災。耗財多。

**天同、天梁、文昌化忌、陀羅在申宮**，其中天同居旺、天梁居陷，文昌化忌在得地之位，陀羅居陷，表示頭腦笨、計算能力不

好，有些懶，但能享一些傻福。因天梁陷落的關係，沒有貴人，也不喜歡別人管，人生有向低俗性發展，其人會溫和、懦弱、頭腦不清、多惹是非、又自命清高，人生沒有方向，也難有出頭之日。要小心傷災、車禍，及肺部呼吸道之疾病與大腸的疾病、癌症等。

**七殺、文昌化忌、陀羅在申宮**，表示頭腦糊塗、計算能力不好，常出錯，多是非與傷災，笨又凶悍，又強勢要做，慢半拍、胡攪蠻纏，弄不清楚要得到什麼。有車禍、傷災、血光、呼吸道、肺部之疾病、大腸之疾病、駝背、縮腰、痀瘻。

**廉貞、文昌化忌、陀羅在申宮**，表示頭腦有時清楚、有時不清楚、多心計，善於向邪惡面做暗中計劃，不光明正大的做事。表面裝做斯文，思想怪異，在工作上會多次換跑道，容易一事無成。也容易嫉妒別人，暗中搞怪，使別人吃虧，自己也佔不到便宜。容易

有文字、契約等出錯，所造成之爭鬥，使自己蒙受損失、耗財。也容易有傷災出血的狀況。車禍、及肺病、咯血、或大腸出血的狀況，以及血液有問題，血崩、痔漏等等的病症。

**破軍、文昌化忌、陀羅在申宮**，表示是窮困又多是非、災禍。會有頭腦不清、愚笨，又自命清高的跡象。做正事多耗損、又拖、又磨時間，做也破破爛爛不好看，做得一塌糊塗。其人會懦弱，不願擔當責任，會迴避責任，但會具有中等以上的知識水準。容易有傷災、水厄現象。在病症上代表肺部、呼吸道、大腸、膀胱、腎、泌尿系統等疾病，有癌症、腫瘤等問題。會駝背、縮腰。

**紫微、天府、文昌化忌、陀羅在申宮時**，代表仍可過好的生活，做較高的事業，但會有起起伏伏的狀況。亦會有一時的頭腦不清，因清高或怪異思想而繞了遠路，或做不賺錢的事。因為這其中

紫紫居旺、文昌化忌也在得地的位置，故紫微仍可避凶趨吉。文昌化忌又屬時系星，時間較短暫，只是陀羅造成耗損與拖慢變好的時間，也增加對自己不利的思想，但其結果都不嚴重。因此有時候幾乎看不出問題所在出來。仍然會有錢財可賺，只是常會因某些原因、不想賺。這就是文昌化忌、頭腦不清、計算利益的方法怪異，以及陀羅會造成想得多，反而對自己不利的內含意義了。

在病理上，仍會造成傷災，不算嚴重。會有肺部、呼吸道及鼻病、大腸等病症、濕疾、脾胃等毛病。

**天機、太陰、文昌化忌、陀羅在申宮時**，表示常自做聰明，會做自以為聰明，但對自己無利之事。其中天機居得地之位、太陰居平財少，文昌化忌居得地之位，陀羅居陷，是故是窮又有古怪的計算利益之方式，是窮又笨、又耗損的形式，在錢財上會不豐足而窮

困，運氣又變化多端、拖拖拉拉、多是非、災禍和不順，問題很多。最嚴重的是車禍傷災，也易生病、多病，有手足傷災、膀胱、腎臟、肺部、呼吸道、大腸、生殖系統、泌尿系統的病症。

**貪狼、文昌化忌、陀羅在申宮**，表示是頭腦非常不清，還有邪淫桃花糾纏的格局。貪狼和文昌同宮即是頭腦糊塗、政事顛倒的格局了，再加上化忌、陀羅，糊塗的更厲害。本宮的『貪狼、陀羅』和對宮的廉貞又形成『廉貪陀』、『風流彩杖』格的格局形式。在寅、申年是必有好色、貪邪淫之男女關係而招糾紛打擊，問題嚴重。這是頭腦愚鈍、又好貪，貪到不該貪的東西所致的。也會影響人生，一生成就不高，或阻礙人生成就，便人生起伏很大。在病理上代表神經系統的毛病，肺部、呼吸道、肝臟、大腸等部位之病症，有濕疾、皮膚病。

## 十干化忌

**太陽、巨門、文昌化忌、陀羅在申宮**，表示是頭腦不清、計算利益的方法古怪，做事抓不住方向，事業會起伏、多是非災禍，人生的成就不高。常會因文字、契約、會計、數字方面的瑕疵，而與人產生糾紛與是非災禍，處理也不清楚，糾結牽連太多。在價值觀方面也會不實際，在讀書、學習上不走正途，光說不練、多說少做，外表看起來有些笨笨的。在病理上，有傷災、車禍、消化系統、大腸癌、肺部、呼吸系統的病症、心臟病，以及生殖系統的毛病。

### 在戌宮時

**武曲化忌、陀羅在戌宮**，代表錢財上的思慮不周，有錢財是非、耗損，和錢財進得慢。其中武曲是居廟帶化忌、陀羅也居廟，表示與軍職、政治、勇猛、用腦不多有關，也代表在政治或金錢上

頭腦不清。更代表性格悶悶的，像石頭或鐵塊一樣剛硬，硬成一坨。亦會內心多糾結鬱悶，自尋煩惱，內心是非多。因武曲化忌是居廟的，故還有財，只是容易財務不清而已。陀羅居廟時，是強硬、死不認錯，還不致於像陷落時那麼笨。但會性子慢、動作慢，進財也慢。其人在事業上也會遇而不遇，也就是遇到好機會也不會把握，亦容易失去好機會。在病理上代表傷災、車禍、血光、開刀、呼吸道、大腸有問題，易生癌症。

## 在亥宮時

**廉貞、貪狼化忌、陀羅在亥宮**，表示人緣極差，又有交際應酬和人往來上的是非。因為廉貞和貪狼化忌、陀羅全都居陷位。故是頭腦笨、糊塗不清、運氣很壞，但還頻惹是非災禍。這是『廉貪陀』、『風流彩杖』格帶化忌，故有邪淫桃花引起的災禍、是非。這種桃花糾紛是自己惹人厭，還不服氣，硬去自找的邪淫桃花，因此要小心被強暴，或去強暴別人。這是令當事者很痛恨、憤慨的邪淫桃花，也會是因人際關係不佳而受到不平等待遇。此格局在疾厄宮代表血液不良、神經系統的問題，肝病、膽病、傷災、下半身有問題、性無能等，會駝背、縮腰、傷災、生殖系統出問題。

## 第三節　化忌星和火、鈴、劫空同宮時或化忌和多個煞星同宮時的狀況

### 化忌和火、鈴同宮

化忌星是干系星，是由出生的年份來排列形成的。火星和鈴星

# 十干化忌

是時系星，是由出生之時間所排列形成的。但是『火星、鈴星』並不和『文昌、文曲、地劫、天空』們一樣，完全獨立於『時辰』這個時間點上。它們還和年支（年份）在什麼局位上相互有關連。例如在『寅、午、戌』，年支是火局的年份上，又在子時生的人，其火星在丑、鈴星在卯。又如在『申、子、辰』，年支是水局的年份上，又生於子時的人，其火星在寅、鈴星在戌宮。

又如：在『巳、酉、丑』，年支是金局的年份上，又生於子時的人，其火星在卯宮，鈴星在戌宮。

又如：在『亥、卯、未』，年支是木局的年份上，又生於子時的人，其火星在酉宮，鈴星在戌宮。（其他時辰出生之人的火星、鈴星，依序排列出來）

（火星、鈴星排列表，請參看『三分鐘算出紫微斗數』一書中

第46頁，時系星之排列表）

由以上的火星和鈴星的排列方式中，我們可以看出火星和鈴星是由年支和時辰兩個因素所組成的。所以命局的五行局和時辰皆很重要。更因此化忌和火星、鈴星同宮時，就是八字中年干支和時支相互之間沖剋的關係了。

## 十干化忌

## 化忌和火星、鈴星同宮時，代表什麼意義呢？

代表意義：

一、在時間點上突發的一種古怪現象。

二、在某特定時間點上突發的災禍、不吉、是非和衝突、爭執、惡鬥、血光、病災、傷災（包括火傷、燙傷）、急病、流行病。並且是上述這些災禍的撞擊點、爆發點。（此爆發非偏財

運之暴發）

三、在特定的時間點上，其人的心緒會特別混亂、衝動、扭曲、不能抑制，要爆發開來。

要知道是因何事件會如此衝動，內心不舒服，而無法控制，只要看化忌的主星是什麼，便可一目瞭然。

**例如以下舉例：**

## 太陽化忌、火星

**太陽化忌、火星在寅宮**，太陽化忌居廟，火星也居廟，**或在午宮**，太陽居旺、火星居廟時，代表事業會有一段好的時間，但會有突然發生的衝突與災禍而遭殃。在身體上代表腦溢血、腦中風、或心臟病突發，心臟血管破裂，古怪及突然性的發燒。在災禍中代表

## 十干化忌

突發的火災，燒得古怪，也許別人沒怎樣，而有此格局的人便遭災了，而且火災燒得很旺烈。在人際關係中，代表和當權者爆發衝突，也代表和男性的爭執、爭鬥多，終日火爆、不能停息。更代表與公家機關、學校、公務員之間有衝突。因此有此格局的人，在此宮位所代表的時間內，和這些機構的代表人物接觸，都不會順利，而有衝突。

『太陽化忌、火星』如果在『命、財、官、夫、遷、福』等宮出現，表示你一生都受此影響，和男性不和，有火爆的是非和糾紛，也難以在公家機關任職，很容易便辭職不幹了。

**當太陽化忌、火星在戌宮時**，太陽化忌是居陷位的，火星是居廟的。表示事業晦暗、多是非、衝突，可能已無工作了，也表示環境惡劣，易在黑道中謀生存，不行正路，也容易常出入監獄，沒法

# 十干化忌

子過正常生活。**若在財帛宮**，會賺邪惡、不正當的錢財，會偶有意外之財，但常窘困無財，財來財去也花得快。**若在命宮**，是頭腦不清，工作能力不好，衝動、魯莽、常惹事生非，屢遭災禍的人。**若在夫妻宮**，表示配偶是這樣的人，而在你的內心中也是這樣衝動、多是非的想法，你也容易和此種人磁場接近，找到如此的伴侶。有這種格局的人，也常不結婚，或離婚，因為桃花少及頭腦不清楚，常一點小事就情緒爆發或崩潰，很難找到能忍受的對象。並且他也不喜歡溫和及慢吞吞的人。**在災禍上**，此格局所產生的火災為悶燒型，火勢仍猛，會致命。其人性格會悶悶的，又急躁、火爆、做事粗躁、用腦不多，一生無大用，工作不長久，或根本無工作。亦一生和公家機關無緣，就連去戶政事務所、衛生所等公家機構，也會有衝突。自然在功課及學歷上不會太高。

**太陽化忌、火星在辰宮**，太陽化忌居旺時，火星居陷，表示其人一生中也許會有好一點的時光或事業，但時間很短暫，不長久，很快就因衝動而有是非、災禍發生而破敗、耗損、垮了。此格局在『命、財、官、夫、遷、福』都是一樣有此結局。

**太陽化忌、火星在亥宮**，是全部都居陷的，太陽化忌是黑暗無光又多是非災禍，火星更是為禍更烈，因此和黑道有關，無法工作，和監獄有關，為宵小、盜賊之輩，一生無事業可言的，多做多錯，人生多半是黑暗面的。在時間點上發生火災時，是悶燒型式。其人也會性格悶、話少、內心糾結是非、衝動、頭腦不清、難以溝通。

**太陽化忌、火星在子宮**，也是全部居陷的，太陽在子雖仍是黑暗，卻是一陽復始之位，並且對宮有居廟的天梁相照，表示在外界的環境中有貴人和長輩來照顧。因此『太陽化忌、火星』在子宮時，自然也有是非和黑暗面，卻不像在亥宮時，因對宮是巨門，會常坐獄中。雖然也多是非災禍，有入獄的危險，事業不佳，但有貴人相助，即使事業不佳，也注重名聲，邪惡面稍小。在發生火災的型態上是有悶燒，也有火苗的狀況。

因此化忌和火星、鈴星的旺弱，決定了災禍的等級、嚴重性。化忌所跟隨的主星，代表了事件發生的方向、類別。

## 太陽化忌、鈴星

**太陽化忌和鈴星在寅宮時**，同宮的還有巨門居廟，太陽化忌居旺，鈴星居廟，代表其人是非爭鬥多，而且有古怪的聰明，和古怪的爭鬥，也會有異途顯達，偶而在事業上有一小段突出的狀況，但

很快就因是非爭鬥而事業破敗、不振了。這些災禍也會是因男人引起的，或因與政府、公家機關有糾紛而引起的。故有此格局的人，你的聰明和才華最好不要和男性及公家機關有瓜葛，工作以和女性的交往為主，做私人機構的工作較好。此命格的人，會性格聰明、強悍，但事業就是做不好，有麻煩，或思想古怪，要用特別的方法來做，總是多遇麻煩、災禍做不成。因為其財、官二位都是空宮，財、官都不強，再加上頭腦不清楚，也易有精神疾病和古怪、不合時宜的聰明，是故聰明而無用，仍是一事無成。在病理上，代表心臟和腦病變、腦溢血、中風、癲癇、皮膚病、燙傷、火災傷災、發炎、有併發症、大腸病變、手腳傷災、車禍等。

**當太陽化忌、鈴星在午宮或戌宮時**，都是火災、燙傷嚴重的格局，在『命、財、官、遷』出現，都易不工作，或做臨時短工，事業不順、思想古怪、是非爭鬥多、易打架、鬧事、報負，一生無成就，問題很多。

※貪狼化忌逢火星、鈴星之暴發運都不會暴發，會有突發的意外之災。亦或是暴發後而帶災。其他的主星帶化忌和火、鈴同宮亦是傷災、耗損。

※鈴星和火星不一樣的地方是：鈴星較聰明，是古怪的聰明，應變力強，是悶悶的、暗中的、帶有陰險的聰明方式，會對數理、科技、邏輯性的事物有專精。同樣會衝動、報復、發生災禍的型式異常怪異，也會慢一點，頓一下再爆發災禍。

火星比鈴星笨、衝動，應變能力沒有鈴星好，凡事是明發，像箭射出一般，當即顯現，較不陰險。對數理、科技、邏輯性的事物沒興趣、沒耐性，發生災禍是立即可見的。

## 化忌星和擎羊、火星、鈴星、地劫、天空同宮時

在『化忌、擎羊、火星、鈴星、地劫、天空』同宮時的狀況中，實際上會遇到的狀況，只有兩種：

一、是化忌、擎羊、火星、天空。

二、是化忌、擎羊、鈴星、天空。

在此種格局中，化忌帶擎羊、火星或鈴星的形式，只會和天空同宮，從未和地劫同宮過。這表示是自己頭腦不清楚，這是自己本身思想、觀念的問題，是非混亂攪合成一堆，是腦子受到自我刑剋所產生之不實際和不清楚的想法，而導致自己不順利，或導致自己引發災禍。

很多人認為化忌、擎羊、火、鈴這些煞星遇到天空、地劫，就

能逢空化吉。有些市面上所出的書，也是持這個理論。這實在是太天真的妄想之症。請有此格局在命盤中的人，自己去感受，逢此『化忌、擎羊、火星、天空』或『化忌、擎羊、鈴星、天空』的年份，是非是否減少？傷災是否嚴重？錢財是否有糾紛不順？逢當此格局的流年，應該是身體也不好，工作辛苦，做了很久，但一事無成，根本沒收獲，只是耗財、耗力氣罷了。那裡能逢空化吉呢？

因此這個有『化忌、擎羊、火星、鈴星、天空』同宮的格局，其意義就是有嚴重的車禍、傷災、血光，很可能致命，使萬事成空，此格局中因有擎羊，故容易死。傷災之後還有一大堆是非糾紛、官司打不完，有官非、耗財，會得不到一切利益，即使死了，也得不到賠償金，或還要拿錢賠償別人，使自己的口袋空空，是故，有此格局的人，又逢此流年時，要知道在此年生命報銷是得不

償失，很淒慘的，要特別小心，不要遇傷災、車禍才好。有此格局的人，也要小心逢此年會突發意外疾病身亡，或遇火災、燙傷事件，怎麼也逃不出來或躲不開，因此在這個流年、流月中要多與有福之人相處，千萬不要和運氣不好、口舌是非較多、債務纏身、頭腦不清楚的人在一起，否則這些人也會帶災禍給你，此時你真的需要好一點的貴人來拉你一把了。

## 化忌、陀羅、火星、鈴星、天空同宮時

在『化忌、陀羅、火星、天空』同宮，或『化忌、陀羅、鈴星、天空』同宮時，只會在辰、戌、丑、未、子宮等五個宮位出現。表示頭腦不清、混亂、急躁、有怪怪的聰明，會異想天開、不實際。因此而遭受損失、不順、災禍、或賺錢不多、耗損較多的狀

況。也容易進入宗教，以求寧靜。同時這也是個一工作或做事時便問題很多，不工作、不做事時，就沒問題、問題少了。其人也有很多愚笨的想法，或自做聰明的想法，把事情搞糟。

# 第三章　權忌相逢、祿忌相逢、科忌相逢

『權忌相逢』、『祿忌相逢』、『科忌相逢』通常是大家所關心的事。所謂的『權忌相逢』，就是帶化權的主星和帶化忌的主星同在一宮中出現，或是分別在對宮中相互照耀的情況而稱之。在三合宮位上的化權與化忌是不算在內的。

所謂的『祿忌相逢』，也就是帶化祿的主星與帶化忌的主星同宮或相照所形成的格局。三合之位的化祿和化忌星是不能稱之『祿忌相逢』的。所謂的『科忌相逢』，也就帶化科的主星與帶化忌的主星同宮或相照時所形成的格局，三合之位的化科星和化忌星亦是不能稱之。

在這三種形態的權、祿、科與忌星同度時，都只能算是一種刑剋，而無法在人命中加分，或對人命有利。

在『權、祿、科』這本書中，我已很清楚的說過：**化權星有加重、加深的意義和影響**，因此『權忌』相逢，就是加重和加深化忌星的問題。

**化祿星有混合、流通、相攪合**，使外表圓滑、表面外觀看起來很好的意義和影響。因此『祿忌』相逢時，就是使化忌更含糊不清，大致外表看起來還不錯，但內裡、內容卻是一蹋糊塗的。化祿是財星，最怕有煞星沖剋，有羊、陀、火、鈴、劫空、化忌同宮、相照，都是『祿逢沖破』。財祿就會減少或沒有了，財星最怕煞星，

就是這個道理了。

**化科星亦有文飾外表**，使外表看起來美麗、有氣質，或是很會做表面文章，使外觀猛一看很美麗，亦有假裝或暫時使某個東西或事情看起來很好、很整齊、很正常的意義。化科星是文星，很弱。亦表示做事有方法。因此『科忌』相逢時，化科便抵擋不住化忌，它會幫助化忌暫時性的表面看起來很美麗，很整齊、很正常、很有氣質，很會做事、很有方法。但是很快的是非、麻煩、災禍就會露出來了。

由上述這些解釋中，你就可以明確的知道『權忌相逢』、『祿忌相逢』、『科忌相逢』，為什麼許多算命師都稱之為『以雙忌』來論斷了。事實上，這三種『化忌相逢』的程度內容是不一樣的。首先『權忌相逢』最嚴重，化權星有強制執行的力量，亦有頑固不化、

一意孤行的意思。故『權忌相逢』發生時，錯了、壞了、發生事故、災禍了，是不會回頭，不會聽勸，也沒有任何力量可以終止錯誤和災禍的，只有讓它發生，跌到谷底，或事情、物件完全損壞了，再來收拾殘局或復建。

『權忌相逢』時，要看化權星是否是官星，官星帶化權為受災最強，其次是財星帶化權為受災最強，再來是運星帶化權受災較強，再來是福星帶化權受災強，再來是蔭星天梁、破軍耗星、巨門暗星帶化權，受災為較強。在另一方面，以時系星、文曲、文昌帶化忌為較災禍為輕，以運星天機、貪狼為次輕，以財星太陰、武曲為嚴重，最嚴重之為官星為嚴重。

這其中還要看化權星和化忌星的旺弱程度。『權忌相逢』時，權、忌皆在旺位時，災禍和問題都會嚴重性減少一點，不那麼嚴

## 十干化忌

重。化權星居旺、化忌星居陷，會主導向壞的能力加強。化權星居陷、化忌星居旺，是主導力量弱而偏向壞的力量，無法控制，自己變壞。化權星和化忌星都在陷位，是完全沒有主導力，任由發展反而有災禍或惡質思想來主導事物的發展，這就恐怖和嚴重了。

例如：太陽化權、文昌化忌在巳宮同宮時的『權忌相逢』。太陽化權是官星帶化權，又在旺位，代表是在事業上或對男人掌權，而文昌化忌在巳宮居廟，代表頭腦不清、思想古怪。有文字、文書、思想上的古怪問題。因此『太陽化權、文昌化忌』在巳宮的解釋就是在事業上很強勢，能掌權，但會因頭腦不清、有奇怪的想法，誤入歧途，而有異途顯達的經歷。實際上這種異途顯達，是繞了一個大彎之後才成功的，倘若沒有此文昌化忌的話，早就成功了。因此它還是帶來不好的影響，但因為文昌化忌是在廟位，又是時系星，會在某一個時間點來影響，不像紫微諸星和天府諸星是恆星，影響那麼嚴重。

又例如：『**天同化權、巨門化忌**』在丑、未宮的『**權忌相逢**』，權忌都在陷位，又會有擎羊居廟同宮，或在對宮相照，天同化權致福的力量完全沒辦法發揮，災禍和傷災、刀傷的力量很強勢，而且完全由居廟的擎羊主導，故其人有身體傷殘、及需開刀、動手術等的災難。這種權忌相逢，就只有加深災禍，實際上化權星是對好的、趨吉的事是沒有出力的。

『**權忌相逢**』**主要就**『**刑剋權力、主導力**』**的問題**，看刑剋多少主導力，用何種方法來刑剋，所導致的災禍有多重？這些問題都在『權忌相逢』中展現。

其次是『祿忌相逢』的嚴重性。因為財在人生命中佔很重要的

位置。沒有財，就沒有『命』。財少了也對生命、人命很不利。『祿忌相逢』就是『祿逢沖破』。沖破多少，也完全要看祿星主星帶有多少財，以及化忌主星刑剋的是那方面的問題，要相互斟酌來看，還要看化祿及化忌的旺弱，以及此『祿忌相逢』是在何宮位、主導何事，才能知道其嚴重性到何種程度。

倘若是主星帶化祿居旺，與化忌居旺同宮的『祿忌相逢』時，例如**武曲化祿、文曲化忌同宮於辰宮，或天機化祿、太陰化忌同宮於寅宮**，財祿還是有的，只是有某部份的缺陷，傷害了財祿，使財祿變少了。這主要是因為頭腦不清的問題，就由其部份的缺陷，形成缺口，而傷害了財。這其中，武曲化祿的財，要比天機化祿的財大很多，而文曲化忌是口才、才華和精明度方面的問題，又比太陰化忌，代表儲存能力、代表對財的控制力，感覺能力，要問題小很

多。因此『武曲化祿、文曲化忌』的『祿忌相逢』，事實上比『天機化祿、太陰化忌』的『祿忌相逢』在程度上，是財祿較多、較龐大，而災害較小得多的。這兩種『祿忌相逢』，事實上有天壤之別，是不可相提並論的。

『祿忌相逢』主要就是刑財的問題，及用何方式刑財，刑了多少財，使問題的順利度減少了多少、讓災禍有多嚴重等等的問題。

『科忌相逢』在一般來講，是較不嚴重的，但仍有頭腦不清、做事方法有瑕疵，還是對人生會有影響的。

『科忌相逢』也是要看主星的力量強不強？影響到那一方面的事物，才能定奪『科忌』所帶的災禍、問題。

**例如：**

丁年生有**天機化科、巨門化忌在卯、酉宮同宮的人**，機巨皆在

旺位，科忌也就在旺位了。再加上天機是紫微系列的星曜，巨門是天府系列的星曜，都屬超級巨星，是故力量很強。這一組的科忌相逢，會運用極巧妙的聰明、手法，再加上會運用時機、運氣，來製造是非、口舌和災禍。因此有這種『天機化科、巨門化忌』的『科忌相逢』時，實是因過度的聰明、過度的掩飾，來形成是非災禍的，也是形成口舌是非的爭端的。如果要避免如此的災害再繼續為禍，第一、要笨一點，不要再多做什麼動作了。第二、要閉嘴，不要再吵了。只要停止、安靜下來，收斂和低調一點，一切都會平復。

**例如：**

戊年生，**有右弼化科、天機化忌在丑、未宮同宮時的『科忌相逢』**。天機化忌是居陷位的，同宮的還有左輔，故其形式是**天機居陷**

**化忌、左輔、右弼化科同宮的形式**。左輔、右弼是輔星，助善也助惡。天機居陷化忌此時狀況很糟。此種格局的意義是：頭腦不清、小聰明有問題、糊塗不清、運氣又極壞，有是非災禍糾纏、混亂，又有平輩的朋友、男的、女的都來幫忙出主意，使運氣更壞，或一起出手幫助使運氣更差、是非更多。其中，又以女性的平輩之人，會用極巧妙的手段和方法來幫你，卻更深、更嚴重。(因為天機陷落化忌是惡事、惡果了，加上有左輔、右弼，是有幫手對你有害，就不能稱之平輩貴人了。）天機化忌是聰明、智慧及運氣上的災禍，有右弼化科時，朋友也是幫忙你這方面的災禍。

因此可知『科忌相逢』也各有各的層次，深淺及嚴重性、災害性的不同。化科是左輔、右弼、文昌、文曲等月系星和時系星帶化科時，其化科的層次和力量是不及紫微諸星或天府諸星中這些主要基本的甲級星來得層次高及有力量的。

相對的，文曲化忌和文昌化忌在命格中，也不及紫微諸星和天府諸星帶化忌來的凶惡及致災嚴重了。

## 第一節 『權忌相逢』的形式和意義

權忌相逢的種類有很多，首先看同宮形式的『權忌相逢』，其次再看相照形式的『權忌相逢』。三合宮位中的『權忌相逢』影響較前二者小很多，有時不易感覺到。

## 同宮形式的『權忌相逢』

**1 丁年生，在丑、未宮的『天同化權、巨門化忌』**，會有擎羊同宮或相照的『權忌相逢』，其解釋在前章已說過了，請參考之。

**2 戊年生，有天機化忌、太陰化權在寅、申宮會同宮**，表示頭腦聰明怪異，但仍想掌財權、管錢、管女性，會用奇怪的方法來管，自然是管不太好的，會耗財、財少，也會有衝突，在感情上不順。此命格若是女性，其人會惹人討厭，人緣不好，是非很多。此命格若是男性之人，則能管理女性和錢財，雖用怪方法來管理，仍管得到。雖也有是非，但較少一些。凡有此格局的人，都會在進財的機運上受到阻擾、變化，不會很順利。化權會加速了化忌的發酵與朝

怪異和不吉上變化。因此也是不吉的，有刑剋的。

**在申宮的天機化忌、太陰化權**，因天機在得地之位帶化忌，而太陰居平帶化權。實際上化權力道不強，因此有古怪聰明、多惹是非、運氣不佳、災禍頻現，要管錢而管不到，要管女性也管不到，或因此更增加是非災禍、痛苦的。

## 3 己年生，貪狼化權、文曲化忌同宮時的『權忌相逢』

**在子、午宮的貪狼居旺化權、文曲化忌。若在子宮**，文曲化忌居旺，表示運氣特佳，又強悍好爭，能掌握好運，但有口舌是非或糊塗之事，略有損耗和瑕疵。**在午宮**，文曲化忌居陷，表示運氣仍不錯，也能幹、能掌握，口才和才華卻不佳，會話少、保守、糊塗，會影響成就，也會使好運變化、歪曲，走到別的路途之上去了。

**在辰、戌宮的貪狼化權、文曲化忌同宮**，表示口才和才華不好，多惹是非，但對權力有興趣，強制愛爭權奪利，因貪狼居廟帶化權，因此爭得到，但有口舌是非。**在辰宮時**，其人會愛講話，愛表現，常講錯，而引起爭鬥。**在戌宮時**，較安靜，話少，表現少，但仍愛爭。會進行沈默的爭鬥。此『權忌相逢』，因貪狼和文曲，基本上會形成糊塗、政事顛倒的格局，故是胡亂來爭奪，不該爭的也爭，全是打混仗，一片混亂、多是非的局勢。

**在丑、未宮的貪狼化權、文曲化忌同宮時**，實是武曲化祿、貪狼化權、文昌、文曲化忌同宮的格局。這是糾葛了財星、權星、忌星、文星的格局，因武曲、貪狼皆在廟位，文曲又是時系星的緣故，影響不算太大。但仍有頭腦不清、政事顛倒的問題。其意義

是：在錢財上、權力上有極大的好運，能掌握。但才華不佳、口才不好、精明度不夠，有糊塗的想法，以致於財和權得到手的機會和擁有的格局層次會降低及減少。錢財和權力會比都沒帶化忌時多了。此格局本來是極強的、帶權祿的『武貪格』、偏財運格帶化忌的格式。正因為有化忌同宮，財會受阻，偏財運、暴發運也會受阻不發，或是發了，又帶有災禍和是非麻煩的形式，是有困擾的。是故此『權忌相逢』是對人生有阻礙不順的。但是在財和權力上仍會保有，只是不順利罷了。

**在寅、申宮的貪狼居平帶化權、文曲化忌同宮時**，在寅宮，文曲化忌居陷。在申宮，文曲化忌居得地合格之位，故其人糊塗的程度上有輕重之別。

**在寅宮**，其人較靜、話少、好運和爭權力的力量也不強，但仍

糊塗好爭，會引發是非、災禍。**在申宮**，愛講話、多做胡攪蠻纏式的爭鬥。或以亂說話，或以無中生有的話題來爭鬥，不見得會贏。會有糊塗桃花。

**在卯、酉宮的貪狼化權、文曲化忌同宮時**，因有紫微居旺和貪狼化權居平再加文曲化忌同宮有帝座紫微星同宮，凡事可趨吉避凶，因此文曲化忌的災禍不會太胡顯。在卯宮時，貪狼化權屬木，在木宮比較強，文曲化忌居旺，有糊塗和是非的狀況，但不明顯。在酉宮，文曲化忌居廟，是非也會不嚴重。因此其意義是體面、能力強，有主導力只是略為口才不好，會說不好聽的話，或偶而會說頭腦不清的話語，惹些小口角、是非而已。會有糊塗桃花。

**在巳、亥宮的貪狼化權、文曲化忌同宮時**，這是居陷的廉貞和居陷的貪狼化權，和居廟（在巳宮）或居旺（在亥宮）的文曲化忌

同宮。

其意義就是口才犀利、愛亂講話、不顧臉面而好爭、是非口舌及災禍多，有糊塗邪淫桃花，也有使人丟臉的桃花糾紛發生。

## 4 辛年生，太陽化權、文昌化忌同宮時的『權忌相逢』

**在子、午宮的太陽化權、文昌化忌同宮時，在子宮**，太陽居陷帶化權、文昌居旺帶化忌，表示事業較晦暗不強，只能暗中掌權，成就不高，有頭腦不清，觀念上和文質修養上的古怪問題，不一定會把人生重心放在事業上，或重事業而方法不對，得不到好的結果。**在午宮**，太陽居旺帶化權、文昌居陷帶化忌，表示在事業和男性社會能掌權，但頭腦不清、文化低、知識不足、學習能力不佳，因此會做粗鄙的工作，或不算正道的職業。事業上會做得好，但也

會有起伏。有位無照兼營司法黃牛的律師和南部大家樂的組頭有此官祿宮，他們都在某些段特定的時間做得很好，但也會有官非橫禍而至。這也是不走正道，走異途的命理結構。

『太陽化權、文昌化忌』在子、午宮同宮時，還要看有沒有祿星在三合、四方宮位中，有的話，就能形成『陽梁昌祿』格，但此『陽梁昌祿』是帶有化忌的格局，因此也不一定會經由高學歷來賺到錢。反而有時候會轉由其他路途去發展。

**在丑、未宮的太陽化權、文昌化忌**，在此兩宮位中尚有太陰、文曲等星同宮。**在丑宮**，太陽化權居陷，太陰居廟，文昌化忌和文曲皆居廟，代表賺錢稍多、事業和名聲較弱，有頭腦不清的現象，也有不正常的桃花，帶來糾紛、不順。這是用古怪的方式來計算對自己好的利益方式，因此也是頭腦有問題的狀況。

**在未宮**，太陽化權居得地合格之位，太陰居陷、文昌化忌居平、文曲居旺，表示其人還可有工作。但會做無財的工作，其口才好、但頭腦不清，有清高和不會計算利益的現象。也會有因窮或貪便宜的邪淫桃花來影響，結果仍是吃虧的狀況。

**在寅、申宮的太陽化權、文昌化忌**，在此位置上，其宮位中，必有居廟的巨門化祿同宮，因此同宮的形式就形成太陽化權、巨門化祿、文昌化忌同宮的形式了。**在寅宮**，太陽是居旺帶化權、巨門居廟帶化祿、文昌居陷帶化忌，因此是表面頭腦聰明，注重事業，對事業、對男人有辦法，口才好、會圓滑、油滑來哄騙人，但實際上，學問不好、內容不足、知識水準不高，計算利益的能力不好，會用耗財和多是非的方式來和人糾纏不清，也會是非顛倒，把白的說成黑的。更會耗財家業，正事做不好，反而從不正當或有負面影

響的方向著手，來強制騙取自己的利益。

**在申宮**，太陽居得地之位帶化權、巨門居廟帶化祿、文昌居得地之位帶化忌，在此也是頭腦不清、是非多、口才好、計算利益的方式雖不好，但有時還會偶然清楚一下，會繞了一個彎，找到人生的出路，或借由其他的事，再來達成自己想得到的利益。是非、災禍仍然多，口才卻是更流利、圓滑、會騙人的。

## 在卯、酉宮的太陽化權、文昌化忌

辛年生，**在卯、酉宮有太陽化權、天梁、文昌化忌時**，首先要看是否有化祿或祿存在子、午、卯、酉、未、亥等宮出現。有的話，就是『陽梁昌祿』格帶化忌的格局。在考試、升官、讀書上，會因頭腦不清、計算利益的能力不佳、不去讀書，或不去考試而放棄，或是有怪異想法由其他的路子去闖，繞了大彎，有異途顯達之

十干化忌

事。但也會根本無法顯達。八字格局好的才會顯達。

此格局**在卯宮**，太陽化權居廟、天梁居廟、文昌化忌居平，要看有沒有祿星在四方、三合之位，才能知道是否有『陽梁昌祿』格。有『陽梁昌祿』格的人，能主貴，也能顯達，只是一生中會有繞遠路、多曲折迂迴，才能成功。有『陽梁昌』，但沒有祿星的人，會計算能力不佳、多惹是非、或清高、或愚笨、勞碌於事業，只能做一公務員，賺錢不多。但有貴人運，可受人提攜。

**在酉宮**，是太陽居平帶化權、天梁居得地之位、文昌居廟帶化忌、祿存同宮，表示『陽梁昌祿』格形成，但一生成就也是曲迴多波折，但還能熬到最後，有財利、薪俸過日子。還會事業多起伏、變化，或改行，由他行輾轉努力，主貴的力量也不明顯了。

## 在辰、戌宮的太陽化權、文昌化忌

**在辰宮的太陽化權、文昌化忌**，太陽化權居旺、文昌化忌也居得地之位，故有思想古怪，由其他的方法來掌握事業，及對男性有主導力，是異途顯達的主要人生際遇。亦會頭腦不清、計算利益的方式不好。有文字、契約的痲煩。

**在戌宮的太陽化權是居陷位、文昌化忌也是居陷位**，故這是頭腦不清、糊塗、沒有知識、亦沒有文化、本身能力不佳、又愛管，根本沒辦法有成就，其人也會粗俗、學歷低，在男性社會中沒影響力但又愛管，反而多遭是非、受排擠、討厭的。

在辰、戌宮的『太陽化權、文昌化忌』仍能形成折射的『陽梁昌祿』格，端看有沒有祿星出現在申、子、辰、寅、午、戌等宮。有的話，對命格有加分作用，其人在運程好時，仍會頭腦清楚，奮發而有作為，無格局與格局中無祿星者，一生起伏，也易困頓，頭腦不清，沒有作為與成就。

## 在巳、亥宮的太陽化權、文昌化忌

**在巳宮的太陽化權居旺、文昌化忌也居廟**，對宮有居旺的巨門相照，表示其人在事業上能掌權，但會頭腦思想古怪，多遭是非，也會有奇怪的想法，藉由是非口舌來達到目的。更可能借由其他的路途，繞了大彎才達成事業成就。也會頭腦不清、計算能力不好，藉由和男性的是非糾葛來達成自己事業上的目的。有異途顯達的狀況。

**在亥宮**，太陽化權居陷、文昌化忌居平，對宮有居旺的巨門相照，這是主導事業及男性的力量很弱，又想要使力，力不從心，頭腦不清楚，計算利益的能力不足，因此多遭是非、災禍，有思想、

文字、契約、法院文書、起訴書等的麻煩災禍。

## 相照形式的『權忌相逢』

相照形式的『權忌相逢』，一般來說，只是在本命與行運時，會受到影響最大，因為相對的兩宮，互為運程的命宮和遷移宮的狀況。

在命格中，最受影響的，就是『命、遷』二宮有相照的『權忌相逢』，其次為『財、福』二宮相照的『權忌相逢』。其次是『夫、官』二宮相照的『權忌相逢』了。

# 相照的『權忌相逢』

## 1 丁年生，在辰、戌宮相照的『天同居平化權、巨門居陷化忌』的『權忌相逢』

此格局因權忌皆在平陷之位，致福的力量不足，致禍的力量較嚴重。巨門居陷加化忌，其實是三重災禍、是非糾紛。居平的天同化權也難撫平，只是懶惰，求自保的形式。其意義是倘若以天同居平化權為主時，其外面的環境是災禍多、是非嚴重的環境，自然十分不好受。但也無能為力，只會愈幫愈忙、愈亂。若以陷落的巨門化忌為主時，表示自已混亂、頭腦不清、胡亂搞出一些是非出來，而外界環境中是溫和、愛忙碌於玩耍、享福的，自已搞出一些亂子，無非也是想偷懶、好吃懶作而已。因此這兩種格局，也都是沒能力、頭腦不清、頻惹是非、自受其苦的格局，在行運逢到辰、戌宮都有口舌或災禍發生。

## 2 在巳、亥宮相照的『天機化忌、太陰化權』的『權忌相逢』

天機化忌在巳宮居平，太陰化權在亥宮居廟，這組『權忌相逢』，要看你所站的立場來看事情的好壞了。若以巳宮天機居平化忌為主時，表示自己頭腦不清、聰明度低、又笨、運氣不好。但外面的環境十分好，能掌握財、財多，又有強力的溫情，環境中有強而有勢力的女性來力挺，因此，頭腦不清、又笨，但會有女性來救你，也會耗財，有錢財來救助你。

若以太陰居廟化權為主的地位來看，則自己能掌握財權，自己力量強，又能主導女性，會用剛柔並濟的方法來主導事務，而外面

的環境是天機居平化忌，表示周圍環境中是混亂不清，多智慧低落、運氣又不好的小人，這些人自然會來耗你的財和精力，也是一種刑剋模式，自然不利於你了。故此種『權忌相逢』就是一種損耗和是非災禍、弄不清楚、糾結在一起的狀況。

**在亥宮**，有天機居平化忌為主時，太陰居陷化權在巳宮，此時是自己頭腦笨，外界環境中又窮、又愛管、衝突多，而且是窮的、勢力弱的女性所造成的麻煩，自己又頭腦不清楚，無法解決，自然會產生數倍的是非糾葛和災禍了。這都是由於自己和別人都財窮、思想也窮所造成的狀況。

若以太陰居陷化權在巳宮為主時，居平的天機化忌在亥宮就為遷移宮，為外界之環境。表示自己較窮，在錢財上之主導力薄弱，但又愛管，而外面環境中皆是頭腦不清、愚笨之人，這也是自己和別人都財窮、思想也窮所造成的困頓、窘迫和災禍、麻煩。

## 3 己年生，有貪狼化權、文曲化忌相照時的『權忌相逢』

貪狼化權和文曲化忌如果在對宮相照時，也是會具有糊塗、政事顛倒的狀況，此時要看貪狼化權和文曲化忌的旺度，來斷定糊塗和口舌是非的程度。文曲居旺帶化忌時，是話多惹是非。文曲居陷帶化忌是話少、很靜，一說話就傷人或傷害自己，也會才華不好，愚笨而形成災禍是非。

貪狼化權居廟、居旺時，表示有好貪、好爭、有強制、得到的力量，也具有強力能主導及得到好運的力量。貪狼化權居平在寅、申宮時，必有居廟的廉貞及文曲化忌相照，表示外在環境有口舌是非、爭鬥，自己仍是有力量去找好運、去爭鬥的。此時，**貪狼居平**

**化權在寅宮時**，外界環境是有口舌爭鬥、話語犀利、尖銳、難聽、爭吵激烈的。**貪狼居平化權在申宮時**，則廉貞、文曲化忌在寅宮，外界的環境中有口舌是非爭鬥，卻是悶聲不吭、很靜，暗潮凶湧的。

**貪狼居陷化權在巳、亥宮，必有陷落的廉貞同宮，對宮有文曲化忌相照時**，此時文曲化忌是居旺的，表示自己是運氣不佳、又討人厭，但還拚命在做人際關係，而外在的環境又多是非口舌之災禍問題。所以你只是在製造一些麻煩而已。再怎麼交際也沒有用，這也是頭腦糊塗、不清，根本沒有才華去領悟別人的想法，也沒辦法和人有較好的關係。具有這種格局的人，尚有邪淫桃花，會男女關係複雜而發生糾紛、得不償失。

## 4 辛年生，太陽化權和文昌化忌相照的『權忌相逢』

此種『**權忌相逢**』**當太陽化權和文昌化忌，都居旺位時**，(例如太陽化權在寅、文昌化忌在申宮)，表示環境中有奇怪的思想在影響你，使你的人生會走偏路途，或頭腦偶有不清楚的狀況，有不實際或計算利益的能力有瑕疵的狀況，但以後運程好時，會糾正回來。亦可能有奇怪的際遇，有異途顯達或做別的、不是你原來學的行業謀生的人生際遇。

**當太陽化權居旺、文昌化忌居陷相照時**(如太陽化權在辰宮、文昌化忌在戌宮)，表示會有頭腦不清、計算利益的能力不佳，也會影響事業的成就，或智慧不足，學習能力不好，外界的環境粗俗又有是非、官非等的災禍，會對人生有影響和阻礙。

**當太陽化權居陷，文昌化忌居旺時**(例如在亥宮，有太陽化權居陷，在巳宮有文昌化忌居廟、相照時），這是對事業、對男性的主導力都弱，沒有能力又想管，管也管不了，而外面環境中又多是非和頭腦不清、腦袋有古怪思想的人來影響你。因此做事會白做、沒成果，或根本不做，多說而不練，或不實際的思想而成就低落。這主要是因為文昌雖居廟帶化忌，但會和居旺的巨門同宮來相照的結果。此格局亦會有折射的『陽梁昌祿』格，端看此格局中有沒有祿星存在。若有化祿和祿存進入格局中，便能在教職上或文化機構，用口才的行業中，也能有一席之地來討生活了。

## 三合宮位的『權忌相逢』

在三合宮位中，首推『命、財、官』為最重要，其次是『夫、遷、福』。例如『父、子、僕』與『兄、疾、田』都算是閒宮。

# 十干化忌

因此就三合宮位的『權忌相逢』，就以在『命、財、官』出現時，影響人最嚴重。

### 在『命、財、官』三合宮位的『權忌相逢』

在『命、財、官』中，又以化忌在命宮為最麻煩，是會頭腦糊塗、思想混亂的問題，但是化權星會在財帛宮或官祿宮出現，倘若化權星是居廟的、居旺的，或又和官星、財星相結合，其實這個頭腦糊塗的人，生活還是不錯的，會有固定的錢財和工作、專業做得還不錯，也能賺到錢。只是自己常心裡悶、煩惱多，不夠聰明，或聰明得古怪，命格會在中等，富貴也是中等。(要以八字中帶財、官之多寡來論斷人命格局層次)

倘若化忌星在財帛宮或官祿宮、化權星在命宮，表示本身性格

強勢，主導、掌權的力量較強，而錢財會不順或少，或事業有起伏不順，或聰明才智也不太好，在賺錢能力或做事業的能力或學習能力上有不足或愚笨，自已只是較頑固而已。因此有此格局的人，其人一生會在賺錢或事業上受苦與不順利。這種格局人的命格，在八字上，也定是財少或官少之人，容易成為別人的負擔。命格也不會太高。但財少之人，仍可主貴。官少之人，宜在財富上發展，或有家財多的環境會養你。

## 在『夫、遷、福』三合宮位的『權忌相逢』

**在夫妻宮有化權星，而化忌星在遷移宮或福德宮，而三合相照時**，是心有餘而力不足的，因為天生外界環境不好、多是非，福德宮代表天生腦子中所想的，有化忌時，也是頭腦混亂、智慧不高，天生也享不到福，福氣會少了。遷移宮又直接沖剋影響命宮，因此『夫、遷、福』之三合有權忌相互牽引拉扯，還是由內在精神思想，影響至外面的環境，而終招至是非、災禍的增多，對人不吉。

在人的命格中，『命、財、官』之三合宮位代表生命『生發』的養成之地。而『夫、遷、福』之三合宮位，代表生命欲『茁壯』之環境。『兄、疾、田』之三合宮位代表生命『儲存』精力和財的地方。『父、子、僕』等三合宮位代表『延續』之力量。因此在生命的過程裡，『生發』和『茁壯』很重要，必須將這兩個過程都完成了，才會有後續的儲存與延續的動作與過程。

**在『兄、疾、田』、『父、子、僕』三合宮位的『權忌相逢』**

在『兄、疾、田』這一組三合宮位中，不論化權、化忌落入那

## 十干化忌

一宮，都有不平衡的狀況，會危及先天的財（指疾厄宮之健康），和後天的財（指田宅宮為財庫），都會影響財福和生命之長久的。

在『父、子、僕』這一組三合宮位中，也不論化權、化忌會落入那一宮，亦會危及生命之『延續』過程。並且父母宮與疾厄宮相對照，父母宮有煞星，就直接沖剋疾厄宮，其人會有家族遺傳性疾病，所謂先天的財就少了、不好了。子女宮與田宅宮相對照，有煞星不吉時，生不出子女，或與子女無緣、關係不好，田宅宮是財庫，不好的子女宮會直接沖剋財庫，使後天的財留不住，或存不進去，財庫有破洞。兄弟宮和僕役宮相對照，有煞星出現時，也相互沖剋，這表示平輩之間的助力完全失去了。古語說：『獨苗不長』，也就是說家中只有一子，沒有兄弟的人，會像一顆小樹苗，很難養大、長好的。這也是『獨木不成林』，力量會很單薄的意思。

況且，三合宮位有『權忌相逢』時，在運程上容易三年有一次的起起浮浮，如浪裡行舟，起落分明，這是化權的主星居廟的、居旺的時候，若化權的主星在平陷之位，則容易至少六年都不容易翻身了。實是不妙。

三合宮位的『權忌相逢』在命盤上雖看起來不怎麼嚴重，似乎直接的刑剋傷害少，但它是暗藏玄機，暗中設關卡，有如生命的絆腳石一般啊！

# 十干化忌

## 第二節 『祿忌相逢』的形式和意義

『祿忌相逢』，基本上就是『祿逢沖破』的格局。祿星（包括化祿和祿存）都怕煞星侵擾，就連財星也都怕煞星沖剋。因此『祿忌相逢』就一定會刑剋到財。會刑剋到多少財？也要看祿星本身帶財多少來論定，『祿忌相逢』有二種型式，一種是化祿和化忌同宮或相照。一種是祿存星和化忌星同宮和相照，這兩種意義是不同的。

## 化祿與化忌，『祿忌相逢』之形式和意義

### 同宮形式的化祿與化忌之『祿忌相逢』

#### 1 乙年生，天機化祿、太陰化忌在寅、申宮

在寅、申宮，天機化祿都是居得地合格之位的。表示是一種為人服務的財，是一種運用聰明和機運所賺的財，屬於薪水族，財不多的財。在寅宮，太陰化忌居旺，故有此『天機化祿、太陰化忌』的格局時，表示做薪水族，財還不少，但會因感覺不靈敏、情緒古怪、起伏，偶有減少及耗財傾向。有此命格的人，常會因一時情緒不好，或與女性同事不和而辭職，失去工作，因此這是本身頭腦不清，感情波折的問題而造成財不順。此命格的人，也容易內在性情

略有古怪，或在男女感情、戀愛上多波折、失戀。而且理財、存錢能力不佳，但很愛存錢。

**在申宮**，因太陰是居平帶化忌，故做薪水族但錢賺得少，又有是非曲折，無錢可存，是一種較窮、又有金錢是非、不順、窘困的狀況。有此命格的人常失業、無工作。也會頭腦不清楚、聰明的不是地方，很難完全瞭解清楚老闆和別人的意思。其人臉孔常有茫然之色。這是本身財少又遭刑剋的關係。因此常工作起伏不定。

## 2 己年生，武曲化祿、文曲化忌同宮之『祿忌相逢』

**在子、午宮，有武曲化祿居旺、天府居廟和文曲化忌同宮，在子宮**，文曲化忌居旺，因此是財多富有，源源不斷，但會有是非口舌、爭執，以及意想不到的口舌是非之災害，但不算嚴重，用錢可

以打發，破財可以消災。**在午宮**，文曲化忌居陷，表示財雖旺，也容易進財，但口才和才華與精明都不足，會話少，很靜。一安靜，不太出聲，財就少進了。但愛講話又常出錯、更惹是非口舌之災。並且周圍一熱鬧就有災禍，不熱鬧又進財少。

**在丑、未宮，有武曲化祿、貪狼化權、文昌居廟、文曲化忌同宮**，在這個格局中，權祿皆居廟位，**在丑宮**，文曲化忌也居廟，對宮有擎羊相照，表示外界環境中多競爭、及爭鬥，但自己很有財，又會應付圓滑，運氣又好，為人強悍多思慮，但會思想古怪，或突發奇想，或有別的才藝，會繞了一個大彎才能顯達，這是自己頭腦糊塗、多想、分析不正確之故。亦會有原本很好的事業，但因好色，或感情事件所耽誤、阻礙。**在未宮**，有武曲化祿、貪狼化權、文昌居平、文曲化忌居旺、擎羊同宮，表示自己是頭腦不清較嚴

重，好爭愛賺錢，原本也帶有很多財。也具有能力，但會因自己的才華不佳，計算利益的能力差，思想多扭曲和計較，而刑剋到自己所能得到之財。此格局比在丑宮的格局刑則、刑運較嚴重。

**在寅、申宮，有武曲化祿居得地之位、天相居廟、文曲化忌同宮。在寅宮**，文曲化忌居陷，故其人會話少、較安靜，一說話便會有口舌是非的災禍，有普通平順之生活、享受，但耗財多，會頭腦不清。因文曲化忌和對宮之破軍，形成窮困之格局，故亦無法富裕，武曲化祿、天相，只能稍多進一些財而已。但文曲化忌又耗掉一些財，故只有普通平順之生活。

**在申宮**，文曲化忌居得地之位，也是和對宮之破軍，形成窮困多是非災禍之格局，故武曲化祿和天相也只能使之過平順生活而已，這也是『祿逢沖破』的真實寫照了。

**在卯、酉宮，有武曲化祿居平、七殺居旺、文曲化忌同宮。在卯宮**，文曲化忌居旺，**在酉宮**，文曲化忌居廟，是故此格局的意義是辛苦打拚，賺錢不多，但仍有賺錢的機會，但會頭腦不清或有口舌是非，會影響到賺錢的多和寡，會有時多、有時少的狀況。如果此格局在命宮或官祿宮，都是容易改行，工作有起伏不順，常和別人有是非衝突而影響工作的常久性，在錢財所得上也會減少的狀況。

**在辰、戌宮，有武曲化祿居廟、文曲化忌同宮，對宮有貪狼化權相照，在辰宮**，文曲化忌居得地合格之位，表示其人性格古怪，會有古怪思想，雖然，有些時候做人圓滑，很會賺錢，但有時不想賺，或保守、或糊塗、或向奇怪的才藝上發展，會影響到得財的多寡。並且『武曲化祿和貪狼化權』相照有極強的偏財運和暴發運，

有文曲化忌同宮時，則不暴發。更影響了大財難進，極為不妙。

**在戌宮**，文曲化忌居陷，這是頭腦更不清楚，才能更差，是非、官非都很多，性格古怪，暴發運不發，偏財運也不發，刑財更多的格局。不過，不管怎麼說，武曲化祿居廟在本命中，又有貪狼化權居廟相照，縱然頭腦不清楚、脾氣古怪，但仍是可賺到錢，有不錯的賺錢機會，只是耗財較多而已。

**在巳、亥宮，有武曲化祿居平、破軍居平、文曲化忌同宮**，這整個的格局還是一個窮困的格局。原本武曲化祿、破軍，就是財不多、較窮，但仍有錢可賺。破軍逢文曲為窮，又有水厄，帶化忌時，有是非災禍。**在巳宮**，是武曲化祿、破軍、文曲化忌居廟、祿存同宮，這是雙重的『祿逢沖破』，會為人保守，有些錢進賬，但不富裕，常窘困，頭腦不清，有古怪思想，有工作就好過一點，沒有

工作就生活辛苦，不順的格局，要小心蛇年有水厄。**在亥宮**，會更困窘一些，因為祿存在遷移宮和天相同宮，表示環境保守，格局變小，是窮困、剛夠生活有飯吃之資的經濟狀況，而武曲化祿、破軍、文曲化忌就代表本命心窮、又頭腦不清、古怪又多是非、性格保守，難向外發展，環境又有限制，無法開展，因此得財更少。

## 3 庚年生，有太陽化祿、太陰化忌同宮之『祿忌相逢』

此格局會在丑宮或未宮出現，**在丑宮時**，太陽化祿居陷、太陰化忌居廟，對宮會有陀羅相照，表示在事業上賺錢不多，工作上能生之財少，本身思想古怪，愛存錢，但會用奇怪的方法理財，仍有錢財是非及災禍，或有對錢財的敏感力不佳，賺錢不賣力，或有感情糾紛、失戀等狀況，也會因感情問題而影響工作或得財。更會因

感情問題而耗財，或失去工作，工作有起伏、不常久的狀況。**在未宮**，太陽化祿居得地之位，太陰化忌居陷、陀羅同宮，表示工作機會還有，但賺錢不多，生活中有困窘現象，也和女性多是非、有心窮和笨的狀況，做事不長久，常有起伏不定，工作不順利。

## 4 辛年生，有巨門化祿、文昌化忌同宮之『祿忌相逢』

**在子、午宮，有巨門化祿居旺和文昌化忌同宮，在子宮**，文昌化忌居得地之位，表示有很好的口才、才華，但頭腦略有不清，有古怪想法，清高、或古怪、彆扭，或思想奇特，原本用口才賺錢賺很多、很順利的，會突然不想賺這種錢，要改行了。有此格局時，其人愛講話，會講奇怪或腦袋不清楚的話。其人的氣質也是模糊不算好的，計算利益的方法也是有瑕疵的。**在午宮**，文昌化忌居陷，

故表示愛講話，會說粗話或水準不高，又惹是非、沒格調、會騙人的話語，其人會為小人諂媚之態，能力不行，但巧言令色。『祿逢沖破』得較厲害，賺錢也會不多了。也會因為貪小便宜而失大利。

**在丑、未宮，有天同居陷、巨門化祿居陷、文昌化忌、文曲同宮。在丑宮**，文昌化忌和文曲皆居廟位，其人會長相斯文、懦弱、頭腦不實際、清高、言語曖昧、討人喜歡，常有桃花事件，計算利益的方式獨特，會有折射的『陽梁昌祿』格，在學校或文職機構中，也能得財。但其人不一定會待在這種環境之中，這也是頭腦不清楚之故。**在未宮**，文曲居旺、文昌化忌居平，表示智慧更低了，而桃花更多了，長相普通、頭腦更不清楚、易靠人過日子。

**在寅、申宮，有太陽化權、巨門化祿、文昌化忌同宮。在寅宮**，太陽化權居旺，巨門化祿居廟、文昌化忌居陷，表示其人口才銳利，善於巧辯，對男性主控力、領導力很強勢，愛做事，計算利益的能力又差，因此一生多起伏不定，有成有敗，環境也不好，遷移宮是陀羅居陷，會是貧困、雜亂之環境。**在申宮**，太陽化權居得地之位，巨門化祿居廟、文昌化忌居得地之位、陀羅同宮，表示頭腦不清、愚笨。愛用口舌便佞來主導工作，思想反覆、扭曲、古怪、愛掌權或主導男性，但事業會起伏，做不長久，得財也不多，計算利益的方式也不好，耗財多、進財少，常有失業或不工作的時候。

**在辰、戌宮，有巨門居陷化祿、文昌化忌同宮。在辰宮**、文昌化忌是居得地之位的，表示是非多、頭腦不清、智慧不高，但可用瞎掰、或哄騙的方法來打混過日子，也會用古怪的是非糾纏的方法來達到目的，但還是計算利益的方法不佳，不會真正得到大利益和

大財利。**在戌宮**，文昌化忌居陷，因此表示頭腦不清、愚笨、知識程度不高、外表粗俗、多是非，但會用不佳的方式和是非多的方式來討生活，得財既少，生活不易。這個巨門陷落帶化祿，原本財就極少，及至窮困之地，再逢陷落之化忌沖破，根本無財可談。

**在巳、亥宮，有巨門居旺化祿、文昌化忌同宮。在巳宮**，文昌化忌居廟，故是可以口才得財、得利，但頭腦不清楚，計算利益的方式不佳，會清高，或轉用不易得財的方式去取財，對自己不利。其人也會有折射的『陽梁昌祿』格，但不一定會藉由此路途而得利，十分可惜。其人會口才好，但會說奇怪的話語，言不及義，廢話多。其對宮有居陷的太陽化權相照，表示環境中有隱晦的父權的強大壓力，會改行或繞路而行，命運會有波折起伏，未必有成就。

**在亥宮**，文昌化忌居平，也是廢話多、愛說話、頭腦不清的狀況較在巳宮嚴重。有折射的『陽梁昌祿』格，但不一定會讀書，亦未必有高學歷的命格，其人的氣質和學習能力都不佳，會做粗重或言語不實的工作，也會不工作。其對宮有居旺的太陽化權相照，表示有家業或父祖長輩支持照顧，有事業運，但本身頭腦不清，必有計算利益不當、失職的狀況，或努力方向不對的狀況。

## 相照形式的化祿與化忌之『祿忌相逢』

### 相照形式的化祿與化忌之『祿忌相逢』

#### 1 乙年生，在巳、亥宮相照的天機化祿和太陰化忌

乙年生，在巳、亥宮相照的天機化祿和太陰化忌這一組星曜，因對沖的關係，其實是互為命、遷二宮的形式。**倘若以天機化祿在**

**巳宮來說**，對宮相照的太陰化忌在亥宮居廟，且是『變景』化忌不忌的形式格局，全是薪水族的生活格局，而周圍的環境富裕，稍有金錢是非，與女人的是非麻煩。情況不嚴重，但會財有耗損。

**若以天機化祿在亥宮來看**，對宮相照的太陰化忌居陷，表示本身是薪水族，財祿不多，而外在的環境是財窮、又有金錢煩惱、是非災禍的環境。自然較前者為窮困得多，且與女性不和，又沒法子存錢，一生都不富裕。

**倘若以在亥宮的太陰化忌來看**，對宮的天機化祿居平，表示自己頭腦不清，對錢財理財觀念不佳，但仍財多，愛存錢，仍有錢，只是思想古怪而已。環境中是薪水族的環境，但會存有錢財和房地產，只是在錢財和房地產上多是非，如借錢給人不還，或房子出租，收不到租金，或房子產權出問題之類的麻煩。也會與女人不

和，多是非糾紛。

**倘若以在巳宮的太陰化忌來看**，對宮有居平的天機化祿，表示自己很窮，又有金錢是非和債務問題。環境中是薪水得財，財不多又常變化的環境。你會頭腦不清，情緒不穩定，常意氣用事，換工作或辭職，而生活不穩定，使自己常在窮困之中，無法翻身。這是心窮的問題，也會和女性不合，離財較遠。

## ② 己年生，有武曲化祿和文曲化忌相照之『祿忌相逢』

**在子、午宮出現時，一種是武曲化祿居旺、天府居廟在子宮，**對宮有七殺居旺、文曲化忌居陷在午宮相照，**以子宮為主來講**，本身是財旺的一方，又特別精通賺錢，而周圍外界的環境是凶悍、才藝不好、氣氛悶又多是非的環境，因此會影響到本身腦子，除了賺

錢以外，其他的才藝、才華都很差，也會愚笨，沒有太多的才能，另外其精明度也不足，亦會耗財或環境並不好，所賺的錢，只是小錢而已。

**另一種是武曲化祿、天府在午宮**，而七殺、文曲化忌在子宮，此時文曲化忌居旺，此種格局的意義是本身有財，也會賺錢、存錢，但外面的環境是辛苦、蠻幹，需要打拚，熱鬧滾滾，又多是非口舌的環境。其本人也會頭腦不清。容易思想混亂，常說錯話，或改變賺錢的方式，或改行，使自己應得的錢財有耗損。

**在丑、未宮出現時，是『武曲化祿、貪狼化權』和『文昌、文曲化忌』在對宮相照的形式**，這也是頭腦不清楚、計算利益的能力不佳、做人不實際、有奇怪的桃花糾纏。但其本人會賺錢和掌財運、好運的能力特別高。有文曲化忌相照，在『武曲化祿、貪狼化

權』的流年運上還會暴發偏財運，在文昌、文曲化忌的流年運上是絕對沒有暴發運的。

**在寅、申宮出現時，是『武曲化祿居得地之位、天相居廟』和『破軍、文曲化忌』相對照的形式。**

以在寅宮的『武曲化祿、天相』為主時，代表自己本身財祿不錯，又會理財，但周圍的環境中是窮困、思想古怪、有口舌是非、不寧靜、爭執多的，但會有清高思想，在這樣的環境影響之下，會賺錢不多，可過普通的生活而已。

以在申宮的『武曲化祿、天相』為主時，對宮相照的文曲化忌居陷和破軍同宮，表示外界環境會較靜、話少、是非爭執是無聲的，亦是窮困的環境，本身還會理財，還可過得很好。頭腦也會清高、能過普通生活，一切能打平。

以在寅宮的『破軍、文曲化忌』為主時，代表本身頭腦不清、心窮、智慧較不高、才華少、自己很安靜、不多話。但外界的環境富裕、平順，因此在生活上要求不多，小康生活已十分富裕了。在生活上也會耗財多、守不住財。

以在申宮的『破軍、文曲化忌』為主時，代表本身頭腦不清、話多、思想混亂、意見多、窮命、會自以為清高又愛財。周圍的環境是普通平和，還算富裕的小康環境，但其人會挑剔、不安份過小康生活，反而耗財多、守不住財。

## 3 庚年生，有太陽化祿、太陰化忌相照的格式

### 庚年生，在辰、戌宮有太陽化祿和太陰化忌有相照的『祿忌相逢』

若太陽化祿在辰宮居旺時，太陰化忌在戌宮也居旺，在這一組

『祿忌相逢』裡，**若以在辰宮的太陽化祿為主時**，代表本身的事業運能生財，在男性社會中也圓滑有利，其周圍的環境亦是有財，也有錢財是非的，此人仍是會有一些頭腦不清的問題，但不嚴重。只是事業和財運仍有起伏，亦會有常改行、做事不長久的問題。還會與環境中的女性不合、有是非。

**若以太陰化忌在戌宮為主時**，表示自己頭腦不清楚，能存錢，但思想古怪，理財觀念有瑕疵。而外面的環境甚好，事業上也能得財順利，只是自己的感情常有不順，問題在自己，不在別人，會與女性不合，但與男性融洽親和。

**若以在戌宮的太陽化祿居陷為主時**，對宮會有居陷的太陰化忌相照，表示本人是性格內向、溫和，非常有人緣之人，能從事幕僚、副手的工作，在事業上不是非常順利，但也能賺一點薪水族、公務員的薪水之資。其外在的環境是不富裕、存不到錢，且常有金錢困擾、是非的環境，運氣不好之時，也會失業。無財可進。

**以在辰宮的太陰化忌為主時**，對宮有居陷的太陽化祿相照，表示本身財少，又頭腦不清楚，外界的環境中也不富裕，稍有衣食而已，一生都會心裡悶，工作成就不高。也會起起伏伏、不常久。其人有古怪的脾氣、內向、話不多、有憂鬱症。

## 4 辛年生，有巨門化祿和文昌化忌相照的形式

### 在子、午宮有巨門化祿和文昌化忌相照時

**以巨門化祿為主時**，在子宮，對宮有天機居廟、文昌化忌居陷相照，表示本身口才好，能甜言蜜語、口才得利、討人喜歡，而外面的環境是一會兒聰明、一會兒笨的，也會是粗俗而多變、頭腦不

清楚的環境，這也會影響到你會喜歡說廢話、成就不高。但你會有折射的『陽梁昌祿』格帶化忌，因此你不一定會走以高學歷來找工作的人生路途，你也會工作常起伏、不穩定，人生不算順利。

**以在午宮，天機、文昌化忌為主時**，對宮有巨門化祿居旺相照，表示自己聰明得古怪，但計算能力不佳，工作能力也不佳，周圍環境中又是言語油滑多是非的環境，因此你也是個不實際、光說不練、氣質不佳、知識水準不高的人。

**以巨門化祿在午宮時**，對宮有天機居廟、文昌化忌居得地之位來相照，表示環境中多變而古怪。你自己是個很能適應環境的人，口才流利，看起來還蠻聰明的，但容易改行或不定性，做事進退反覆，有時也會糊塗、精明度不夠、成就不太高。

**以天機、文昌化忌在子宮時**，對宮有居旺的巨門化祿相照，表

示自己有一些聰明，但計算利益的方法不好，或有些清高、保守，外面的環境很熱鬧，喜開玩笑，你也會口才好，能以口才得利，但你不一定會用口才來做事業。因為思想的關係，一生會多波折。

**在丑、未宮，有天同、巨門化祿和文昌化忌、文曲相對照之『祿忌相逢』**

**以丑宮的天同、巨門化祿為主時**，對宮是文昌化忌居平、文曲居旺，表示本身是溫和、能力弱、嘴巴很會講些無用的諂媚之話的人，而周圍環境是頭腦不清、計算能力不佳、常出錯、熱鬧、口才好的環境，因此也會影響到此人，亦是頭腦不清、很會說廢話、無用、會招惹桃花糾紛的人。

**以未宮的文昌化忌、文曲居平為主時**，對宮是天同、巨門化祿相照，表示本身頭腦不清、知識水準不高、口才好，有桃花糾紛、

計算能力也不佳。環境中又是溫和、是非多、愛講無用的話語來討好人的環境，因此，也會影響到此人一生是無用的，只會口舌便佞、做不成大事。但此人能形成折射的『陽梁昌祿』格帶化忌，因有文昌化忌的緣故，故不一定會走學術的路子，增加學歷而得財，但會做文職。因此成就也不高了。

**以未宮的天同、巨門化祿為主時**，對宮是文昌化忌居廟、文曲居廟相照，表示本身是溫和、能力差，稍能甜言蜜語之人，會講廢話，而外在環境是有些古怪，但會美麗、高尚、有氣質的。會有『陽梁昌祿』帶化忌的格局，人生亦會起伏，亦會繞道而行，若在學術界或文職中發展，有異途顯達之機會。亦有不正常的桃花事件。

**以丑宮的文昌化忌、文曲為主時**，對宮是天同、巨門化祿相

照，表示本身美麗、高尚、有氣質、有異性緣，但計算利益的方式和思想與別人不一樣，思想有些古怪，外界的環境不佳，是溫和、多是非、常有囉里囉嗦的小麻煩與小災禍發生的環境。因此這也是個性格懦弱、頭腦不清、行事古怪、不實際、有不正常桃花問題的人。此格局的人，也是具有『陽梁昌祿』帶化忌格局的人，若是走學術和文職路途，也會有較好的人生，可是他可能會繞遠路或人生起伏不順。

**在寅、申宮有太陽化權、巨門化祿和文昌化忌相照時**

以在寅宮有太陽化權、巨門化祿為主時，對宮有文昌化忌居得地之位相照，表示自己本身口才好、有主導能力，在男性社會中能掌權，但周遭有影響你的怪思想和不夠精明的影響力，因此你仍是頭腦不清、做事不實際、工作能力不佳、計算利益的能力不夠好，

事業有起伏成敗、不常久。

**在申宮有文昌化忌居得地之位為主時**，對宮有太陽化權、巨門化祿相照，表示環境很好、有權勢高、口才好、交際熱絡的環境在影響你，而你自己本身是思想觀念古怪、計算利益的能力另類，雖對男性有主導力，能運用口才之優點來做事業，但你不一定會用、肯講，因此縱是有好環境，你也會人生起起伏伏，未必能成大業。

**在申宮以太陽化權、巨門化祿為主時**，對宮寅宮有文昌化忌居陷來相照，表示周圍環境粗俗、層次低、文化水準不高，自己雖具有口才，又具有對事業和對男性的主控權，但仍是頭腦不清。無法在事業上有好的發展，或無法發展較高尚之事業。你會在低下不高級、混亂的環境中生存、工作，亦會做做停停、不實際或不常久。

**在寅宮以文昌化忌居陷為主時**，對宮是太陽化權、巨門化祿相

照，表示本身頭腦不清、智慧與文化水準低落、生長的環境是有權勢高的男性在主掌大權，氣氛是熱鬧、雜亂、快樂的、粗俗的、鬧哄哄的。但自身的成就並不高。有折射的『陽梁昌祿』格帶化忌，不讀書、無學歷者，一生無用。

**在卯、酉宮，有天機、巨門化祿和文昌化忌相照時**

**以在卯宮有天機居旺、巨門化祿居廟為主時**，文昌化忌在酉宮居廟相照，表示本身智慧高、口才好，能具有高知識、高學歷，但環境古怪，你也會有古怪思想，會誤入歧途，異途顯達。此格局有折射的『陽梁昌祿』格，但人生有起伏，會清高或不實際，不重錢財。一生多是非，或有文字上的瑕疵。

**以在酉宮的文昌化忌為主時**，相照的有天機、巨門化祿，表示本身頭腦想法古怪，環境又是多變化，善於利用口才來得利。亦會

有在學術機構或文化機構工作，卻無法成名之狀況，亦會具有學識而不受重用、被埋沒之現象。

**以在酉宮有天機、巨門化祿為主時**，文昌化忌在卯宮居平相照時，表示本身是聰明、口才好的人，喜歡學一些閒雜的技藝或知識，而不是具有高學歷，走正當的學術路線，在聰明度上和在計算利益及數字計算上都有一些問題。一生多變化，也可能一事無成，頭腦糊塗。

**以在卯宮的文昌化忌為主時**，對宮有天機、巨門化祿相照時，表示可在高知識或高科技的環境中工作或生活，但自己頭腦不清，知識和技藝都不好，有瑕疵，因此一生不順，默默無名。

**在辰、戌宮，有巨門陷落化祿和文昌化忌相照時**

**以在辰宮有巨門化祿居陷為主時**，對宮有天同居平、文昌化忌

居陷、擎羊居廟相照時，是『刑祿』格局。表示其人表面是溫和、懦弱、氣質粗俗、廢話多、頭腦不清楚的樣子，但好爭、計較，會爭不實際的利益，通常是個沒用的人，也會身體殘傷和命運乖桀。

**以在戌宮有天同居平、文昌化忌居陷、擎羊居廟為主時**，對宮有巨門化祿居陷相照，其中是以擎羊居廟最強勢，是『刑祿』格局。其意義是性格強悍、好爭，但頭腦不清楚、福薄、身體有傷殘、外表不美麗、文化水準低、說話無重心、口才不好、常惹麻煩，平常少講話，一講話廢話就多了，其人也會多遇災禍，一生難平順，也會是個無用之人。

**以在戌宮的巨門化祿、擎羊為主時**，對宮有天同、文昌化忌相照，巨門化祿居陷、擎羊居廟，故是以擎羊為強勢，是『刑祿』的格局。其意義是性格強悍、口才差、又愛說、常頭腦不清、多是

非，會自做聰明講一些表面好聽，但內含陰險計謀，內容不實、哄騙人的話，也會假戲真做，連自己也相信了。其周圍的人，常是一些溫和、頭腦不清、不計利益的笨蛋，因此這個多是非、好爭、陰險之人，雖糊塗也過得很好，只是身體易有傷殘現象，財不多，難進大財而已。

**以在辰宮有天同、文昌化忌為主時**，對宮有巨門化祿、擎羊相照，亦是『刑祿』格局。表示本身溫和、頭腦不清、計算利益的能力不足，會清高、不實際，會有古怪思想，其周圍環境是凶悍、爭鬥、是非災害多、口舌之災多、假情假意的世界，因此也會影響到他懦弱、無能、頭腦不清、身體傷殘、靠人過日子。

## 祿存與化忌，『祿忌相逢』之形式和意義

### 同宮形式的祿存與化忌之『祿忌相逢』

祿存和化忌同宮形式的『祿忌相逢』，實際上就是『羊陀夾忌』的惡格。因此分外不吉，當大運、流年、流月三重逢合時，必有遭災死亡之事。而且還帶有是非糾纏甚久的問題。就算是流年或流月其中一個時間條件逢之，也會有傷災、不吉，或是非糾纏不順。因此此格局的『祿忌相逢』不單單是『祿逢沖破』而已，實是沖破生命之財（生命資源）了。

祿存與化忌同宮之『祿忌相逢』，要看最嚴重之災害是因何而起，或災害落在何種事務之上，就要看化忌所跟隨的主星為何，即可知道是由何事遭災，或由何人主導了。

## 1 甲年生，有太陽化忌、巨門、祿存在寅宮之『祿忌相逢』

此格局中，太陽化忌居旺、巨門居廟、祿存也居廟，但祿逢沖破，是非又多，根本感覺不到財可進入。而且還有前羊、後陀相夾太陽化忌，形成『羊陀夾忌』之惡格，在寅年，會有重創不吉，三重逢合，有死亡災害，發生之原因，會是遭男性傷害之毒手，與事業有關之事。

高雄市議員林滴娟的例子，和西洋星座命理家陳靖怡的例子，都是逢寅宮有『太陽化忌、巨門、祿存』之『祿忌相逢』之格局而遭災死亡的，傷害她們的也是男性。

# 十干化忌

## 2 乙年生，有太陰化忌、祿存在卯宮之『祿忌相逢』

此格局為太陰化忌居陷、祿存居廟，此為稍有衣食、苟延殘喘之格局。有羊陀相夾，在卯年必有災禍不吉，三重逢合有死亡之災，會為錢財、為女人所害。情況悲苦。

## 3 丙年生，有廉貞化忌、貪狼、祿存在巳宮之『祿忌相逢』

此格局為廉貞化忌居陷、貪狼居陷、祿存居廟，此為運氣極低又壞，有官非和血光問題而遭災，亦會人緣不好，人見人厭，又保守、內向、古怪、災多，易出重大車禍、流血太多而亡，易會因遭賊殺害而亡，事後官非不斷，打官司打很久。時間在早上九時至十一時。此格局為『祿逢沖破』，可有衣食而已。

## 4 丁年生，有巨門化忌、祿存在午宮之『祿忌相逢』

此格局為巨門化忌居旺、祿存居廟，此為性格保守、內向、頭腦不清楚，是非災害多，懦弱怕事，仍遭毒手，會捲入是非而死亡。亦有小孩走此運時遭鐵捲門捲入夾死。亦有爭吵、爭執而遭砍傷而亡的。時間在中午時分。此格局亦為災害發生後，打官司打很久。

## 5 戊年生，有天機化忌、祿存在巳宮之『祿忌相逢』

此格局為天機化忌居平，祿存居廟在巳宮，此為時間點上之突發事件，或為不可能發生而發生之事，亦會因自做聰明，頭腦不清楚而發生之災害。亦會有車禍、交通事故、飛機、舟船之災害。若再有地劫、天空同宮時，為『半空折翅』之命格，在大運、流年、

流月逢到，即有災禍、早夭之命運，宜早防範之。

## 6 己年生，在午宮有文曲化忌、祿存之『祿忌相逢』

此格局以在午宮有破軍、文曲化忌、祿存，有水厄和交通事故為最嚴重，三重逢合有死亡之災。其他如有『巨門、文曲化忌、祿存』同宮在午，或『天同、太陰、文曲化忌、祿存』同宮在午宮，或七殺、文曲化忌、祿存同宮在午宮的格局，會因言語衝突、說話不好聽、是非糾纏而遭災死亡。

其他如主星居廟、居旺時，帶化忌及祿存，並不一定會發生死亡之災，但仍因羊陀相夾，會心情悶、不順，或有傷災、官非、禍事。

## 7 庚年生，在申宮有天機、太陰化忌、祿存之『祿忌相逢』

此格局中太陰居平帶化忌，雖有祿存，仍是錢財困窘，多錢財是非、窮困，會因借貸、車禍、和女性不合而遭死亡之災。

## 8 辛年生，在酉宮有文昌化忌、祿存同宮之『祿忌相逢』

此格局中，以**太陰**、**文昌化忌**、**祿存**同宮於酉，和**廉破**、**文昌化忌**、**祿存**在酉宮，和**天相陷落**、**文昌化忌**、**祿存**在酉宮，**武殺**、**文昌化忌**、**祿存**在酉宮，或**天同**、**文昌化忌**、**祿存**在酉宮，或空宮形式中有**文昌化忌**、**祿存**同宮於酉宮等格局，為最嚴重，有生命之災。其他主星居旺，有紫微、天梁、天府等吉星同宮時，不一定會遇災而亡，只是不順、或遭遇災禍而已。

## 9 壬年生，在亥宮有武曲化忌、破軍、祿存之『祿忌相逢』

此格局中財祿極少，祿逢沖破，易有死亡之災，會因錢財問題、政治問題、重大交通事故而亡，是遭鐵器、金石、炮彈受傷而亡。也易遭逢戰火、或軍警之傷害而亡。

## 10 癸年生，在子宮有貪狼化忌、祿存同宮之『祿忌相逢』

此格局，因對宮有居廟之紫微相照，傷災、災禍不明顯，也可能不會發生。凡事能趨吉避凶，但此格局坐命者仍要小心。其人會性格保守、不愛動、少外出、或少與人來往，財也會少。宜多外出，貴人才會明現。此格局亦為『祿逢沖破』，會為薪水族。

## 相照形式的祿存與化忌之『祿忌相逢』

祿存與化忌在對宮相照時的『祿忌相逢』，在格局上也算是『祿

逢沖破』的格式。而且對宮的祿存遭到羊陀相夾，因此也形成反射的『羊陀夾忌』之格局，亦要小心傷災、禍事。但在化忌之年的災禍會比真正『羊陀夾忌』之年的災禍輕很多，也可能不會發生危及生命的災害。只是一般的是非、災禍而已了。

## 舉例(一)

這是甲年生，『紫微在亥』命盤格式中祿忌相照時的『祿忌相逢』。

逢寅、申年時都要小心男性或事業上帶給你的災害，更要小心火災、燒傷、車禍等事。

12.紫微在亥

| 天府(得) 巳 | 天同(陷) 太陰(平) 午 | 武曲(廟) 貪狼(廟) 未 | 太陽化忌 巨門(廟) 申 |
|---|---|---|---|
| 辰 | | | 天相(陷) 酉 |
| 廉貞(平) 破軍(陷) 擎羊 卯 | | | 天機(平) 天梁(廟) 戌 |
| 祿存 寅 | 陀羅 丑 | 子 | 紫微(旺) 七殺(平) 亥 |

## 舉例(二)

這是壬年生，『紫微在酉』命盤格式中祿忌相照時的『祿忌相逢』。

逢巳、亥年時，都要小心因錢財問題、車禍或鐵器傷災而遭災禍。有此格局時，要小心兵災戰禍、交通事故，會傷害生命。

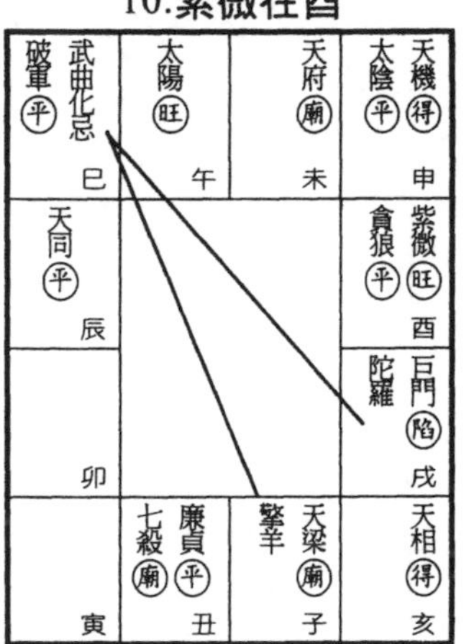


10.紫微在酉

## 第三節　『科忌相逢』的形式和意義

### 同宮形式的『科忌相逢』

#### 1 丙年生，有廉貞化忌、文昌化科同宮的『科忌相逢』

在子、午宮，有廉貞化忌居平、天相、文昌化科同宮，在子宮時，會有擎羊、破軍在對宮相照，在午宮時，會有擎羊居陷同宮。兩種狀況都是『刑囚夾印』帶化忌的格局。以在午宮最嚴重。其人會頭腦不清、懦弱有官非、受欺侮之事發生。**在子宮時**，其人尚有知識，只是思想古怪，雖懦弱怕事，處理事情還合理，但有官非。**在午宮時**，有文昌居陷帶化科，是為人知識水準不高，計算利益的方法不好，會糊里糊塗的惹是非、受欺侮，而無法脫身及處理，遭災更嚴重。此種格局會有傷殘現象，有多次開刀手術，難以復元。亦會有傷災危及生命，要小心。

**在丑、未宮，有廉貞化忌、七殺、文昌化科、文曲同宮的『科忌相逢』。在丑宮時**，廉貞化忌居平、七殺居廟、文昌化科居廟、文曲居廟同宮，表示外表長相漂亮、斯文，好像也會精明幹練、會讀書，但內在是頭腦不清楚，會有官非、傷災、流血、開刀的問題。最嚴重的是心臟會動大手術，或腦部動大手術，會在鬼門關前走一回，亦要小心車禍傷災。在未宮，長相稍普通，其他問題相同。

**在寅、申宮有廉貞居廟化忌、文昌化科同宮時的『科忌相逢』。**

**在寅宮**，文昌是居陷帶化科而無用。表示頭腦不清、糊塗、氣質也粗俗不堪、不懂禮儀、有官非和車禍、傷災、血光問題。**在申宮**，

文昌居得地化科，表示其人外表還斯文懂禮儀、思想古怪、企劃能力古怪、算錢精明、處事則糊塗。會有官非、災禍，亦會有車禍、傷災、開刀等血光問題。

**在辰、戌宮，有廉貞化忌居平、天府居廟、文昌化科同宮**，亦會有陀羅居廟同宮或相照。**在辰宮**，有文昌化忌居得地之位、陀羅同宮，因此表示是頭腦不清，對於錢財計算之事很精明，會料理，但對於處事問題算不清楚，亦會有古怪思想、邏輯，和別人的算法不一樣。終究還是會做許多錯事，其人也會懦弱、愚笨、頑固、明知錯誤也要錯下去。**在戌宮**，有文昌化科居陷、陀羅在對宮與七殺同宮相照，這是本身頭腦不清、智慧不高、外面周圍的環境也不好，是愚笨、凶悍的環境，容易多傷災、不順、有官非和開刀、生病事件。

# 十干化忌

上述在辰、戌宮的這兩個狀況，都是『廉殺陀』、『路上埋屍』帶化忌的格局，表示會有車禍喪生、是非、官非持續很久的狀況。

**在巳、亥宮，有廉貞化忌、貪狼、文昌化科同宮的『科忌相逢』。在巳宮**，會有『廉貞化忌、貪狼、文昌化科、祿存』同宮，實際就是『羊陀夾忌』之惡格，表示會有因色情或強暴事件、會流血、遭殺害、傷害生命的狀況。文昌化科在巳宮居廟，會長得漂亮、氣質好，但懦弱無用，抵擋不了惡賊侵害。

**在亥宮**，文昌化科居平，表示長相、氣質普通，廉貞化忌、貪狼居陷，而祿存在對宮相照，表示性格保守，但運氣仍很壞，而且頭腦不清，不能審時度勢，有相照形成的『羊陀夾忌』，一樣要小心遭人侵害、流血及官非事件。

## 2 丁年生，有天機化科、巨門化忌，在卯、酉同宮的『科忌相逢』

此格局，無論在卯宮或酉宮出現，都代表聰明過了頭，而口舌是非、糾紛太多。亦常會說錯話，或言語不實、多欺騙，常遭災禍。化科幫助天機更用奇巧的方法來耍弄聰明，或把握時機，會增亂，或更增災禍。巨門化忌是雙倍的災禍和是非。因此這種『科忌相逢』對其人更不利。

## 3 戊年生，有天機化忌、右弼化科同宮的『科忌相逢』

凡是有『天機化忌、右弼化科』同宮的『科忌相逢』，右弼化科會用巧妙的方法來幫助天機化忌，更頭腦不清楚，更聰明得古怪，更是運氣變化多端，只會更變壞、更有是非、災禍，而不會變好。因此右弼化科在此是助紂為虐，更加深變壞的程度，以及加速變壞的時間的。此處的右弼化科表示是同輩、平輩的女性朋友、姐妹或同事，來運用巧妙的方法來增加變化不吉。

## 4 己年生，有天梁化科、文曲化忌同宮的『科忌相逢』

**天梁化科居廟或居旺，文曲化忌也居旺時**，(例如在子宮、丑宮)，表示能用很巧妙的方法得名聲，或有貴人用巧妙的方法幫助你，但你自己會有奇怪的才華，或是有口舌是非，因此也會有些阻礙、但不算嚴重。你會不想得到貴人的幫助。

**天梁化科居旺、文曲化忌居陷時**，(例如在寅、午、戌等宮)，表示雖有機會能得到名聲和升官機會，或能得到貴人巧妙的幫助，但口才和才華不好，有嚴重的口舌是非和災禍，因此受阻礙會較嚴重。也容易升不了官，或考試考不止，或貴人的幫助技巧也很拙

劣，根本幫不上忙。

**天梁化科居陷，文曲化忌居廟、居旺時，**(例如在巳、亥、申宮)，表示頭腦古怪，口才和才華也古怪，使貴人使不上力，幫不上忙，可以說根本無貴人。

## 5 庚年生，在子、午宮有天同化科、太陰化忌同宮時的『科忌相逢』

**在子宮**，天同化科居旺、太陰化忌居廟，故是態度溫和、有氣質、有辦法使一切平順、享福，但仍有錢財上的是非，及和女性的不和，以及感情不利。此格局中財運還是不錯的、有財進的。

**在午宮**，天同化科居陷、太陰化忌居平，表示窮困、操勞、無福，但仍有溫和的假象，錢財是非很嚴重，容易欠債還不出來，亦與女性不合，有爭吵、難過及失戀之事。

# 十干化忌

## 6 辛年生，有文曲化科、文昌化忌同宮時的『科忌相逢』

文曲化科與文昌化忌同宮，也必在丑宮或未宮。

**在丑宮時**，文曲化科和文昌化忌皆居廟位，表示口才好，很會說話，才華也好，但思想古怪，或對邏輯性、計算利益方面的方法與眾不同，有不實際的想法。亦會有頭腦不清的觀念，或對文字、契約上有錯誤及瑕疵。會有桃花糾紛，賠錢了事。

**在未宮時**，文曲化科居旺，文昌化忌居平，表示口才不錯，但頭腦有問題，會說糊塗話及廢話。有時也會有些才華，但不實際，也沒有用途，常出錯。會有桃花糾紛，賠錢很多。

## 7 壬年生，有武曲化忌、左輔化科同宮的『科忌相逢』

武曲化忌全是指金錢上和政治上的問題，再加上左輔化科時，

表示有平輩的男性如朋友、兄弟、同事會用巧妙的方法來幫助你錢財不順，或欠債更多。

**武曲化忌居廟、居旺、居得地合格、左輔化科同宮時**（例如在辰、戌、丑、未、子、午、寅、申等宮），表示你還有一點錢可進，或本身財力尚好，但會有錢財是非，也會有欠債問題，這時候你平輩的朋友、兄弟、同事或部屬，會用巧妙的方法，幫助你有更多的錢財不順之事或是非增多。他們也可能幫助你借更多的錢，使你欠債更多。亦或是幫助你耗財，使金錢上的麻煩更大。因此有武曲化忌和左輔化科是不好的，只有更增加武曲化忌的是非麻煩而已。

**武曲化忌居平、左輔化科同宮時**，（例如在卯、酉、巳、亥宮）會和七殺、破軍這些煞星同宮，表示原本就已窮困沒錢，有債務糾紛了，同輩的朋友、兄弟、同事或部屬還來幫倒忙，更增加債務的額度，使窟窿更大，災禍更凶，有為錢財死亡之虞。

## 相照形式的『科忌相逢』

相照形式的『科忌相逢』，基本上已經完全沒有任何意義了，化科的力量本來就很弱。它只是使主星原來所帶有的意義再斯文一點、美麗一點，是一種表面化、外表好看、內容不見得實在的做事方法。化忌的古怪、不順、相剋、耗損、缺陷、是非、災禍、失去機會、人緣不好，都不是化科所能挽回的。在科忌同宮時，就已無法挽回、更正了。何況是在對宮，只是相照的形式，遙遙相望。化忌沖剋化科，因此化科實際是根本沒有發揮作用的。有的時候，它會表現出另一種形式的懦弱，畫蛇添足，或是更增加紛亂。

另一方面，相照形式的『科忌相逢』，其實化科和化忌是互為

命、遷二宮，以化科為主時，化忌就是其遷移宮。以化忌為主時，化科就是其遷移宮。其意義就是外表斯文，看起來有辦事能力的時候』，其周圍的環境就很糟糕，有是非麻煩。若是頭腦不清楚，思想古里古怪的時候，周圍的環境中倒是有一些斯文、能幹、高尚、有氣質的人在幫襯著。因此相照形式的『科忌相逢』，沖剋是有的，化科絕對敵不過化忌的沖剋，但它在對宮，代表的又是另一塊地方的解釋意義，因此這種影響也不算很大了。

命理生活新智慧・叢書32

# 紫微推銷術

『推銷術』是一種知識，一種力量，有掌握時機、努力奮發的特性。
同時也是一種先知先覺的領導哲學，
是必須站在知識領導的先端，
再經過契而不捨的努力
而創造出具有成果的一種專業技術。

『推銷術』就是一個成功的法則！
每一個人或多或少都具有一點屬於
個人的推銷術，
好的推銷術、崇高的推銷術，
可把人生目標抬到最高層次的地方，
造就事業成功、人生完美、生活富
裕的境界！
你的『推銷術』好不好？
關係著你一生的成敗問題，

法雲居士用紫微命理來幫你檢驗『推銷術』的精湛度，
也帶領你進入具有領導地位的『推銷世界』之中！

**法雲居士⊙著**

金星出版

# 第四章　化忌星在『命、財、官』等宮對人之影響

## 化忌星在『命、財、官』對人之影響

『命、財、官』是命盤中最主要之宮位。人要有命，始有財，始有官，因此命宮又在命盤中是第一重要之宮位。第二重要的是財帛宮，財帛宮有先天之財和後天之財，主導了人一生的財富架構，也主導了生命資源。它是支持命宮的基本倉庫和生命線。官祿宮為第三重要之宮位，因為它是賺取財富，支援財富的力量和執行力。

# 十干化忌

因此『命、財、官』環環相扣，形成人生之主要架構。

化忌星在『命、財、官』中出現，即是在人生主要架構中出現，代表一種刑剋和約制，會使人生的主要架構沒那麼大了。在命宮出現，是人原始的生命資產，如智慧、健康等都打了折扣，有了刑剋和約束、受制，先天之命就沒有別人那麼正常、那麼好了。在財帛宮出現，是人的先天之財和後天之財都有了減少、規格小的趨勢。在官祿宮出現，則是人的智慧和處事、發展的能力，以至於生存能力，受到刑剋、約束，變小了或變不行了。

再加上『命、財、官』是一個三合相照的宮位，只要有化忌在此三合鼎立的宮位中任何一個宮位出現，都是對於人命和人生架構的一種縮小範圍和縮小層次的警示。

化忌在『命、財、官』之中，到底是在那一宮出現，是對人最

不好呢？很多人都認為，化忌在命宮出現，其人會頭腦糊塗，甚至會得神經病，是最不好的。其實也不然，就像前大陸國家主席毛澤東先生就是貪狼化忌、文曲坐命申宮的人，也能成為國家領導人，以他個人來說，成就也是蠻高的了。因此頭腦糊塗其實問題也不大，或許誤打誤撞也能有大成就。因為有時候化忌居旺時，也會有異途顯達之貴，這完全要看八字的排法而定了。

我常以為，人生最苦是沒錢了，財帛宮有化忌，常有金錢是非的糾纏，倘若只是單純的沒錢、窮困還沒什麼關係，其人也能清高，或許能做主貴之事，也能清高、不愛錢，為國家社稷、老百姓、或為自己做一番大事，人生就會有主貴的格局。但通常小老百姓是財窮、命窮、心也窮，因為都窮，會想錢又想瘋了，反而一生起起伏伏都是為了追錢，或被債務糾纏煩惱。官祿宮有化忌時，會工作上遇到磨難之事，工作不順利，也會本身工作和學習能力不好，做事不負責任、或奮鬥力不足、學習階段與工作時期不長久。更可能好高騖遠，成為無用之人。

那麼這樣相較起來，命宮有化忌的人，反而是還算好的了。因為錢財和工作仍是順利，只是自己心情古怪、思想古怪而已了。

## 第一節　化忌星在命宮對人之影響

命宮有化忌星時，對人最首要的影響，就是頭腦不清，對於利益的估算全用不合常理、不合常情的估算方式，簡而言之，就是不實際。內心會多煩悶、思想糾結、扭曲在一起，愛鑽牛角尖，凡事

有向壞的一方面之灰色思想，心情不開朗，很難逃出得了自己心裡的魔障。倘若命宮裡的化忌星是時系星，如文曲化忌或文昌化忌時，能脫離自己灰色心境的時間還迅速一點、快一點，如果命宮裡的化忌主星是紫微諸星或天府諸星這些命盤架構的基本主要星曜，則你脫離自困心境的過程較緩慢而複雜，也許終其一生，沒有幾天是快樂的了。

命宮有化忌星出現，代表思想的邏輯和思路伸展的方式和別人不一樣。因為頭腦怎麼想，就會產生怎麼樣的行為模式。有什麼樣的行為動作，然後產生什麼樣的人生結果。因此有化忌星在命宮時，其人生結果是和別人不一樣的，不是大好就是大壞，不是高出別人很多，就是低於別人很多。人生的高與低就端看八字組合中之帶財、帶官有多少而定了。

命宮中有化忌，其思想古怪的方式，由化忌所跟隨之主星之意義，來代表其人在思想上是由何方向、由何事件、由何種刑剋及瑕疵所形成的古怪邏輯思想，繼而引發出相對應的人生出來。

## 十干化忌在命宮對人產生之影響

### 太陽化忌在命宮

甲年生有太陽化忌在命宮的人，會在事業上有力不從心之感。因為太陽是官星，代表事業，又代表男性，是故在男性的社會團體中，會有糾紛不合。也會一生中多磕磕絆絆、人生不順利、多起伏，而且一定有一段極不愉快及墜落的階段。內心也多煩惱、愛鑽牛角尖、不開朗，有精神上自我折磨的傾向。

**當太陽化忌居旺入命宮時**，表示你會頭腦不清楚、不實際、思想古怪、常改行，換了很多行業去尋找賺錢的路子，人生起起伏伏，但也有機會瞎打誤撞做到一份會發達的行業，這是異途顯達的格局，但不能長久。因此要多小心注意你人生中的改變。

**當太陽化忌居陷入命宮時**，表示你的人生較晦暗、多是非災禍、不順，你會更固執、內向、不肯改變，事業和人生都無法發展。倘若有家財的話，可靠家產過日子。通常太陽坐命的人都有家產或父母給的產業，會是有點家底的人。因此頭腦不清楚、沒有事業也不會有吃飯的問題。

**太陽化忌居陷入命宮時**，會一生不順、事業無著、內心鬱悶、不開朗、提不起勁來，心中多是非糾葛，總是找別人麻煩，也找自己的麻煩。也容易靠人過日子，或常在牢獄中進出、呆著。工作時

# 十干化忌

間不長。一生多晦暗、窮困、痛苦、身體也不好、眼目易傷殘，身上有疾。

**當太陽化忌、天梁、擎羊在卯宮入命宮時**，太陽化忌居廟、天梁居廟、擎羊居陷，表示其人是頭腦古怪、心思細密但計較之人。這是『刑官』又『刑蔭』之格局，會頭腦不清、清高，專好一些不實際的名聲，但又難以成名，不喜歡別人管，也不喜歡別人幫助。事業起伏，難成大器。工作會斷斷續續，中年左右便不太工作了。會多傷災和身體上有病痛、心臟不好、眼目有疾、脊椎骨也易受傷、肝腎也不好，也易有精神憂鬱症。

**當太陽化忌、太陰、陀羅在丑宮入命宮時**，太陽化忌是居陷的，太陰居廟、陀羅居廟，表示其人頭腦不清楚、內向又愚笨，但又敏感、情緒起伏不定、脾氣不好、內心是非糾纏厲害、外在的是

非糾纏也很厲害。因此一生無法做什麼事情，工作斷斷續續，常與人不和，為無用之人。

**當太陽化忌與火星或鈴星同宮入命宮時**，表示其人脾氣不好，會火爆、衝動、不耐煩。常有意外之災環繞不去，一生中最大的劫難就是火災、燙傷，流年、流月走到命宮所在的宮位，就會有火災或燙傷之事發生，要小心。大運、流年、流月三重逢合之時，有因此而死亡之慮，亦會有高血壓、發炎、發燒。『太陽、火星』、『太陽、鈴星』坐命，本是有護家衛主性格的特性，是容易做大將軍的命格，但有太陽化忌時，頭腦不清，不會保家衛主了，反而容易有因一時氣憤，而出賣上司、長官或父母家人的事情。

**當太陽化忌居旺加鈴星居廟入命宮時（如在寅宮、午宮）**，其人有特別高的智慧、有怪異的聰明，有顯而易見的異途顯達，有突然暴發之貌，但容易好運不長久。易暴起暴落，這是暴發運，會在事業上展現，暴發的不是錢。但終究會因自己頭腦思想怪異而遭災。

**太陽化忌、地劫、天空同宮於巳宮或亥宮入命宮時**，這是煩惱一場以後，一切成空的命格。此人平常臉色茫然，一片霧濛濛的，彷彿臉上五官輪廓不明顯，容易讓人記不清楚長相。他經常不用大腦，凡事不用心，糊裡糊塗，一有事則煩惱，也無法做決定，煩惱過一會兒時間，什麼也沒做成，好運和壞運都不在了。因此是個無用之人，也沒有工作能力，亦會短命、遇災而亡。當流年、流月逢至命宮之宮位時，即會遭災。

## 太陰化忌在命宮

乙年、庚年生有太陰化忌在命宮的人，一生中都有錢財是非及

和女人的是非糾紛，以及錢財存不住的問題，和房地產有糾紛的問題，以及家宅不寧的問題。你會心裡悶、常情緒低落、凡事往壞處想、愛鑽牛角尖、心中多煩惱、愈想愈頭腦不清、錢財也愈不順。也容易戀愛受阻、感情有糾紛或失戀等事發生。在感情的EQ上你是不及格的。自然也容易在尋找配偶上較困難，容易感情不順，晚婚或不婚，或總是對配偶挑剔。這是你自己無法排遣情緒，常情緒失控，而把氣轉嫁到他人身上的原故。

乙年生的太陰化忌之人和庚年生的太陰化忌之人，在八字上會有一些不同，年干帶金，故生水多一點，因此在命格上，帶財的層次也高一些。乙年的太陰是稍窮一點的命格。庚年的太陰是稍寬裕、富足一點的太陰，自然帶化忌時，兩種太陰化忌的層次也不一樣了。這就是乙年生的太陰化忌坐命和庚年生的太陰化忌坐命在層

次上也有高低不同的人生。

**當太陰化忌居旺入命宮時**，表示你命中還有財，只是會有古怪思想而已，會耗財，或處理財的方法不好。但仍喜歡存錢，只是存不多，或存不住。你情緒低落的時間佔三分之二，還有三分之一的時間心情好。你與外面或家中的女性不和，但能維持表面關係，不扯破臉，相敬如賓，家宅不寧的問題，不一定讓別人知道，錢財上多是非的問題，也能夠解決。你會和銀行不合，容易有糾紛但能解決。在事業上，也會其中有中斷的時候，但能接得上。你的房地產也容易進進出出，常買、常賣。在感情上會有古怪的脾氣，讓人覺得難理解，難侍候，也易有感情糾葛的問題，或有第三者介入。會晚婚或不婚，易會有古怪的潔癖。會有眼目之疾，肝、腎、子宮、乳房等問題。

**當太陰化忌居陷入命宮時**，表示你命中的財少，思想古怪而清高，但又愛錢，想錢很厲害，賺錢卻沒有方法，對錢沒有敏感力，理財能力也不足，會窮困，常被錢財所逼，易有債務糾紛。亦會做賺錢不多的薪水族，有工作才有飯吃，但常工作不順、斷斷續續。命太窮時，更會靠人過日子。你在感情上亦會很窮困，付出感情不多，對人較冷淡，且有怪異的情感模式，不喜和人多來往。婚姻上容易不婚或遭遺棄或離婚，在巳、亥宮有『羊陀夾忌』命格的人，要小心遭災、喪命，會是和錢財、和女人、和水有關的災害。一生也容易受人欺負、內心懦弱。

太陰坐命的人都喜歡買房子，太陰化忌落陷坐命的人，要看田宅宮的好壞來看房地產的有無，但容易有糾紛倒是真的。此命格的人和銀行尤其不合，容易貸款困難，或受刁難。更易家宅不寧，和

家中女人不和，有是非口舌。你的心情始終鬱悶，少有開心、開朗的時刻，總是容易憂心忡忡，全都是錢財和女人的問題。一生也容易工作辛苦又不長久，斷斷續續，常換工作。

太陰代表一月一次的事情，故太陰化忌居陷入命時，一月一次的事會不順利，在收房租或領薪水上容易不順利，也易在按月繳款上繳不出來。倘若是女性，更容易月事不調、有腎臟、子宮、肝病、膀胱、眼目有疾、乳癌等問題。

**當太陰化忌、擎羊在辰宮坐命宮時**，表示一生不富裕，因此命格中之擎羊居廟，太陰化忌居陷，故實際上是以擎羊為主要強勢之命格，因此會強勢好爭、勞碌、性格強悍、潔癖較嚴重。但理財能力不佳、耗財多、劫財太多，一生辛苦。若能做固定的薪水族亦能有生活之資。但會常為金錢及女人煩惱。身體上易有傷殘及災禍，要小心傷災、車禍及眼目之疾，肝腎、子宮、乳癌等病症。

## 十干化忌

**當太陰化忌、天機化祿、陀羅在寅宮坐命宮時**，太陰化忌和天機化祿都在旺位，而陀羅居陷。表示命中還有財，是薪水族衣食之祿的財。你仍會在錢財和感情上有是非糾葛與耗損、刑剋。工作會起起伏伏，會有時聰明的不得了，有時又極笨，有怪異現象。不可做生意，必有敗局。容易有車禍、傷災、血光。

**當太陰化忌居旺、擎羊在酉宮坐命宮時**，表示是雙重刑財格局，雖然命中還有財。但刑財嚴重，會既愛錢，又不重視錢財，會做辛苦而賺錢不多的工作。因擎羊居陷的關係，也會懦弱而多是非。工作不長久，內心小氣、心情悶、一生運氣不順、保守內向、防人甚嚴，身體多傷災、車禍、血光。逢水年也易遭賊人侵害或殺害，要小心。傷害你的也是錢財和女人。會有眼目之疾、傷殘、肝

腎、子宮、乳癌等病痛。

**當太陰化忌、太陽化祿、陀羅在未宮入命宮時**，表示你是性格悶、又陰晴不定的人，會慢一點、笨一點，又不讓別人說。你的命中財少，又常有錢財困境和是非災禍，為人會不計較錢財，思想清高，但又常為錢煩惱。在公職上、或事業上會有一定的薪水之資，但你會頭腦不清，常意氣用事而離開工作，工作不長久，會斷斷續續，更增加財務窘困的時間。要小心身體不佳、傷災、有牙齒的傷災、骨骼的傷災、眼疾、肝腎、生殖系統、子宮、卵巢，或泌尿系統、乳癌等問題。

**當太陰化忌、祿存同宮入命宮時**，表示是『羊陀夾忌』的惡格，也是『祿逢沖破』，要小心三重逢合會有致命危機，更要小心有是非麻煩傷了你的棺材本。耗你財的人很可能是你至親的愛人、家

人或親如姐妹的人。你會極為保守、懦弱、時時怕人欺負，但自家人對你的欺負最深。你一生守著極少的財，但總是守不住，好不容易稍存一點錢，便被人借走不還，或有事情發生，耗財耗掉了，反而沒錢時，也不會有事發生。故你辛苦勞碌一輩子，自己很刻苦，但也享受不到。這是你自己頭腦糊塗，內心糾葛太深，沒有力量反抗環境中剋你及耗你的財的人。

**當太陰化忌、火星或太陰化忌、鈴星入命宮時**，要看太陰化忌和火、鈴的旺度來定命格。不過這全都是雙重『刑財』的命格。其人都會頭腦不清楚、理財能力不好、衝動而時麾，在性格和感情上特別古怪。

太陰化忌居旺時，還有一點財，但因頭腦不清楚而耗財。火、鈴居旺時，會衝動，本來是偶有意外之財，但花得很快便沒有了。

但因有太陰化忌同宮的關係，此意外之財可能不發，只有耗財而已。其人性格古怪，行為也古怪，會做一些不實際的想法和行為。也會愛上不該愛的人，而一味的耗財在他身上。有鈴星居廟入命時，尤其有古怪的聰明，可能智商高，而不用於正途。偶爾也會有異途顯達的狀況，但時間不常久。

**當太陰化忌居陷和火、鈴也居陷同宮時**，表示窮困又常有意外之災，會有突然欠下大筆債務，難以還清。同宮或對宮有擎羊時，易因債務而自殺，也會因感情問題而衝動自殺。

**當太陰化忌與地劫、天空同宮時**，若只有一個天空或地劫與太陰化忌同宮，太陰居旺時，表示命裡帶財，或身邊有一點錢，是薪水族的財，但頭腦不清楚，常因頭腦空空或外來事情劫入，而有錢財損失，變少或變空。若能用心躲避是非，好好用心理財，也能不發生損失。倘若太陰化忌居陷，再加一個天空或地劫入命宮，表示天生命窮，財不順，頭腦又空空，對錢財問題根本沒法子掌握，金錢觀淡薄、不實際，沒錢也沒太多煩惱。有錢時又遭劫財，煩惱才多。倘若太陰化忌在巳、亥宮，有天空、地劫雙星同宮，其人一生工作時間不長，或根本不工作，也不為錢煩惱，靠人過日子。

## 廉貞化忌在命宮

**丙年生有廉貞化忌入命宮時**，廉貞是官星，故是『刑官』格局，表示有事業、智慧、企劃能力上的瑕疵和愚笨。亦是有官非嚴重的問題，一生中易被告或有打官司的事情。也會有流血和血液的問題。

有廉貞化忌入命宮的人，易有開刀事件及車禍傷災。當廉貞居

廟入命時，開刀或傷災時所流的血較紅，易有血崩現象。也會有心臟病，或血凝固太快，或不凝固的現象。廉貞化忌居平在命宮的人，流血時，血色較不那麼紅，亦會貧血，或不容易凝結，傷口不易結疤的現象。

**廉貞居廟化忌入命宮**（在寅、申宮），其人思想邏輯較古怪，和常人不一樣，會多惹是非。廉貞居平，或居陷帶化忌的人，是真的笨而引起是非災禍的。這種廉貞化忌在命宮的命格，都有事業上的問題，工作不常久，斷斷續續，或為無用之人，也易在桃花事件上惹是非災禍，不容易結婚，或遭騙婚，感情遭騙，人生不順利。

**廉貞化忌、天相、擎羊在午宮入命宮時**，表示是『刑囚夾印』帶化忌的惡格，會倍受欺侮，還有官非不斷、難以申復。此命格的女子容易受強暴，也有致死的可能。此命格的人，容易有傷殘及精神問題，一生無用，靠人過日子。也容易開刀、有血光，一生有多次修復身體上的缺陷問題。

## 十干化忌

**廉貞化忌、貪狼、祿存同宮在巳宮為命宮時**，此是『羊陀夾忌』之惡格，會有因桃花糾紛或遭賊人侵害、強暴殺害的問題。其人性格保守、小氣、人緣不佳，也易遭父母遺棄。頭腦不清、糊塗，流年不利常遭災，小時也不好養，如果行運稍好一點，亦能過普通日子，但不善終，有被劫殺的可能。

**廉貞化忌、天府、陀羅在辰宮入命宮時**，表示頭腦不清、愚笨、耗財，但仍有一些財，有普通的生活。只是易惹官非、小氣、人緣不好，身體有傷殘現象，或病痛、易開刀、車禍，要小心有『廉殺陀』之惡格，易車禍死亡，且官司拖很久。

**廉貞化忌、火星或廉貞化忌、鈴星同宮入命宮時**，表示體內火

多，是火性體質，也會常發燒、發炎、皮膚炎、怪異病症。其人在性格上也十分古怪、衝動、內心險惡，自己多遭禍事而不信邪。頭腦不清楚、廢話多、又喜歡糾纏別人，亦會有精神疾病。

**廉貞化忌、天空或地劫同宮入命宮時**，倘若廉貞化忌是在寅、申宮，和一個天空或地劫同宮，對宮有另一個地劫或天空和貪狼一起相照時，表示頭腦非常不清楚，頭腦空空，做不了什麼事，胡亂打混過日子。思想清高或精神有問題，也會在空門或宗教內求生活。是非、官非問題，有時候齊發或不發。生命不長久。

**倘若廉貞化忌、破軍，或再加一個天空或地劫同宮入命宮時**，是頭腦不清楚，在佛門或宗教團體中生活之人，一生窮困、無用。

**倘若廉貞化忌、貪狼、地劫、天空四星同宮入命宮時**，表示頭腦不清、不實際，一生成空，有精神問題，也易短命。

## 巨門化忌入命宮

**丁年生有巨門化忌入命宮時**，表示其人一生多是非，有雙重是非，巨門是暗星，帶化忌，表示多做晦暗不明之事，且反反覆覆、多疑、好壞不分、是非不明，頭腦常不清楚，運好時會清楚，運氣差時，更不清楚。有巨門化忌入命宮的人，吵架常吵不贏，是非黑白講不清楚，口才有問題。其人也會有消化系統、口腔、腸胃、直腸、肛門等消化系統的病痛。

**天同化權、巨門化忌、擎羊在未宮入命宮時**，身體有傷殘現象，有背部脊椎骨畸形的問題，手足傷災。其人性格懦弱、外貌溫和、內心很悶、多煩憂。多半靠人過日子，身體不佳，不適合工作。八字中財稍多的人，可帶病延年，否則也生命不長久。

**巨門化忌、陀羅在巳宮坐命的人**，巨門化忌是居旺的、陀羅居陷，因此人口才好，但心悶，平常話少，一開口便很沖，會說不好聽的話和廢話，有嚴重頭腦不清楚，又有些笨的狀況。一生多是非糾葛，有三重是非，心境不清閒。一生運氣都不算好，事業與財運皆不順利，會比較窮，也做不了什麼事。若有固定的工作，還能有衣食生活。

**巨門化忌、祿存在午宮坐命的人**，此為『祿逢沖破』的命格，其對宮有天機化科相照，表示其人性格古怪、保守內向、鬱悶、小氣、頭腦不清楚。周圍的環境是一種薪水族或公務員的層次規格，很整齊的，有固定起伏變化的環境。周圍的人還滿聰明，又有氣質，只是此人自己頭腦、脾氣有些古怪而已。因此一生中事業不會有太大的發展。

**巨門化忌、火星或巨門化忌、鈴星入命宮時**，會頭腦更不清楚、更衝動、是非更多、性格古怪，常易與人發生衝突或械鬥。對宮或三合宮位中若再出現擎羊，就會因與人衝突、械鬥而死亡，或是自殺而亡。

**巨門化忌與天空、地劫同宮入命宮時**，當巨門化忌居旺帶一個天空或地劫同宮時，表示頭腦思想古怪，古怪時、是非多時很聰明，不古怪、是非少時很笨，但都是不實際，沒有金錢觀念的人，自然在工作上也不積極，成就也會低了。**當巨門化忌、地劫、天空在巳、亥宮同宮入命宮時**，會頭腦空空，沒有是非口舌，也看不見什麼利益和好處，一生也沒有作為，為無用之人。

## 天機化忌入命宮

**戊年生有天機化忌入命宮的人**，都是有古怪聰明的人，但運氣多蹇，一直停留在壞的地方不起來，也容易和兄弟、手足不合。運氣不好，常有意外之災，會有手足之災，或手足神經不良症。本身頭腦有問題，或有精神疾病，亦或有臉部顏面神經系統的毛病。天機化忌坐命的人，常是因自己思想怪異，而帶給自己困頓的人生。

天機代表聰明度及精神狀況，運氣上下起伏的運動，代表兄弟、手足、或突發事件，代表枝幹、神經，代表開枝散葉，代表宗教、哲學思想、學術、五術等思想學問，代表車輛、驛馬。故有天機化忌入命宮時，上述這些項目全都有怪異不順的現象。例如手和足的長相怪異，和兄弟姐妹不來往。結不了婚、沒有家庭、有特殊喜好

的、混亂的哲學思想、和宗教思想，特別迷信鬼神、五術、有交通車禍事故多，突發事件多的問題。命宮有天機化忌的人，只要結得成婚，都不會離婚，他們的夫妻宮都有一顆太陽星，不論是旺、是陷，都有對他們寬宏大量的配偶，他們雖頭腦不清楚，但也不會離婚。配偶會照料他們一生，無配偶者亦靠父母照料一生。

**天機化忌居旺、擎羊在午宮坐命時**，表示是雙倍的頭腦不清，還脾氣古怪，招惹的是非有三倍之多，有潔癖或其他古怪的癖好。也好與人爭鬥、嘴巴厲害、口才犀利，但廢話多、不討人喜歡，性格上也有懦弱現象，其官祿宮有居旺的太陰化權，因此在公務員體系中亦事業有發展，可做中等的、會計或金融類的管理階級。其人有隱伏的精神疾病，或身體有傷災，極易發生車禍及其他交通事故之血光災害，本身身體也易多病，終日心情不愉快、不開朗。

# 十干化忌

**天機化忌居平、祿存在巳宮入命時**，對宮有居廟的太陰化權相照，表示本身是『祿逢沖破』的格局，本命財少，但生長在經濟能力較好之環境中，家中有當權之女性，因此自己頭腦不清、保守、內向、性格懦弱、很悶。受外界壓制太過，實難伸展，一生無大發展。此格局亦為『羊陀夾忌』之惡格。對宮又有化權沖照，會加速惡運的發展和加深層次，若再有地劫、天空與天機化忌同宮，『半空折翅』、早夭、遇災身亡的現象很明顯，大運、流年、流月三重逢合時，就會發生。

**天機居平化忌、天梁居廟、陀羅居廟在辰宮坐命時**，表示頭腦不清楚，會做笨事，但會有貴人運來幫你，但有時貴人也會笨笨的、幫不上忙，或幫得太慢，拖拖拉拉，不見效果。不過，不論如何，都你自己惹的禍，也怪不得別人。你會表面太聰明，而內心笨，一生事業、財運有起伏，但也有暴發的時間。你精神上的問題倒是也會慢發，不嚴重的。不見得有錯亂現象，倒是易有憂鬱症和心悶的現象，易說廢話不停，讓人煩。

**天機化忌、火星或天機化忌、鈴星入命宮時**，表示其人的聰明古怪更向離奇與現實不合的方面發展，亦會有急速的意外之災。其人性格又悶、又火爆。當天機化忌及火星、鈴星都居廟、居旺時，會有奇怪的意外之財，但有時也會跟著有災禍發生。當火、鈴居平、居陷時，沒有意外之財，倒有意外之災了，小心易得突發的病症、流行病等。其人也容易跟隨流行而喜歡流行之嗜好，即使是不好的、不正派的事情，其人也有興趣嚐試。這就是頭腦不清楚的現象之一了。

**天機化忌、地劫、天空同宮入命時**，則必在巳、亥宮出現，在巳宮時尚有祿存同宮，其解釋見前述。在亥宮時，其對宮有太陰居陷化權，祿存相照，表示其頭腦空空、很靜、話少，易得精神疾病，沒法子做什麼事，易被關起來，或住精神病院之中，其周圍環境是財少，又強力要管，會壓制和欺負他的環境。這也是相照的『羊陀夾忌』，亦要小心大運、流年、流月的問題，亦會生命不長，或有生癌症的危機。

## 文曲化忌入命宮

文曲是時系星，因此文曲化忌入命宮，只是口拙或才華古怪或才藝不好、糊塗而惹是非等事，問題不算太嚴重。

文曲化忌居旺時入命宮，常頭腦不清、講錯話，或招惹是非口舌，常是一段時間的頭腦不清和招惹是非，時間稍短。或思想古

怪、有奇怪的邏輯思想，不願與一般常人走同樣的路，性格保守、話多、愛發表奇怪的言論。有貪狼同宮時，會政事顛倒，必遭職務上之懲戒。有破軍同宮時，性格古怪清高、命窮、一生不富裕，也有水厄。文曲化忌居陷時，其人會較靜、不敢講話，一講話便出錯，才華更拙劣，也會一生默默無名，難成大器。

**文曲化忌、文昌、擎羊在未宮入命宮**，此命格是以擎羊居廟為主的命格，文曲化忌居旺、文昌居平只是輔助的。代表為人強悍，但才華不佳、頭腦古怪、精明力不足、有桃花糾紛和刑剋。其人好爭，也會為不好的桃花爭風吃醋，有桃花糾紛和人緣不好的問題。易會多有傷災、車禍、病災，以及好爭而爭不到，或糊塗的，專爭一些不實際、沒有用的利益，是看起來聰明，其實很笨的樣子。亦會在錢財上少賺，或耗財多，一生的順利度很差、多波折、不順。

也會無法出名、事業顛簸、坎坷。

**文曲化忌、陀羅在巳宮入命宮時**，文曲化忌居廟、陀羅居陷，表示會說自做聰明的笨話，會有人緣不佳，及招惹桃花糾紛，亦無法出名，喜賣弄口才而遭災。

**文曲化忌、祿存在午宮入命宮時**，文曲化忌居陷，是雙倍的『祿逢沖破』，會減低財運、易窮。亦是『羊陀夾忌』之惡格，要小心三重逢合，有災，性命不保。這是因口舌是非或不好的桃花所引起的殺機。

**文曲化忌、火星或鈴星入命宮時**，為快速、火爆的口舌之災，易感染流行病、性病。火、鈴居平陷時為禍最烈。會更使人頭腦不清、衝動、混亂，會急迫的做出錯誤決定，立即遭到是非和災禍的糾纏，也會為車禍、傷災較嚴重的現象，或是因溝通不良而爭鬥激

烈，一生不平順、多坷坎。事業、財運都會不順。運氣好一點，就是周圍較安靜的時候，但是你是好動、靜不下來的人，一動起來，是非、災禍又多了，因此內心時常鬱悶和痛苦。

**文曲化忌加地劫、天空入命宮時**，若文曲化忌和一個天空或地劫同宮，文曲化忌又是居旺位的話，表示口才常出錯，或一時不小心講錯話，一時之差錯，而有古怪的、不好的運氣。你也會思想清高，不重錢財和利益，能做別人不敢做或不想做之事，也會過清閒日子，與世無爭，少與人來往。倘若在巳、亥宮，文曲化忌和地劫、天空同宮入命之人，表示頭腦空空，會說沒意義之話語，或根本不說話，有精神疾病的現象。因對宮有廉貞、貪狼化權俱陷落，表示外在的環境極壞又強勢，因此易在精神病院度過。

## 文昌化忌入命宮

文昌也是時系星，因此文昌化忌入命宮，自然也是在文昌所代表之意義，如文學、文字、契約、思想、觀念、計算利益的能力上，有一段時間的古怪或是非，時間也是較一般化忌為短的。一般化忌的時間是一輩子，一生都是那樣不順，而文昌化忌及文曲化忌，常會突然出現或停止，是跳躍式的，一會兒頭腦不清，一會兒頭腦又清楚了。尤其以文昌居旺化忌時最明顯。故文昌化忌及文曲化忌沒有其他的化忌那麼嚴重，但也足以影響人的一生了。

**當文昌化忌在居得地以上的旺位**，如在巳、丑、酉、申、子、辰等宮出現於命宮時，表示你只是在觀念上、思想上、邏輯上有古怪現象，常由於計算對自己有利的觀念不好，在選擇人生道路時，想得太多，反而選擇對自己是不算好的路。你還會有一些文質氣息及氣質，及對文藝方面的事務有興趣，也可做得不錯，但不會因此而有名。也容易徘徊在學術、文職和藝術領域的旁邊，一會兒想做，一會兒又想改行，拿不定主意，成功的路子是曲折多坎坷的。你會偶而在文字契約上出錯。

**當文昌化忌居平、居陷入命宮時**（如在寅、午、戌、卯、亥、未宮），你的外表氣質較粗魯，計算能力、數學能力都會有問題，也會計算利益的能力不足，經常出錯，因此耗財較多，糊塗事也較多，你對文藝方面的事沒興趣，做文職方面的工作會較辛苦，也成就不好。

文昌代表精明能力，有文昌化忌時，精明能力就差，有古怪或低落現象。文昌居旺帶化忌時，就是精明有古怪現象。文昌居陷帶

化忌時，就是精明低落，根本不精明，甚至有愚笨現象。因常出錯，甚至不該錯的也錯了，是真正的頭腦不清楚了。

**文昌化忌、擎羊入命宮時**，會在戌宮，擎羊是超級刑星，力量比文昌大很多，故是以擎羊相刑的力量為主，文昌化忌為輔的命格。這表示頭腦份外不清，主要是以思想、觀念、才華上有瑕疵而影響到整個人生。此時文昌化忌居陷、擎羊居廟時，表示其人外表粗俗、智慧和知識水準低落、又好爭鬥，是頭腦不清的爭鬥，搞不清利益方向的爭鬥，會走錯路或計算不周而遭耗損、破傷之災。有嚴重的車禍、血光、開刀、鐵器之傷災，會有肺病、肺癌或大腸癌之病變。當擎羊居陷、文昌化忌也居陷時，會陰險，惹事生非又懦弱，亦遭災禍，或自惹災禍，受災嚴重，會有上述病災，而且會危及生命，或死亡。

**文昌化忌、陀羅入命宮時，在申宮時，文昌化忌居得地之位，陀羅居陷**，表示頭腦常有想得太多，愈想愈複雜，想不清楚而計算失利。也會拖拖拉拉，一直算不好，計算能力有問題，頭腦有些笨，做事進退反覆、思想糾結、難以理出頭緒，因此也常會出錯，人生有起伏不定、常改行，或工作不長久。你的長相、外表、五官輪廓會有較茫然、不突出的狀況。

**文昌化忌和火星或鈴星同宮入命宮時**，表示脾氣急躁、頭腦不清，常因智慧上的問題，計算利益不清楚而遭災。易得流行急病、或火刀傷，一生中也常因突發的古怪思想而常不順利。

**文昌化忌、祿存同宮於酉宮入命宮時**，這是『羊陀夾忌』之惡格，也是『祿逢沖破』，小心金水年有災害，或被壞人殺害，或有車禍、開刀、金屬器傷災而亡。其人會性格保守、頭腦不清、財少，

會過中等層次以下的生活。為人懦弱，有可憐之相。

**文昌化忌、地劫、天空入命宮時**，倘若只有一個天空或地劫同宮時，表示計算能力不好，會清高、不愛錢財，或專做不愛錢財、不重錢財之事。若天空、地劫同時一起在命宮中出現（在巳、亥宮），就會頭腦空空，沒有思想，沒有智慧，或不用頭腦、自命清高、一事無成，有精神病的傾向發生了。

※文昌化忌和貪狼同宮入命或相照命宮時，都會有頭腦不清，一生中定有失職之事遭懲處的命運。

※文昌化忌和破軍同宮入命，或相照命宮時，都會因窮、又頭腦不清，會清高、不重視利益，再加上是非災禍，一生不順暢，且有水厄之災，易喪命。

## 武曲化忌入命宮

壬年生的人有武曲化忌入命宮時，要看武曲化忌的旺度如何來定吉凶的嚴重程度。**當武曲化忌居廟時，會有貪狼同宮**（在丑、未宮），或在對宮相照（在辰、戌宮），因此有問題的是錢財問題，運氣還是極旺的、好的。**當武曲化忌居旺時，會和天府同宮**（在子、午宮），表示還有錢財。因此其人只是在錢財上多是非，易借錢給人不還，或有些錢領不到，或常有人騷擾借錢，會因為錢的事而煩惱。此命格的人也易因政治問題，或與人相處的問題而煩憂，也經常是錢財不順利，挖東牆補西牆，永遠有填不完的洞的。

**武曲化忌居得地之位時，會和居廟的天相同宮**，表示雖有錢財上搞不清楚及困難的時候，但天相這顆福星會保護你平順。因此雖

有煩惱，但能渡過。

**武曲化忌居平時，會和七殺同宮（在卯、酉宮），會和破軍同宮（在巳、亥宮）**，這些都是『因財被劫』的格式再帶化忌的格局。因此是本來就窮，賺錢不順，又多金錢是非、為了錢會爭執、鬥毆。又再度破耗、損失、流血，因此會更不吉。此格局也會因為戰爭的關係而受傷、殉職。也更多嚴重的車禍問題、開刀的問題。

凡是武曲化忌入命宮者，身體都不好，容易心悶、不開朗，容易為錢煩，會有肺部疾病、肝腎不佳、大腸的毛病、皮膚病、生殖系統的毛病。最嚴重的就是車禍、傷災、交通事故的問題。

武曲居旺化忌入命宮時，其人會有中等命格，和中等的生活之資。對錢財問題有古怪的想法，為人保守、內向、古板、頑固、小心，但仍是會出錯。尤其是在錢財方面出錯。

武曲化忌居平時，其人會命窮，一生中有較長時期的錢財不順利。也會心窮、小氣、吝嗇，常做一些沒效果、沒意義之事。人生的起伏更大，亦容易中途失業，或工作不長久，或思想清高不實際、不重錢財。

武曲化忌入命宮的人，都是必須重視正財，無法具有偏財運的人。好好經營，注重儲蓄，也能積富和儲存錢財。

**武曲化忌、天府、擎羊在子宮坐命的人**，其人有頭腦糊塗、性格懦弱、身體較衰弱、多傷災、性格保守、沈悶、煩惱多的特性。其人也會節省、小氣、吝嗇，自己節儉，也不希望別人花費很多。因為官祿宮有紫微化權的緣故，喜歡管事掌權，因此付出的勞心、勞力都多。他們容易做公務員，能主貴，有固定薪資，過保守的日子，若做其他的行業，一生會不順利，也沒有成就。

**武曲化忌、陀羅在戌宮入命宮時**，其人性格頑固、鬱悶、內心糾結、多想，易招惹是非愈想是非愈多。一生事業容易做做停停、沒成果、沒成就。更會在錢財上多破耗，進財不易又破耗多。但因為武曲化忌是居廟的、陀羅也是居廟的，故做軍警職較對人生不會有大礙，反而是好的，有發展的，做其他的行業全都不吉，也會賺錢少。此命格的人一生多車禍、傷災、開刀等，常有血光之災，要小心。

**武曲化忌、破軍、祿存在亥宮入命宮時**，此為『祿逢沖破』的格式，其人會性格保守、清高或小氣、自私，因為命中財少的緣故。也會理財力不佳，又喜存錢，但存不住，在金錢觀念上很奇特。有錢財是非糾紛。一生中必有大破耗一次，再重新生活，故要小心。

**武曲化忌、火星或鈴星入命宮時**，其人性格會特別超級古怪。武曲化忌本身是刑財，再加上火星或鈴星，又是一層的刑財。其人會思想古怪，不實際及不重錢財，或愛財，又偏做與財對立之事，頭腦是非常不清楚的了。

**武曲化忌居廟單星加一個火星或鈴星時**，其人個性、言行都古怪，人緣也不好，會孤獨，有時也對人不太友善，固執而衝動，不喜別人管，一意孤行，做自己喜歡做的事，耗財多，常有意外災害及傷災。武曲化忌、貪狼加火星或鈴星時，其人不一定暴發，有暴發運，會暴發在運氣或事件上，但也同時會有金錢上的災禍，會賠款或入獄，亦會是因車禍問題而形成帶災害暴發運。

當武曲化忌、七殺和火、鈴同宮時，是非爭鬥很嚴重，是太窮又為錢而起的爭鬥。當武曲化忌、破軍和火、鈴同宮時，是為沒

錢、窮困，又要花錢，為是非和債務問題而起的爭鬥，很嚴重。當武曲化忌、天相加火、鈴時，是有金錢是非，強力在壓抑、排解，但仍排解不成，仍然衝動而起的衝突。

**武曲化忌、破軍、天空、地劫在巳、亥宮入命宮時**，表示其人絲毫沒有金錢觀念，既窮、頭腦又空空、錢財都有很大問題了，還搞不清楚，其人易入空門或有宗教信仰，絲毫不管錢財俗事了。

## 貪狼化忌入命宮

癸年生有貪狼化忌入命宮的人，都是性格保守，對外交際能力比較差的人。性格內向，對運氣的敏感力不太好，對別人都不太瞭解，和外面交通聯絡的管道有問題，也會比較懦弱。貪狼是運動速度很快的星，有化忌時，便走走停停，運動曲線奇怪，或根本停滯不太動了。

貪狼是好運星，有化忌時，運氣古怪，或運氣不通順。貪狼又是桃花星，有化忌時，桃花古怪，亦或沒有桃花。貪狼星是異常聰明的星，這也表示有特別古怪的聰明，或聰明不放於正常軌道之上。貪狼化忌居旺時，智慧仍很高，但會偏向其他方面，具有特殊的專長來過日子。貪狼化忌居陷時，智慧不高，無專長。

貪狼原就是貪心的星曜，有貪心才有奮發的原動力。因此貪狼的企圖心與奮發打拚的能力特強。有化忌相隨時，會貪心古怪，貪與別人不一樣的東西。別人一生中貪的是名與利之類的東西，此人有時是清高，有時是力不從心，總是和別人格格不入，或根本不知道自己究竟該要什麼？該貪什麼？有頭腦糊塗的狀況。

貪狼化忌入命宮的人，都是思想古怪的人。是自己內心與自己

作戰的人。非常矛盾，常難以自處。因為貪狼是將星，代表大將軍，具有作戰的本性，帶有化忌時，常不知敵人是誰，頭腦不清楚、有時會向內與自己本身，或與自己身旁的自己人作戰，真是頭腦壞掉了。例如，前大陸主席毛澤東先生即是貪狼化忌、文曲坐命申宮的人，一輩子爭戰、搞四人幫鬥爭，全是在自己圈內和與自己身旁人的政治鬥爭。貪狼不帶化忌時（沒有化忌的形式），其爭鬥、好貪，是向外發展的，會向外去打拚、活動，尋找好機會、好運氣。因此他們的運氣比別人特好。貪狼帶化忌時，是向內鬥、自己鬥自己，沒有好運，運不開，或運氣畸型古怪的發展，也不算什麼好運氣了。

貪狼化忌加文昌或文曲，都是政事顛倒、糊塗、失勢、失職、貪污而受處罰，有官非之災的形式。其勢是雙重糊塗。

**貪狼化忌、祿存在子宮坐命宮時**，是『祿逢沖破』，也是『羊陀夾忌』的惡格。其人會更保守、內向、很靜、不愛說話、膽小、懦弱、溝通能力更不好，常擔心受怕、身體不好、較弱、賺錢少、工作固定、古板。其相照命宮的是紫微星，故尚能一生順利有衣食，只是自己的交際和生活範圍很窄、很古板、固定，不會有什麼變化。心中會悶、放不開，喜歡待在家中，這樣心情才會放鬆。不喜歡外面陌生的世界，心情會緊張、不舒服。其人也會有自己固定的喜好或嗜好，如聽音樂、繪畫、做模型之類，屬於孤獨型式的嗜好。一生過自己平靜、保守、低調的生活。亦能自給自足，有好配偶、家庭、依賴配偶，有幸福的家庭生活。

**武曲、貪狼化忌、擎羊在丑宮坐命宮時**，表示你命中的暴發運及偏財運不發，或一發就遭災，會有危及生命的大災禍。你的性格

強勢，因為這三顆星都是居廟的。但會因為擎羊和化忌的關係刑財和刑運很多，因此你也會保守、內向、身體有毛病或傷殘現象，無法去賺很多錢。在性格上，你會又臭、又硬，十分剛直、人緣不好、頭腦不精、常好爭、又常弄不清自己要爭什麼，常胡攪蠻纏的打亂了別人正在爭鬥較勁的路線和場面，令人討厭或來攻擊。因本命中的武曲是居廟的，雖受刑星相剋，但仍有一些財，故能有衣食之祿。只是其人多煩憂，工作能力稍差，也會有突發事件而喪命，如遇車禍或傷災、鬥爭而喪命。易死於非命，要小心。

**廉貞、貪狼化忌、陀羅在亥宮坐命宮時**，表示其人是人緣不好、讓人討厭、頭腦不聰明、又慢又笨，能力不足，又愛貪自己能力做不到、要不到的東西和名利，因此要讓人嫌棄。其人本命是『廉貪陀』帶化忌的格局，為『風流彩杖』格帶化忌，故其人會有

奇怪的、邪淫的桃花思想，外表看似保守，但常與異性有不正常的男女關係，以此為生。也會有受強暴後而轉向淫蕩心態的現象。若再有昌曲同宮或相照命宮，淫蕩更甚，頭腦糊塗更甚。其人性格會懦弱，永遠只為錢財而低下的人，靠人過日子而已。

**貪狼化忌、火星或鈴星入命宮時**，表示其人性格超級怪異，行為也十分古怪，會獨來獨往、性急衝動，做一些不好的、奇怪的事。例如心情不爽會攻擊別人，有精神不正常、愛多想、幻想，具有攻擊性或搗亂、不合作的性格。此人暴發運及偏財運不發，或一暴發就有災禍立見或隨至，情況嚴重。命宮在寅、午、戌宮，火、鈴居廟時，還容易暴發，也容易有災，其人也有怪異的聰明，也可能有一時的出名。火、鈴居平、陷之位時，帶煞的狀況較嚴重，災禍也會嚴重。

**貪狼化忌和地劫、天空同宮入命宮時**，倘若貪狼化忌和一個天空或地劫同宮入命宮，表示其人性格保守、不實際、不重錢財，和人不親近，不想溝通，易過自由自在的孤獨生活，不喜和人有瓜葛，為人清高，也不麻煩別人。倘若貪狼化忌在巳、亥宮和天空、地劫雙星同宮，同宮的尚有居陷的廉貞、貪狼化忌也是居陷的，這就是頭腦空空、腦袋不清楚、人緣很壞，一輩子無用，意見多、愛幻想、多說少做、沒主見、多廢話的無用之人了。

## 第二節　化忌入財帛宮對人的影響

化忌星出現在財帛宮時，都代表錢財不順，有古怪的進出，或運用，賺取不當，會起起伏伏。非常辛苦。財帛宮代表手中可運用之錢財，是過手之財。它和福德宮所代表是命中之財不一樣。因此財帛宮的財也代表工作取財的型態、花錢方式、存留方式等一切運用，打理財務的技巧與專業能力之好壞等的問題。有化忌星在財帛宮時，有關於你在錢財方面的事，全都貼上不順的標記，是十分辛苦的。

## 十干化忌在財帛宮的狀況

### 太陽化忌入財帛宮

**當太陽化忌在財帛宮時**，太陽是官星帶化忌在財帛宮，就表示你是因工作上不順利而賺錢少或錢財不順。**當太陽化忌居旺時**，表示你還是會有不錯的工作來賺錢，只是有高有低，其中也會有因頭腦不清楚而做錯誤的決定，找錯賺錢的方法，或因決定錯誤改行、換工作，而造成人生中有一段時期的錢財不順。這種事情常在你的生活中發生。你的財運常表面看起來還不錯，或是有希望，但實際常有起伏不順，或有工作中斷缺錢，或花費太多、超支過多而錢財不順。尤其是會因男性的關係而有糾紛麻煩，影響到財運。當太陽化忌居陷時，表示工作上財不多，薪水少，又常沒工作，會長時期中斷沒錢。以及處理錢財的方法全不好，是窮困又耗財，沒錢可存，進不了財，易欠債又還不出的狀況。

有太陽化忌在財帛宮的人，與公家機關打交道，勿必有不順及敗局，也會多是非和糾紛、受氣，吃虧是常見的事。宜請別人代為交涉洽談。

## 十干化忌

### 太陰化忌入財帛宮

**當太陰化忌在財帛宮時**，表示是錢財和薪水上出了問題。你的金錢觀和價值觀會異於常人，獨樹一格。會對金錢有怪異的計算方法，是非混淆不清，賺賠搞不清楚。會因薪水族的薪資出問題，有時工作會中斷或不長久而缺錢。你與銀行、儲蓄也會常發生問題、

糾紛，會有金錢災禍與麻煩。當身宮又落於財帛宮時，你會愛錢、想錢，但又離錢很遠，或和錢有仇，來去太快，存不住，而是非麻煩卻留下了。**當太陰化忌居旺時**，表示還會有錢，只是想法古怪，造成金錢不順，或被別人倒債、牽連而失財。

**當太陰化忌居陷時**，薪水少、賺不到錢，是窮困無財而多錢財是非的狀況。工作也常不穩定、常失業、不易找到賺錢機會，處理錢財的方法、花錢的方式都不好。因此更耗財、更窘困。

太陰也代表房地產。財帛宮有太陰化忌時，也無法買房地產來存錢保值。太陰也代表女人，在財帛宮時，更代表女人在阻礙你得財。你也許不會做拿月薪的工作了，會做臨時的工作或按件計酬的工作。有太陰化忌在財帛宮的人，一生都會為錢苦惱不停。

## 廉貞化忌入財帛宮

**當廉貞化忌在財帛宮時**，表示在錢財上頭腦不清，企劃能力不佳，自然賺錢的能力與理財能力、花錢方式都非常不好了。而且也容易因處理錢財的問題而惹官非，會因想賺錢又頭腦不清，去賺非法、不正當的錢。

有廉貞化忌在財帛宮時，最嚴重的，就是會因錢財而坐牢、打官司了。也會因錢財問題而有血光問題。廉貞是囚星，化忌是忌星、刑星，故是『財與囚仇』的格局。其人會跟錢過不去，有錢時不愛錢財，或清高、不重視錢財，到了沒錢時，又來拼命想賺錢，永遠和錢財玩躲貓貓的遊戲，是有點辛苦和奇怪的方式了。自然手中可運用的錢不多，而且還時常拮据。但要看其人的田宅宮好不

好，田宅宮是財庫，田宅宮好的人，表示其人還存得住錢，未來老年還不太苦，有錢可花。田宅宮不好的人，表示財庫破了漏洞，錢存不住，老年會辛苦、較窮，要依靠子女生活。

廉貞亦是桃花星，有廉貞化忌在財帛宮時，亦會以不正常的桃花問題來賺錢，而且會挾帶著官非、災禍的命運來擁有錢財。縱使這樣所賺的錢，或此賺錢方式也會不長久，多半是吃軟飯，與人做小老婆或操淫業之人。所賺的錢也會隨著官非、災禍而沒有了。

**廉貞居廟帶化忌在財帛宮時**，有此財帛宮的人（在寅、申宮），表示會用智慧、用計謀、用桃花、用奇怪的方法來賺錢，還能賺到一點，但是挺而走險的賺法，時常會遇到是非、麻煩，也可能會有流血之災禍，要小心。流年不利在寅、申年就會遇到。

**廉貞化忌居平在財帛宮時**，同宮的必有居廟的天相或天府同

宮，仍是有以桃花、情色來賺錢的可能方式。這是用腦不多、笨笨的、思想古怪的，但還能平順過一般生活的賺錢方式。廉貞化忌、天相同宮是『刑印』的格局，其人根本管不到錢，但坐牢打官司就有份。以前有票據法時，許多太太為先生開出支票，而揹債坐牢，就是命中有這種格局。

廉貞化忌、天府在財帛宮是刑財格局，是頭腦不清楚、愚笨而遭災，使錢財變少。但天府居廟，雖刑財，仍會有衣食之祿，而且會頭腦不清楚的，在物質享受上花很多。亦會以吃軟飯、被包養來賺錢。

**廉貞化忌居平、破軍居陷在財帛宮時**，表示賺錢和運用錢的智慧不高，也會為桃花破財，更會因錢財問題而有官非、災禍。此人雖有偏財運，但每逢卯、酉年便破產了，而且有官司纏身。他會大膽，什麼錢都敢賺，但又常在金錢上失誤。有時又故意表現不愛錢財的樣子。總之，此人有糊里糊塗的一本爛帳。

**廉貞化忌居平、七殺居廟在財帛宮時**，表示本命就窮、財不多、頭腦笨，只會苦拼，但賺錢不多，常做糊塗事，辛苦而未必賺到錢。並且愈打拚，愈有官非、災禍，易有車禍傷災，或因桃花、色情、男女關係所引起的傷災。此格局是糊里糊塗的拚鬥而爭不到，自己惹禍上身的格局。因此要小心坐牢、打官司之事。有此格局時，也容易挺而走險犯案、搶劫或盜取財物，這是因為命裡財窮的緣故。

**廉貞化忌居陷、貪狼在財帛宮時（在亥宮）**，表示你本命財少、錢財不順、頭腦不清楚、賺錢的智慧較低、理財的智慧也較低，能賺的錢不多。自己很小氣，但仍無法理平財務，常有財務危機，即

# 十干化忌

使挺而走險也無法賺到錢，常窮困無財，易遭法院追債。

有廉貞化忌在財帛宮的人，都易遭法院追債，也容易借高利貸，被人追債，且有為錢遭砍殺的危險。更要小心流年不利、遭盜賊、宵小為劫財而發生的傷災、血光。有殺、破、狼同宮的廉貞化忌，很容易因此而傷亡。

## 巨門化忌入財帛宮

**當巨門化忌在財帛宮時**，是暗星和忌星同宮在財帛宮，因此錢財少得而不順。在錢財上容易遭妒嫉、有口舌是非、或被暗中處理掉，而使你得不到了。或者是你喜歡賺一些有是非爭議的錢，而被拖拖拉拉的領不到錢，時間一久，錢就沒有了。

有巨門化忌在財帛宮的人，沒辦法以口才來賺錢，別人不給你

賺，只給你是非、糾葛、災難、麻煩。所以你不會做老師、推銷員、或用口才來開展業務的人，即使做這些行業也賺不到錢。

**有巨門化忌在財帛宮的人**，也沒辦法向人開口要錢或收錢，一定多遭是非而收不到錢。其人在處理錢財事務、理財能力上有很大的瑕疵。頭腦不清楚、行事古怪。這也是『與財有仇』的形式格局，亦會在錢財上遭遇官非及賺取不正當的錢財，工作起伏不定。

**當巨門化忌居旺在財帛宮時**，你的手邊還會有一些錢財，但賺錢辛苦，進財不易，常遭人阻礙或掠奪。也會錢財老是在打轉、進不來，或看得到財在那裡，卻伸手拿不到財。更會因此而招是非口舌，很冤枉。

**當巨門化忌居陷在財帛宮時**，你手邊根本沒財，有的只是口舌是非和災禍而已。你本命財少，也會懶，靠人過日子，也不花什麼錢，也不太會工作，工作的時間短。

## 天機化忌入財帛宮

當財帛宮有天機化忌時，表示手中的錢財常起伏不順，愈變愈壞。而且在理財智慧上較古怪，或自做聰明而遭災的狀況。

當天機化忌居旺在財帛宮時（包括在子、午、寅、申、卯、酉宮），其人在賺錢和理財上，是用古怪的聰明來賺錢，但並不一定合於時機或正確的求財管道，是故錢財有不順，易遭官非，或損失。但在『變』的機率裡，有一些還是好的，故不完全會窮。在申宮會窮，因同宮的太陰居平。

**當天機化忌居平在財帛宮時**（包括在辰、戌、巳、亥宮），你在賺錢和理財上過於自做聰明，太多古怪、近乎於笨或清高，因此易

窮，有災禍發生。在辰、戌宮因有居廟的天梁同宮，表示有長輩、上司的疵蔭，仍能有衣食、生活的錢財可用。

**當天機化忌居陷在丑、未宮入財帛宮時**，你是既窮、又有錢財是非的，賺錢不易，或自己只管工作，薪資由別人拿，如配偶或父母拿走。你一生都會過得苦兮兮的，自己也沒辦法理財。此格局再有擎羊同宮時，表示會做爭鬥多、雜亂，甚至髒臭的工作來賺錢，十分辛苦，想管錢也管不太到，會愈管愈少，乾脆不管了，但仍會對錢計較不停，一生為錢財痛苦。

有天機化忌和羊、陀、火、鈴在財帛宮的人，都是多重刑財格局。會有爭鬥、辛苦，賺不到錢，或根本不想賺了。亦會耗財凶、無財可理。有祿存和天機化忌在財帛宮同宮時，亦是『祿逢沖破』。會有不富裕，但有飯吃的生活。其人會不重錢財、吝嗇，自苦也苦別人。再有地劫、天空同宮時，自己吃飯也有問題，會靠人過日子而生活。

## 文曲化忌入財帛宮

文曲化忌入財帛宮時，因文曲化忌是屬於時系星之化忌，要看同宮的主星是否為吉星居旺，而定錢財上吉凶禍福的深淺關係。例如財帛宮的主星是吉星居旺時，表示進財稍為減少，會有口舌是非、災禍來影響進財，也會是人緣不好、才藝不精、理財能力有瑕疵，以及精明度不夠而引起的耗財、財少進了等的問題。**例如武曲化祿、貪狼化權、擎羊、文曲化忌在未宮同宮為財帛宮時**，代表在爭鬥是非中，財運很好，又能掌權，但仍有精神度不足，或有古怪的想法，來刑剋到財運和掌權的運氣，因此仍有刑財的問題產生，

但也依然具有不錯的財運，可是原本極強的暴發運不發。此種財帛宮的財運，比起在丑宮為財帛宮時，有武曲化祿、貪狼化權，在福德宮有擎羊、文曲化忌相照時的財帛宮來說，錢財也會少很多。**例如天梁化科居旺、文昌、文曲化忌居旺，在丑、未宮為財帛宮時，在丑宮**，其人很會做文職、文字、計算方面的工作，做教職也不錯，但辛苦做的好，同事們都稱讚，但不會出名，只是有工作、能糊口而已。**在未宮**，文昌是居平的，因此文職工作做不太好，只是略為應付，精明度也不夠，賺錢不多。這種天梁化科、文昌、文曲化忌同宮為財帛宮的格局，都表示會用男女桃花關係來賺錢，過生活，有錢花，但不一定多，且有是非麻煩。

**文曲化忌在財帛宮出現時**，多半是頭腦不清、不實際、找不到賺錢的路子。以破軍、文曲化忌最為清高，但也一生為錢煩惱。是

窮困、又想賺錢，但想不久，也賺不到錢，久而久之也不想賺了。流年、流月、流日逢到有水厄，且是非糾纏很久。

**文曲化忌和貪狼同宮在財帛宮出現時**，會頭腦不清、言語不清、又好貪財，會有貪污事件而有官非，受處罰，有十分難堪的局面和災禍。

**文曲化忌和七殺同宮在財帛宮出現時**，也是頭腦糊塗、亂七八糟、辛苦貪財而貪不到，有清高和不實際的思想、觀念。

**文曲化忌和天梁同宮在財帛宮出現時**，會做靠名聲出名的工作，永遠出不了名，或靠長輩、貴人介紹工作，卻人緣欠佳，因此問題很多，也減少很多收入，只是勉強過日子而已。

## 文昌化忌入財帛宮

當文昌化忌在財帛宮時，因文昌化忌也是時系星之化忌，故亦要看同宮的主星是否是吉星居旺的形式？並且也要看文昌化忌的旺弱來斷定錢財上的吉凶禍福出來。**例如財帛宮有廉貞、天府、文昌化忌在戌宮時**，廉貞居平、天府居廟、文昌化忌居陷，表示此人能有小康的環境，仍有財可進。但會賺粗重工作、粗俗的錢，例如做餐廳廚師、跑堂，賺錢不少，但會起起落落，有中途中斷、常改行、工作不長久、計算能力不好等問題。

**文昌化忌居旺、居廟在財帛宮時**，是對錢財有古怪、怪異的想法或常改行而使耗財、使財不順。在數字的計算能力與文化知識上還是有的，也會常出錯。文昌化忌居陷在財帛宮時，是計算能力不

好、糊塗、文化知識、學歷較低，根本沒有理財能力，而造成賺錢不多、又耗財、窮困的局面的。文昌化忌和殺、破、狼同宮於財帛宮時，都是糊塗、頭腦不清、政事顛倒、不實際、清高、辛苦、用力打拚，而財不豐，甚至窮困的賺錢方式或理財方式。也會貪不當的錢財，或花不該花的錢，弄得自己很痛苦、狼狽。

## 武曲化忌入財帛宮

當武曲化忌在財帛宮時，也要看武曲化忌的旺度如何，以及同宮的星曜吉凶，來定錢財的麻煩嚴重性，和到底有沒有財？

武曲化忌居廟時，其人還是有財的，也有財進，只是會有錢財是非及麻煩，因為武曲化忌居廟時，在辰、戌宮，對宮有居廟的貪狼相照，表示環境中有很多好機會，仍能得財。**在丑、未宮時，武**

**曲化忌居廟和居廟的貪狼同宮，也是有好機會**，只是錢財上有麻煩。這些麻煩包括了錢算不清楚而損失，或借錢給人不還，或別人該給的錢不給，或信用卡、銀行方面、支票方面、有價證券方面，有是非等等，一切和錢財有關的糾紛之類的事務。也會有工作斷斷續續、中斷、中途失業等的問題發生。

**武曲化忌、天府、擎羊在子宮為財帛宮時**，是錢財上的爭鬥多，會賺爭鬥強的錢財，但耗損也強，亦會有錢財是非。因為此格局中天府居廟的關係，故還有財，只是刑財較嚴重而已。其人也會較節省，又很努力賺錢，賺得不算多，亦會清高、不實際、賺錢辛苦，為中產階級的人。

**武曲化忌、天相在財帛宮時**，已是刑福格局了，刑的是財福，因此在錢財上花用的會少一點，會有金錢是非，賺錢少一些，但有

衣食之祿，為中產薪水階級之人的生活層次。偶而會為錢煩惱，但能平順過去。武曲化忌、七殺在財帛宮時，是雙倍的『因財被劫』，易發生『因財持刀』，因錢財窘困、債務問題而喪命，也會因錢財問題而受傷。這是辛苦窮困，也無法敉平的財務問題。其人根本沒有理財觀念和賺錢的方法，無法得財，少與錢財沾惹會較好。

**武曲化忌、破軍在財帛宮時**，是窮困又耗財，又惹錢財是非的格局，亦是雙重的『因財被劫』的格式。理財能力不好，賺錢能力也不行，會賺邪門歪道的錢，或終日挖東牆補西牆，自己很有主見，又喜做大事、大生意，但常為還債和補洞而辛苦不停。

## 貪狼化忌入財帛宮

癸年生，有貪狼化忌在財帛宮時，表示賺取錢財上的機會不

好。這有些是因為你腦中的觀念和想法古怪，有些是你天生的財運就不好所造成的。當貪狼化忌居廟、居旺在財帛宮時，表示還有機會得財，只是你的頭腦、觀念要合乎得財之道才行。不可走曲折彎曲的道路，亦不可異想天開才行。有貪狼化忌在財帛宮的人，也常不喜和人來往，因此造成錢財無法流通而不順了。

貪狼是貪心，有貪狼化忌在財帛宮時，有時是不貪心了。有時是貪奇怪的、有價值的東西，例如蒐集品、珍藏品，而不愛錢財等。

有貪狼化忌在財帛宮時，是一貪心、貪財就有事情發生，因此容易因貪污事件而遭懲處、官非，本命、財、官、遷有刑剋太多的人，容易因貪污、官非坐牢，無法翻身。

**有貪狼化忌在財帛宮，又有廉貞、陀羅同宮或相照財帛宮的**

人，（也就是有廉貞、陀羅在福德宮），會有『廉貪陀』、『風流彩杖』格在財帛宮上，或在財、福上，因此會有賺桃花色情、靠男女關係來賺錢，又招惹糾紛、官非的問題。

**貪狼化忌和文昌、文曲同宮於財帛宮時**，會因頭腦糊塗、政事顛倒、人緣有問題、不佳，看起來聰明，其實糊塗，會貪不該貪的東西和錢財，而受處罰、失職、遭官非或失去工作。在錢財上表面上打理的很好，實際是帳目不清的。亦會有騙人的狀況。

**貪狼化忌和祿存在子宮同宮於財帛宮時**，有專業技能來賺錢，賺錢性格保守，有固定的工作、薪水，不想向外發展，自給自足，也不貪心，有衣食之祿、小康而已。此為『祿逢沖破』的格局，但賺錢機會還是有的，本身不想賺大錢，也沒有機會賺大錢，倒不如安份守己做自己會做的事，日子也很好過。

**武曲、貪狼化忌、擎羊在財帛宮時**，亦會有專業能力，做薪水族賺錢，有財，但財不多，賺錢機會不多，刑財也較嚴重，故會緊衣縮食，過不富裕的生活。

## 第三節　化忌在官祿宮對人之影響

當化忌入官祿宮時，代表事業上之不順。也代表頭腦有問題，聰明得與別人不一樣，想法怪異，與常人思考方式不一樣，打拼方式也有不同層次，故有不同的人生格局。亦會一生默默無名，辛苦而無法出名。

## 十干化忌在官祿宮的狀況

### 太陽化忌入官祿宮

**太陽化忌入官祿宮時**，太陽是官星，即事業之星，有太陽化忌時，事業定有起伏不順，也不易升官、揚名。更不易受上司提拔，及在事業上與男性不合、有是非、糾紛。還會招惹官非。

有太陽化忌在官祿宮時，不會做公務員，即使做了公務員，也不長久，做不下去，易遭撤職、辭退。

太陽居旺帶化忌入官祿宮時，表示還會有工作，但會因自己的一時錯誤而遭災，讓工作停頓或失去工作，工作會常中斷，或常改行，亦或破產結束、做不久。

**有太陽化忌在官祿宮，又形成『陽梁昌祿』格帶化忌的人，人**

在讀書或工作上仍是常做做停停，無法一直延續。也會中途改行，或不學無術、較無法在公職的體系裡工作生活了。

有太陽化忌在官祿宮的人，總是一生中在事業上會功虧一潰。當太陽化忌居旺在官祿宮的人，人生中還可能會有短暫的事業閃亮的日子，為異途顯達的機會。當太陽化忌居陷在官祿宮時，事業便會古怪、做不起來，或處處置肘、心態也懶、不想做，與男性不合，沒有競爭心、凡事有放棄的想法，或事業暗中多凶險起伏、不順而無法進行。

**當太陽化忌居陷，太陰居廟在丑宮為官祿宮時**，你的事業不順，但能以其他方法賺錢，例如有家產可收房租過日子，或做薪水族，按件計酬、或拿時薪的工作來謀生。也可自己做小生意，而老闆是別人（用家人做老闆）等等。錢還是賺得到的。

**當太陽化忌、天梁在官祿宮時**，你會走其他的路途來發跡、異途顯達來賺到錢，做到不錯的位置，但在公務員行業中，必會有起伏頓挫，而晚景不佳，一生中有多次升降起伏、絆腳石很多，至終也是被男性所刑剋而失敗的。你仍然會有女性的貴人運會幫助你，能助你逢凶化吉的就是女性貴人。

**當太陽化忌居陷在戌、亥宮是官祿宮時**，一生工作時間短、或不工作、容易在工作上犯官非入獄、頭腦糊塗、智慧不高，人生易晦暗、事業無成或多遇波折爬不起來，也與公職無緣，或做公職被埋沒。

## 太陰化忌入官祿宮

太陰化忌入官祿宮時，表示工作上你還是做拿月薪的工作，也

表示你仍然喜歡用感覺來工作。還有在工作上女性和你不合，會在工作、職務上因錢財的問題而有是非、糾紛。更表示不適合做生意，錢財會有麻煩，你更會在工作上進財不順，或賺錢不多，為錢財傷腦筋，是沒法子做儲存、理財、會計出納等的工作。你若至銀行上班，就會在工作上發生糾紛，因此也與銀行不合。

但是，當你的官祿宮是太陰化忌時，你的命理格局仍然是『機月同梁』格的人，所以你還是會拿月薪，做的很辛苦，或是本身是學商的，也易在金融界工作，只是不順利，會做不長久，常有事故要換工作，或遭遣散、辭退。

**當太陰化忌居廟、居旺在官祿宮時**，表示你在理財和會計業務上還是有能力做的不錯的，偶有小差錯。但你會頭腦想法古怪，常想改行，或因情緒不佳而換工作，一生會起起伏伏，所賺的錢也不

算多，偶而還有經濟危機。倘若是開店做生意的人，就會有關店倒閉之運了。

**當太陰化忌居陷在官祿宮時**，常會不工作，或做臨時的工作，工作中薪資少、又常有錢財上的糾紛，根本是常常做不下去。會挑剔你工作的問題，會辭退你的剋星，往往就是女性。你在工作上也較愚笨，不會看臉色，工作態度也不好，常摸魚、不認真、頭腦有問題、情況已不妙了，仍不知節制反省，故容易失業，也會難以找到工作。倘若能改變這些心態和行為，少賺一點也是賺，自然也會有工作足以糊口了，否則會為無用之人。

## 廉貞化忌入官祿宮

廉貞化忌入官祿宮時，表示其人的智慧有問題，思想也有問

題，會在工作及事業上惹官非、容易被告、或入獄，亦容易惹傷災糾紛。

倘若你是做與火有關的行業，如廚師、或加油站上班，或是電器業、接電行業等的人員，官祿宮再有廉貞化忌時，流年不利易遭火燙傷、灼傷、或觸電而亡。倘若你是做危險的行業，如工程或環境較險惡的人，易在工作上有血光問題，有一位漁船船長的官祿宮是廉貞化忌，則在海上工作時，被船員殺害。

廉貞化忌在官祿宮代表爭鬥所發生之災害，也代表企劃、計劃不足而遭之災。更代表官非、爭鬥不停。

**廉貞化忌居平、天相、擎羊在午宮為官祿宮時**，為『刑囚夾印』帶化忌的格局，在工作上易有受欺負、被誣陷、受害、被告，有官司事件。廉貞化忌、天相為官祿宮，對宮（夫妻宮）中有擎羊

相照的狀況，亦是『刑囚夾印』帶化忌的格局。此人一生事業不順、性格懦弱，難以擔當責任，也不會有好事或升官的事落在他的頭上。工作做不久，易被排擠失去了工作，還惹上官司麻煩。

**廉貞化忌居平、天府、陀羅在辰宮為官祿宮時**，是頭腦不清、愚笨，只賺自己少少的財，性格懦弱、自私、沒有擔當的人，因此職務不高，也容易失去工作。這同時也是『刑財』的格局，財會慢進，或拖拖拉拉、是非多、賺錢不容易。但有衣食，因其遷移宮有貪狼、擎羊，是『刑運』格局，運氣不好，也保守、沒有發展之故。

**廉貞化忌、七殺為官祿宮時**，做軍警職要小心糊塗陣亡。做一般的職業，會工作不長久、頭腦不清、整天瞎忙，但沒有結果、多招惹是非、官非，也有爭鬥受傷、血光、車禍之災，難有成就。

**廉貞化忌、破軍同宮為官祿宮時**，頭腦不清楚，常在工作上有血光和爭鬥受傷之災，會不工作，或做臨時的與血光、髒亂、死亡為伍的工作。

**廉貞化忌、貪狼、祿存同宮於巳宮為官祿宮時**，會頭腦不清、膽小、保守、不工作。或偶而做賺錢少、讓人討厭、又有爭議性的工作，但做不長久。機會不多，此為『祿逢沖破』的格局，故會是職位低下，稍有衣食，不受人尊敬，侍候人也侍候不好，有官非災禍或易發生血光的工作。

## 巨門化忌入官祿宮

當巨門化忌在官祿宮時，表示事業上有雙重的口舌是非，極不順利。而且容易引發燎原之勢，像謠言、耳語、傳開的快速，一發

不可收拾。而導致你會被停職，或失去工作。

巨門代表出口，有化忌時，代表出口古怪不通，巨門化忌又在官祿宮時，代表事業沒出口、沒發展，因此舉凡用口才的行業，會做不通，就連同餐飲店也會倒閉、做不來。

有巨門化忌在官祿宮時，事業上多爭鬥、會有官非、紛亂、相互傾軋、鬥個你死我活，但最狀況慘烈的，你是個頭腦不清、容易捲入鬥爭的人，雖經常練習這種爭鬥場面，但你依然是個失敗者，屢戰屢敗，因此你一生都難以領悟如何做事業才能成功。

**當巨門化忌居旺或居廟在官祿宮時**，表示你還會做一段時期的工作，只是會起起伏伏，做不長久，常改行，或常有紛爭、惹官非等事，進進退退、反反覆覆、沒辦法做成好的事業。而且工作和事業中總是以和人爭吵、爭鬥、有糾紛而終止。

**當巨門化忌居陷在官祿宮時**，你的工作期不長久、常不工作、一工作就有是非、糾紛、吵不完，因此你不喜歡工作。你是天性保守、有一點微薄家財的人，有長輩照顧，思想也有些古怪，你會偶而做一些與賺錢無關的工作。例如偶而做義工之類。

## 天機化忌入官祿宮

當天機化忌在官祿宮時，表示其人頭腦有問題、聰明度有問題，也表示對事情的靈敏度有問題，易有精神疾病。其人在主導運氣變化的過程中是沒有能力的。因此其人在事業、工作、學業上，常會發生突然的變化。變向好的變化很少發生，變向壞的事情的變化常發生，讓他應接不暇。

當天機化忌在官祿宮中時，一生是起起伏伏、不順利的。升官

升級，凡事比別人慢好幾拍。在工作中也常遇爭鬥。鬥爭你的人，都是自做聰明、或自以為聰明、人緣不好、和你情同兄弟姐妹的人，有時是出於妒嫉、有時是出於天性愛整別人、愛欺負人。因為你在智慧和反應能力上總是慢半拍，因此容易被整倒。

**當天機化忌居廟或居旺，或居得地以上的旺度在官祿宮時**，表示你有高智商和聰明的頭腦，只是想法古怪或聰明的事情古怪，或者只是幾件特殊的能力或事情聰明，其他事就不聰明。例如說，有天機化忌居旺的人，從事藝術或專門的技術行業的人，便會有特殊的才華和構想，做得不錯，但不會出名、功勞也易被別人搶去。其人容易成為別人成功的墊腳石，而自己永遠只是默默無名的付出者。

**當天機化忌居平或居陷在官祿宮時**，表示你不會工作，也不想工作。你會有一些保護自己免於辛勞、爭鬥的小聰明，但在發奮圖強方面就不行了。你容易依賴別人過日子，只是爭一些吃喝享福的小事情。

## 文曲化忌入官祿宮

當文曲化忌在官祿宮時，要看文曲化忌的旺弱，也要看同宮的，還有沒有其他的主吉的主星，才能定出官祿宮的吉凶。

**文曲化忌居旺，同宮又是吉星居旺的官祿宮**，在事業上只是會有奇怪的才華，或口才好、言語偶而出錯，引起一些是非，會影響升官、發財較慢，也會思想古怪、常改行、找不到自己該走的路，會繞一個大圈子才找到，會有異途顯達的機會，但在藝術或文學的路子上難以成名。你在工作上仍能賺到錢，只是會用古怪的方法賺到錢。

**文曲化忌居陷時，同宮又是吉星居旺的官祿宮**，不論其他主星的旺弱，都是減分的，表示口才不好、才華不好，在事業上不能用口才來做工作，定然會失敗或自暴其短，有口舌是非。你在從事和藝術、韻律感等的事業上，都會做不成功。會反反覆覆常失敗，再從頭做起。你適合做規律性、剛硬、一板一眼、規格化的工作。或做軍警職有良好紀律的工作。你在事業上所賺到的錢較少，不豐富或有耗財多的現象。

**有文曲化忌、貪狼在官祿宮時**，要小心糊塗、政事顛倒、因才藝出錯、說話出錯、被免職、懲處。這是頭腦不清楚、又愛說話、惹口舌是非，所造之災禍。

**有文曲化忌、破軍在官祿宮時**，表示才華不顯，在事業上賺不

到很多錢，會做清高和較窮的工作（有固定薪資或本命財多、強勢的人，薪水也會比常人多一點），這表示你的人生格局已被定在某個層次了。流年、流月逢到官祿宮，要小心水厄。

**有文曲化忌、七殺在官祿宮時**，表示頭腦不清楚、糊塗、常做白日夢，也會光說不練，什麼也不做。廢話多，什麼也做不成，或是頭腦、觀念不實際，沒辦法把事情做得圓滿。因此錢會少賺、或賺不到，事業會起起伏伏，沒有成就。

**天梁、文曲化忌、文昌在丑、未宮為官祿宮時**，表示你還是會做薪水族文職的工作。**在丑宮時**，你會有古怪的想法，會常跳槽或工作上有口舌是非而換工作，工作有起伏變化。**在未宮時**，表示會做薪水族，但不一定會做文職的工作。也可能會做文職的工作，也可能會做粗活的工作，你也會常改行、換工作，或常因才華和口才

問題、頭腦有古怪想法的問題，做不長久。亦會有人介紹一些不太好、有爭議性的工作給你做，在錢財上所賺不多。也無法因工作、事業而出名。

## 文昌化忌入官祿宮

當文昌化忌在宮祿宮時，更明顯的是頭腦思想的扭曲古怪和精明度有畸型發展而形成事業上向另一條路上發展，或起伏不定的原因了。

當官祿宮有文昌化忌時，表示你一遇到挫折，就會換工作、改行，自認為不想浪費時間去走一條走不通的路。實際上工作經驗是要靠累積才能成功的。因此你容易半途而廢，事業做不長久。

**當文昌化忌居旺在官祿宮時**，你還會有很好的計算能力（數學

能力）、文筆也不錯、知識水準也很高、頭腦會有些清高、計算利益及價值觀上也不會市儈，但你在想法上與思想邏輯上較古怪，與常人不一樣，因此在做事方法上會與別人有出入。在事業上會有停頓、多次重新再來的狀況。這也是文昌居旺化忌的不同處。不過有文昌居旺化忌在官祿宮的人，仍要小心文字、契約、計算上的錯誤，會發生在流月、流日行運到此的那一天。

**當文昌化忌居陷在官祿宮時（在寅、午、戌宮）**，表示頭腦糊塗、智慧不高、知識水準也不高，會做粗活、雜亂、不高級、地位不高，不需用計算能力和不需多用腦子的工作。**當文昌化忌居陷和吉星居旺同宮時**，表示會減少收入、事業層次會因用腦不多而降低，也容易常出錯，自找麻煩、或計算利益的方式不好，而阻礙事業的發展，有文昌化忌在官祿宮時，也是成名較辛苦、較難的，或要用一生的辛苦來換取的，文昌化忌居陷時，一生難成名。

**例如有文昌化忌和紫府在寅宮為官祿宮的人**，和**有文昌化忌、紫府、陀羅在申宮的人**，其工作型態會差很多，得財也會差很多，人生格局也就不一樣了。此種有文昌化忌、紫府在寅宮為官祿宮的人，因命宮是『武曲、擎羊』，本命是『刑財』格局，本命的財就略少。其遷移宮是七殺、陀羅，環境又不算好，是笨又蠻幹的環境，在官祿宮的文昌化忌又是陷落的，表示知識水準、學歷不高，因此會以賺錢為主，會賺以勞力工作、做粗活的錢，理財能力也不佳。

官祿宮在申宮時的文昌化忌居得地的旺位，紫府也在旺位，因此學經歷會較高，雖有陀羅，會使事業有起伏成敗和顛簸，但仍能做一番事業，只是晚發一些、慢一些而已。也會有異途顯達的機會的。

## 武曲化忌入官祿宮

有武曲化忌在官祿宮時，表示主財的能力有問題，也表示其人的價值觀古怪，和常人不一樣。更表示其人在處理事務上有頭腦不清，會影響人緣、機會，會太剛硬或太不知圓通、圓融，而讓自己陷於爭鬥之中。

有武曲化忌在官祿宮時，事業上多錢財上的爭鬥或政治上的爭鬥，而你就是最先敗下陣來的人。**當武曲化忌居廟居旺時**，只要你不要掌權和掌理錢財，就不會有麻煩了。但是你偏喜掌權和掌錢，因此也好鬥、常會鬥輸。或是不重要的時候會鬥贏，很重要的時候會鬥輸。因為掌權和掌錢就是你的罩門，你的理財能力不好，別人一拿錢的事來攻擊你，你就縛手就擒了。因此事業是多起伏、不順

利的，但仍可有大事業的，也能有大錢財出入的，只是留不住。事業也會有停停走走的趨勢。

**當武曲化忌居平時，必和七殺、破軍同宮在官祿宮時**，表示事業上賺錢少、又多爭鬥和金錢是非，因此常失業、或工作績效不佳，也可能不在外工作，做自己家中的事業。但你頭腦不清、常算不清帳目，也是做不好的。

**當武曲化忌、天相在官祿宮時**，你的財帛宮有紫微化權，你非常愛掌財權，非常主觀、意志力強、喜歡做生意，但也會一直為敉平欠債煩惱。最好是做公務員、有固定薪資、少投資只為自己找麻煩，人生才會平順。否則只是做徒勞無功之事。

**有武曲化忌、天府、擎羊在官祿宮時**，事業上多爭鬥、且凶狠。你在錢財上也能賺到大錢，但亦多耗財，不見得留得住，宜有專人為你管理財務，且錢財分開存放，才不致於虧損。你的事業多起伏，一生中會有好日子，但辛苦、難過的日子更多，一生操勞不停，結果不算太好。你命中的福星在房地產和子嗣這一卦，因此只要保有房地產，及育有子女，你這一生都不會過得太差。因為你的財帛宮是紫微化權、天相，你永遠有辦法會打平或敉平錢財糾紛和鬥爭，以及債務問題的。

## 貪狼化忌入官祿宮

當貪狼化忌在官祿宮時，表示事業上機運不好，有向古怪發展或不順利的狀況。

當貪狼化忌在官祿宮時，你的命宮都有破軍化祿這顆星，表示你的本命就是想花錢破財，就去找錢來花的命格，因此要看本命八

字中財多、財少，才會找得到錢或找不錢來花了。通常都是找得到錢的，可是你在事業上是保守、機會古怪或不好，因此你會朝其他方面去找錢。例如向父母、兄弟去找錢。

有貪狼化忌在官祿宮時，表示聰明古怪、愛偷懶、喜歡享福、喜歡貪奇怪的東西，打拚能力不強，不喜打拚，因為其人的福德宮都有一顆天府星，還特別喜歡物質享受，其人所貪的就是享福，所用的聰明也在此，故會在事業上發展不大。

有貪狼化忌在官祿宮時，會貪沒有用的東西、如虛名、虛利和奇怪的東西等不實際的東西。**當貪狼化忌居廟在官祿宮的人**，你會懦弱取財，專以賺錢為主，在錢財方面還是有機會的。但是暴發運不發，也無法成為大富翁，命格只在中等左右，一生有成敗起伏。**當貪狼化忌居陷在官祿宮時**，工作機會少，或不工作，你也會是懦弱、靠人吃飯過日子的人。

**官祿宮有紫微、貪狼化忌的人**，是一生做清高、位置高，但無實權的人，亦會位置做不久、常改行，或做好看的事業但賺錢少的行業。亦會做用專業技巧，但用腦不多的行業。

# 第五章　化忌星在『夫、遷、福』等宮對人之影響

## 第一節　化忌在夫妻宮對人之影響

當化忌在夫妻宮的時候，代表內心的糾葛不清、內心思想繁雜、東想西想，全是往壞處想，多是非糾纏、扭曲，或想法天真、異想天開、太幼稚。

當化忌在夫妻宮時，其人和配偶的感情也多糾葛不清，會嫁娶到原本不該嫁娶的麻煩人物。會看錯人，而製造自己的痛苦。亦表

示你自己頭腦不清、糊塗、不明是非，好的當做壞的、壞的當做好的，反覆無常。

當夫妻宮有化忌星時，表示你內心多鬱悶、煩惱、放不開，剪不斷理還亂，拿不定主意，做事沒原則，有些時候是懦弱、有無力感的，一切的問題是從你自己內心延伸出來的。倘若你真能糊塗到底，不要太挑剔配偶的不是和成就，你還是能過幸福生活。只怕你有時清醒、有時糊塗，不好好過日子，引發家庭糾紛，問題就會很嚴重，要離婚了。

有化忌在夫妻宮時，表示你內心古怪，你也會專喜歡挑性格古怪的人來做配偶，或專挑在人生中或事業上會遇到困難的人來做配偶或情人。因此你怨天尤人的心態根本也沒有用了。因為這一切都是你自己挑的。就不用再抱怨了吧！

有化忌星在夫妻宮時，也會影響到你的事業，你適合做薪水族，或在專業領域中工作較好，才不會起伏多變、不穩定，而有錢財上的波折。

## 十干化忌在夫妻宮的狀況

### 太陽化忌入夫妻宮

**太陽化忌在夫妻宮時**，表示你容易不婚，是結不成婚或根本不想結婚而抱獨身主義。或者是你在內心對男性有成見，會敬畏男性或躲著男性，或根本看不順眼男性。因此你在找結婚對象時，身為女性者容易找性格內心不張狂，或有溫柔女性化特質，或事業做得不是太好、在你認為沒有大男人主義的人做配偶。但你會看人不

清，結婚後才發覺丈夫的大男人主義特強。而且是到了讓你難以忍受的地步。身為男性者，你容易找到性格陽剛古怪、邋遢、不想工作、又頭腦不清，與男性不合或較懶惰的老婆。其實你自己在工作上也會有古怪想法、不賣力。但你會特別的寬宏開朗，雖然夫妻處不好，但也未必會離婚，會各過各的生活，仍然維持夫妻關係。

**太陽化忌居旺在夫妻宮時**，表示你自己內心性格古怪，不是過度的開朗、寬宏、用腦不多，就是內心有古怪想法、不認為事業是人生的全部，或許賺錢或玩樂才是人生中最重要的事，因此你不會要求自己太努力，只會要求別人去努力，因此你會找到事業有起伏變化，或做較奇怪行業的配偶。或者不想結婚，快樂玩一輩子。

**有太陽化忌居陷在夫妻宮時**，表示你的內在性格悶又多是非、不開朗、內心問題較多，有自苦煩悶的現象。你也容易不婚，或找到像你自己一樣保守，而且運氣也不好的人，或坐過牢的人來做配偶。配偶的問題多、工作不順利，也影響家庭和樂。

## 太陰化忌入夫妻宮

當太陰化忌在夫妻宮時，表示你內心的感情多糾葛煩惱，也容易不結婚或結不成婚。你在感情上會矛盾較多，情緒、心情常不順暢，較悶或用情不當，自找麻煩。你的配偶也會有金錢不順暢或工作波折多的煩惱。

當太陰化忌在夫妻宮時，你內心的財是少的、或有瑕疵的，因此你在付出感情時會吝嗇或有古怪的現象。你也會對心愛的人不表達心意，對不愛的人，又故做關心，讓人誤會，因此在感情問題的表達上是有問題的，相對的，配偶對你的感情表達方式也是這樣

的。

當太陰化忌在夫妻宮時，你所會找到的配偶會做賺錢不多，或在財務上有問題的工作，工作會有起伏不順的狀況，或是易改行，常試驗新行業。

**當太陰化忌居廟在夫妻宮時**，表示你內心還有財，也還有豐富的感情可表達，只是表達的方式古怪。你也會找到多情但內斂，或用不同手法來傳達情意的配偶。配偶所賺的錢仍多，只是事業上會有起伏升降而已。偶而也會有錢財問題出現。配偶是做薪水族的人，事業和錢財起伏較大。表示工作不順利，但會有重新變好的一天。夫妻的感情縱使有問題，亦可協商修補、重修舊好。

**當太陰化忌居平、居陷在夫妻宮時**，表示你的內心較窮又多是非，對人感情淡薄、多挑剔、無情，你也會找到心窮、小氣、吝嗇，對家人冷淡、用情不多的配偶。配偶賺的錢少，又工作常不順、或容易失業、不工作。夫妻感情不佳，容易離婚，或彼此怨恨。有此夫妻宮的人，通常也不愛結婚，因為小氣，不愛多養一個人，即使是能幫助他的配偶、情人都不願意。

## 廉貞化忌入夫妻宮

當夫妻宮有廉貞化忌時，表示夫妻間的爭鬥多而凶狠，自己的頭腦不清、常認錯人，找錯對象。配偶也是頭腦不清、找錯對象的人。因此夫妻在對權與利的觀念不一致。而且容易找到易犯法或易犯官司訴訟的配偶。

**當廉貞化忌居廟（在寅、申宮）為夫妻宮時**，表示你自己和配偶的計謀智慧都還很高，但善於爭鬥，會互鬥不停，彼此有告上法

庭、訴訟相見的問題。這也表示你們夫妻兩個會為了面子問題或爭奪利益而互不相讓，結果卻做了大失面子的事情。你的配偶也會在事業上失利，或在感情上出軌、有桃花糾紛讓你難堪。但也同時你在感情上的想法也很古怪，也並不堅貞。你自己也有一些爛桃花在等著你，因此你也不會在乎配偶的外遇問題。只是配偶有官非、錢財不順時，你便會離開了。

**當廉貞化忌居平、天相、擎羊在午宮為夫妻宮時**，表示你頭腦不清，常想投機取巧、想享福，卻享不到福。這是『刑囚夾印』帶化忌在夫妻宮中，表示會找到坐牢的、多官司纏身的配偶。而且最後你也享不到福拿不到錢。有此格局的人，女子容易做黑道大哥的女人。男子容易怕妻、懦弱，成為幫老婆揹債的人。一生難逃命運的捉弄。

**當廉貞化忌、天相在子宮為夫妻宮時**，其狀況也和前者相同，因擎羊在官祿宮和破軍一起相照夫妻宮，故也是『刑囚夾印』帶化忌的格局。易有會坐牢和犯官非的配偶。

**當廉貞化忌、七殺在夫妻宮時**，表示本身頭腦不清楚、又笨、內心又保守、又不清靜，會找到凶悍、粗魯的配偶。配偶的能力差，事業工作常無著，你會選擇不結婚，或在暴力陰影下過婚姻生活。夫妻不和、易離婚。你有家宅不寧的問題。女子尤其要小心此格局的夫妻宮，因為家庭中施暴的多是男子。

**當廉貞化忌、貪狼、祿存在夫妻宮時**，表示是『祿逢沖破』，配偶事業不高，職位低，常有不順，賺錢少，易有桃花糾紛惹官非。你本身就容易有不結婚，會與人同居、有桃花糾紛、或易有官司纏身的困擾問題。因此你能從情人或配偶身上得的到財也少，而且他們對你也是無情，並不是真的喜歡你，有麻煩時，會把你很快的一腳踢開。

**當廉貞化忌、天府在夫妻宮時**，你的配偶頭腦不清楚、很小氣，但仍會對你好。只是容易惹官非。在你的心裡有時也並不清楚自己的感情性向，常心思混亂、容易離婚、換配偶。也容易有邪淫桃花，與人發生不正常之關係而有把柄落人口實，尾大不掉。因此你也常懷疑配偶的貞潔。配偶在事業上會好管錢財，但無事業，或事業做不起來，但多少會為你帶來官司的問題。

# 十干化忌

## 巨門化忌入夫妻宮

**當巨門化忌在夫妻宮時**，表示你是內心混亂、頭腦不清、多是非之人。你也會找到一個同樣頭腦不清、能力比你差、問題多多、

十干化忌

整日讓你不安寧的配偶。夫妻倆的感情起起伏伏。婚前便是非多、婚後更是無以復加。不過你的命宮都有一顆天梁星，表示你仍然是愛照顧人，不畏艱難麻煩的人，因此找到一個性格古怪的配偶，只當做是在修煉人生罷了，仍能過日子的。倘若你本命宮中是天梁陷落，或是有羊、陀、火、鈴、劫空等煞星的人，你便容易不婚，沒有能力照顧別人了。

**當巨門化忌居旺在夫妻宮時**，表示你與配偶常爭執、鬥爭、口角，配偶是胡攪蠻纏，很會亂講話來取勝的人，如果你本身命格強勢，如有天同化權或天梁居旺在命宮，你若能對配偶掌握主導權的話，你就能主導爭執的開始與結束，也能平息紛爭。倘若你性格溫和懦弱，就只有聽配偶嘮叨、生氣了，但這也不一定會離婚。

**當巨門化忌居陷在夫妻宮時**，表示配偶會無理取鬧，也會帶是非災禍給你。婚前就不平靜，婚後更變本加厲。同時你內心中煩憂多、對人多疑、不信任，付出的感情少、計較別人多，因此你常陷自己於不好的心境之中。若能把心力放在事業上，也能有平安的婚姻生活。

## 天機化忌入夫妻宮

當天機化忌在夫妻宮時，表示你自己和配偶都有怪怪的聰明。你的內心起伏很大、常心情不好。你的配偶也容易運氣不好，或運氣升降起伏大，在事業上他也會古怪、不把聰明用於正道上。

**當天機化忌居旺在夫妻宮時**，你和配偶的聰明、智慧還是蠻高的，但會思想、觀念古怪、聰明用不對地方，你的配偶在事業上也會有突發的變故而遭災不順。配偶亦容易因突發事故傷亡。尤其有擎羊同宮在夫妻宮時最驗。

**當天機化忌居陷夫妻宮時**，表示配偶精神狀態不好，有小聰明或不聰明，常為你找麻煩、夫妻感情不佳，會離婚，或離婚後便不再婚。你也會頭腦不清楚、心情不好的日子多。

## 文曲化忌入夫妻宮

夫妻宮有文曲化忌時，比較不嚴重。表示你自己的內心對才華和口才問題比較不計較。你會找到才華奇怪或口才有問題的配偶。他會在人生中有些曲折不順，會升官慢一點，賺錢也少一點，會有一些口舌是非和人緣不佳的問題。當夫妻宮還有其他主星時，同宮的文曲化忌只是一小部份的條件之一。倘若夫妻宮無其他主星，則文曲化忌所代表的條件就只有單獨存在了。

**夫妻宮有文曲化忌居旺時**，表示有古怪的桃花，以及自己對才華和口才的寬容度大，因此會找到愛說話、又常說錯話、有才藝，但才華古怪、不會因才華出名的配偶。你的配偶同時也易惹是非、和人緣桃花上的問題，有時候是男女桃花糾紛。

**夫妻宮有文曲化忌居陷時（在寅、午、戌宮）**，表示你的配偶話少很靜，不太愛講話，也沒有任何才藝及才華，只是一般普通人。他一開口講話就會惹是非、得罪人，因此人緣也不好，在升官和加薪的路子上也不順利。

**文曲化忌和破軍同宮在夫妻宮時**，代表你自己心窮，配偶也窮，且有口才和才華方面的問題。夫妻間頻有口舌是非、嚴重時會離婚。你本身的感情就是貧困格局，付出的感情較貧乏，因此再找，還是同樣找到較窮又多是非口舌、爭執的配偶。

**文曲化忌和貪狼同宮於夫妻宮時**，代表你自己頭腦不清、糊塗，因此也會找到政事顛倒、糊塗的配偶，他會因說錯話或貪污事件而受懲處，但這不一定會妨礙你們夫妻的感情。只是配偶會有事業不順的一小段過程而已。要小心配偶有婚外情及男女糾葛之事。

**文曲化忌和七殺同宮在夫妻宮時**，代表你和配偶都是頭腦不清的人，配偶會拚命努力於一些不可能的事情，白忙一場。他會沒有才華、口才也不好，在事業上常找錯方向，但執迷不悟的自以為有才華而努力錯方向，因此會徒勞無功，而多口舌是非和糾紛、人緣也不好。流年不利時，亦會有不好的桃花傷害夫妻感情。

**文昌、文曲化忌同宮在夫妻宮時，在丑宮**，表示配偶表相斯文、氣質好、漂亮、人見人愛，易說錯話，易說錯話，會有桃花糾紛，易有婚外情。你們的結合，原本也是先有男女關係，才再結婚的。婚後配偶在這方面仍是常出軌。你在心態上還很精明，有時會睜隻眼、閉隻眼的放過他。配偶的事業要升官、出名較難。**在未宮時**，表示配偶長相普通，但桃花仍多，且常有桃花糾紛。你們的結合也原是先有男女關係，而再結婚的。配偶的氣質和學歷都不高，說話也常惹是非，你在心態上不太精明，因此你們有可能離婚，再各自婚嫁。但你總找到有這樣成就不高，但有桃花糾紛的配偶或情人。

## 文昌化忌入夫妻宮

**夫妻宮有文昌化忌時**，表示配偶的氣質古怪、學歷及文質修養不太好，配偶的精明以及計算利益的能力也有瑕疵。因此配偶會在學習能力、上進、努力方面有挫折感。在事業上就會出現有計算不

到的錯誤決定而影響成功或進財。配偶容易在人生中有繞了一大圈路，才找到自己的目標的狀況。同時，你自己本身也是個計算不精細、有些馬虎、精明度不足、自我要求不夠的人。

夫妻宮有文昌化忌時，並不特別嚴重，不會影響到婚姻，只會夫妻倆相互抱怨一下對方的缺點。但如果有古怪的計算利益的方式，又希望配偶為自己帶來鉅大的財富時，這個文昌化忌就是足以搗毀幸福的婚姻了。

**文昌化忌居廟、居旺在夫妻宮時**，表示配偶外表、長相、氣質都很好，但頭腦有些聰明的古怪，會不按常規來一步步學習或升遷，在他一生中會有多次事業起伏變化，也可能有異途顯達之事，但時間不長久。他的思想邏輯和常人不一樣，也許數學能力也很好，但計算利益的價值觀和別人不一樣，因此事業會有成敗起伏，

或繞了一個大彎才找到自己真正想奮鬥的目標。你和配偶或偶而為價值觀有口角，但不會影響到感情問題。除非在夫妻宮尚有其他煞星同宮，形成刑剋才會有影響。

**文昌化忌居陷在夫妻宮時**，表示配偶外表粗俗、粗魯、文化水準不高，頭腦糊塗、不聰明、學習能力及工作能力也差。其人的計算能力不好，常算錯數字或常做錯決定，一生的成就低，也會做粗俗、粗重的工作。你自己本人也是計算能力不好，也不喜歡讀書的人。

**文昌化忌、文曲化科同宮在夫妻宮時，在丑宮**，雙星居廟，表示配偶是長相美麗、口才好、才華還不錯，有某方面的特殊氣質、善於表現有表演天份，但是不一定走文質、文藝的路途，也會在事業上繞了大彎才找到方向。價值觀和別人不一樣，也會因桃花太多，影響到事業的發展。同時你自己也是個喜歡談情說愛、不重實質利益、有浪漫情懷，不一定要求結果的人。你的配偶在事業上亦可能無法成名。

**在未宮**，文昌化忌居平、文曲化科居旺，表示配偶長相普通，但口才好，會講話，在計算利益和數字方面比較差，配偶的氣質和文化水準都稍差。在事業上也會有不穩定的現象，做不長久。其人更會貪小便宜，或用桃花、男女關係來發展事業，一生虛虛浮浮、起落分明。同時你自己也是一個計算利益不準確的人，喜歡沾惹桃花，但桃花和男女關係對你的實質利益不大，你常錯估形勢，以致挑選到能力不好的情人或配偶。你的配偶在事業上難以成名。

**文昌化忌和破軍同宮在夫妻宮時**，表示配偶是性格清高但窮困的人，一生難成大器，也無法出名。同時你的內心也是財窮、不重視錢財和利益的人。你也會在感情上付出較少，亦可能不婚，或靠自己的力量養活家人。流運逢到夫妻宮，有麻煩的水厄問題。

**文昌化忌、貪狼同宮在夫妻宮時**，表示配偶是糊塗、不精明的人，會顛倒是非、黑白不分，也容易有桃花糾紛而耗財，讓你煩惱，你本身也是糊塗，算不清帳，是不精明的人。

**文昌化忌、七殺在夫妻宮時**，表示配偶性格強悍、頭腦不清，常做白工，或做沒有實質利益和結果的事情，性格頑固、不聽別人意見，一意孤行，多浪費時間，事業的發展不大，難於成功，無法出名。

## 武曲化忌入夫妻宮

當武曲化忌在夫妻宮時，大部份是配偶有金錢上的壓力和財務

問題。極少部份是政治問題的。配偶會性格剛直、古怪、硬梆梆的、又臭又硬、不講情理、有武夫的氣質、較粗魯、不體貼、頭腦頑固、不開化，也不會轉彎。配偶會在事業上發生問題，也會有斷糧之慮。

**當武曲化忌居廟、居旺在夫妻宮時**，配偶還會工作、也會有不錯的收入，但理財觀念和能力有瑕疵，會有事業發生困難或投資失敗而欠債的危機，因此你也常在債務和窮困中打轉。你自己本身的理財能力和觀念也不好，未必有能力幫忙敉平債務。

**當武曲化忌居平在夫妻宮時**，必與七殺或破軍同宮，表示是『因財被劫』又帶化劫的格式。夫妻間會為錢財的問題，相互爭鬥、吵架、打架、無寧日，甚至於會遭配偶傷害、殺害、情況危險。配偶是窮凶極惡之人，你會找到有債務問題、不富裕、性格又強硬、不體貼、整日為錢財煩惱的配偶。同時你自己本身內心也財窮，想不到太好的賺錢方法，理財能力也不好、感情淡薄、夫妻感情差，不過你自己會有固定的工作來賺錢，自給自足，只是配偶是你的累贅而已。配偶做軍警職較好，但仍有財務問題。

## 貪狼化忌入夫妻宮

當貪狼化忌入夫妻宮時，你容易晚婚或不婚。

**當貪狼化忌居旺入夫妻宮時**，表示你和配偶的溝通特別古怪。你的配偶性格也十分古怪、內向、放不開，亦會少和人來往、運氣不好、人緣也不好。你要多鼓勵他外出尋找機會，才能改善人緣和溝通問題。

當貪狼化忌居旺在夫妻宮時，表示配偶性格古怪、不愛動、喜

待在家中，黏著熟悉的人，怕生、難和人溝通，喜歡貪一些奇怪的東西，例如喜歡孤獨、有蒐集癖好等等。並且配偶的事業也會保守而無法發展，會做專業技術人員或公務員，會幾十年不喜歡改變，會升遷較慢，或在同一機關、職位待很久，沒有發展。

當貪狼入夫妻宮時，即表示你對配偶不瞭解，也難以溝通，有化忌同宮時，這種狀況更嚴重了。你也會很怕和他溝通。不過有貪狼化忌在夫妻宮的人，其配偶在感情上較執著、不容易變心，若是配偶還會變心，就再也不回來了。

**武曲、貪狼化忌、擎羊在夫妻宮時**，配偶做軍警職較好。這是『刑財』及『刑運』的格局，配偶有固定的收入和專業能力，會小氣吝嗇、人緣不好、夫妻感情較不和諧，但你也能過清苦日子，夫妻聚少離多，也能相安無事。

**廉貞、貪狼化忌、陀羅在亥宮為夫妻宮時**，表示配偶是行為惡劣、人緣不好、人見人厭、又好色的無賴之徒。這是『風流彩杖』格帶化忌的格局，你易受強暴及脅迫而結婚，你亦會貪小便宜而結婚，結果婚姻不幸福，夫妻整日吵鬧打架無寧日，別人也幫不了你。

## 第二節　化忌在遷移宮對人之影響

當化忌進入遷移宮時，代表你外界及周圍的環境不好，有是非災禍很多。你也會頭腦不清楚，常捲入是非之中。遷移宮所展現的環境，是自你出生來到這個世界開始至所有的時候，你所遇到的環境，包括讀書、就業、出國等等。

當化忌進入遷移宮時，你一生都不平順，會人生坎坷、起起伏伏，難有順心、快樂的時候，一生也較難成大器、做大事，較難成功或有成就。一生的運氣都不好，在外處處多是非、不順利，也會人緣不佳、機會不佳、事業難開展、多有小人阻礙，就連家人也對你不會太好，一生都非常辛苦。

有化忌在遷移宮時，其人會心情鬱悶、不開朗、不喜外出，會孤獨，少和人來往，也會內心多思慮、煩惱、想得多、做得少、內心常有放棄思想、打拚的能力就差了，意志會不堅定，常全身不舒服，到外面更頭痛。

有化忌在遷移宮時，就是限制了人生的格局，使你的人生格局縮小，會增加困難。會比一般人生存不易。這要看遷移宮中之化星主星為何，即可知是因何原因限制了你的人生格局？你會因何原因在環境中增加困難？是誰在阻礙你？是什麼事在阻礙你了？

## 十干化忌在遷移宮的狀況

### 太陽化忌入遷移宮

太陽化忌在遷移宮時，表示外在環境中，你與較陽剛的、陽性或雄性的人、事、物、地等的因素都不合。因此你是外表看起來有陽剛的氣息，實際上性格偏向陰柔那一方。你也不喜歡男性、與男人不合，會在男性的社團體中沒有競爭力，會格格不入，不想加入。你在性格上也是外表大而化之、內心古怪、扭曲、多是非矛盾，亦會嚕里嚕嗦、常鬧彆扭、不好好過日子、心情複雜。

太陽是官星，有化忌時，代表事業不順利。太陽化忌又在遷移宮中，代表到外面去做事業、工作，會不順利‧因此這人喜待在家中，或做自己家中的小生意。

**當太陽化忌居旺在遷移宮時**，表示周圍的外在環境只是古怪、略有不順，至少還是開朗、寬宏的，但會有缺陷，有不完美及某些讓人略為生氣的地方。你周圍的男性會在人多的時候對你像無事發生一樣、很開朗、很仁慈好心，但獨自面對你時又假以顏色，給你臉色看，使你很不舒服。也會在你所做的事業上非常辛苦，好不容易爬到了成功的那一天，你又會因奇怪想法，或抉擇錯誤而功虧一潰。站上成功的高峰不過短短的時間，這只能讓你以後年老時來回味了。因此此格局是好的有限，壞得迅速。凡有此格局的要戒慎之。

# 十干化忌





在我看過很多有太陽居旺化忌在命、遷、財、官、福等宮的男人，都有頭腦不清的問題，人生中情況稍好一點時，或稍有名氣時，便會因外遇問題，或不正常的情色問題，爆發出來，壞了名聲，也壞了事業，一生中便不再有翻身的機會了。

**當太陽化忌居陷在遷移宮時**，表示其人的人生較晦暗是非，你也會出生在落寞或不富裕、窮困之家庭。在性格上較悶、較安靜、話少、平常只跟熟悉的人說話、來往，見到不熟悉的人就不吭聲。性格內向、怕生、扭抳、古怪、多是非，在家或在外面易遭男性斥喝、或嚴苛的對待。有此遷移宮的人，喜歡待在家中，躲在家中、不愛外出、有孤獨之貌，一生中也會較孤獨、黑暗、陰沈。其人容易遭受冤枉、容易有冤獄情形，也容易因環境不佳，身處低下社會而入獄，很難翻身。

**有太陽化忌在遷移宮的人**，其命、財、官三方，都會出現巨門星，表示環境中多與男性和事業上的是非糾紛，同時腦子中以及賺錢方式，所靠糊口的，也全是靠口舌、是非、糾紛來生存的，因此是非麻煩是與你出生時便同在的，以後也一輩子跟著你直到你生命殞落的那一天。你會出生在一個不好的時間，不好的地點與家庭，是要靠你的力量來救贖你周圍的人。倘若你本命較強，是天梁居旺、居廟坐或空宮坐命，在遷移宮中還有一顆天梁星的人，你就能拯救你周圍的人。倘若你是其他的空宮坐命，命格較弱的人，便會孤獨、窮困一生，沒有發展。

**有太陽化忌在遷移宮的人**，命格較弱的人，都有頭腦不清的問題，或糊塗、不精於算計、也會有頭部和心臟的病變、高血壓、心臟、腦部長瘤。更會有眼睛不好。太陽化忌居陷時，有瞎眼之虞。

# 十干化忌

還有其他的古怪的男性病症，如性無能等病。要多注意健康問題。

**有太陽化忌在遷移宮的人**，自幼便會遇到父系方面的問題，例如父親早逝、父親棄出走、離家、分開、病痛，或與父親、兄長感情疏離，人生的光明面會減弱，因此其人在心態上也會較偏激、頑固。太陽星本來就具有霸氣、大男人主義的心態，是具有驕傲氣質的星曜，太陽帶化忌之後，有時候會霸氣的古怪、專挑一些不重要的事耍霸氣，因此讓人感覺其性格古怪。其實多半時候，其人的臉上有茫然的神色，做人也沒有自信心，常發脾氣也是為了掩飾內心的茫然與惶恐，做事常拿不定主意，常覺得自己運氣壞而不敢向外打拚衝鋒。這也是他們為什麼讓人感覺較怠惰的原因。只要有人多鼓勵他，也能讓他們突破內心障礙走出去，在事業上拚一拚的。

十干化忌

## 太陰化忌入遷移宮

**當太陰化忌在遷移宮時**，表示在你的內心中既討厭女人，但又離不開女性，因為你的內心其實也是很柔軟的，你的外型也有陰柔的氣質。

你的本命也是『機月同梁』格，做薪水族、公務員的格局，但是會做得不太順利罷了。

太陰代表女人、錢財、儲蓄、房地產，有太陰化忌在遷移宮時，你會和這些問題都緣份薄，容易和家中女性親人、女性朋友、女同事不合，有口舌是非和爭執、彼此看不順眼、相處不融洽。也會在你出生以後，家中的經濟就有錢財不順的問題。家中的人也會情緒多變的對待你，時好時壞。你自小也比較愛哭、讓母親煩惱。

**有太陰化忌在遷移宮的人**，一生都會錢財的起伏，或有古怪的事情，常會錢不見了，過一陣子又找到了。你也容易遇到老闆發不出薪水的事情。你很喜歡存錢，但總是存不了錢，常常很辛苦的存了一點錢，總是會發生事情，又把錢花掉了。要不然，就是有熟朋友來借走了。這種事周而復始的發生。你與銀行的關係也不太好，也容易在銀行中發生糾紛。你的房地產也常有古怪事情發生，易賣掉、存不住。房子是財庫，房子存不住，故是錢財多破耗。

太陰也代表感情，和對人、對事的敏感度。有太陰化忌時，你的敏感度差、對錢財、對人際關係的敏感度差，或有古怪的敏感度。也容易在感情上多是非、戀愛也容易受阻或失意。在婚姻上容易不婚，或婚姻、戀愛多波折、一生中有多次失戀機會，你的感情模式，要不然就是付出感情不多、較淡薄，要不然就是依然用情

多，但是用情古怪，讓對方感覺不舒服。同樣的，你周圍的環境中的人對你的親密度，也常是怪怪的，讓你心存懷疑和不服的。

**當太陰化忌居旺在遷移宮時**，表示你周圍的環境是有一點錢，但也有錢財是非和麻煩的，可能是有錢捨不得花，或是有房地產，但現金較少、較窮的狀況。你和家人相處時，也會格格不入，心生芥蒂。

**當太陰化忌居陷在遷移宮時**，表示周圍環境是較窮困沒錢，又會因錢財問題發生困難及是非和災禍的。周圍的人對你也較冷淡、較凶、爭執較多。尤其是女人常為難你，和你過不去，一生中你所擁有的房地產常發生問題，多是非或耗財賣掉、存不住。銀行的存款少、錢也存不住。更容易與銀行發生糾紛。你本命中的財是較少的，你本身也不會理財和處理錢財之事。但你的夫妻宮都有一顆天梁星，天梁居旺時，會有好的配偶來協助你的錢財，一生照顧你，讓你無衣食之憂。

## 廉貞化忌入遷移宮

廉貞化忌入遷移宮時，表示你周圍的環境是一片混沌、頭腦不清、是非、災禍多，有官非和男女色情關係混亂、搞不清楚的環境。

廉貞是官星，有廉貞化忌時，也會是智慧低落、胡攪蠻纏、不按正理辦事，也容易落入坑矇拐騙、官司纏身的境界。其人易說謊話、不誠實、積非成是，最後自己也搞不清楚誰是誰非了。

廉貞代表血、血光之災，有廉貞化忌在遷移宮時，代表其人的環境中，本人有開刀、車禍、血液的問題。也代表多醫療糾紛和麻

十干化忌

煩。

有一位遷移宮是廉貞化忌、破軍的年輕女子，曾做了十幾次美容手術，把臉整個改變，換了另一張臉。此人是天相陷落坐命酉宮的人，自幼父母雙雙外遇、爭吵而離婚，又各自婚嫁、家庭破碎，於是把她寄養於親戚家，但親戚隨後又窮困，養不起她又把她轉往多處寄養。成年後靠人維生，她所跟過的男人，幾乎都是剛開始還好，但隨後便經濟困難而分手。在她的環境中始終是破破爛爛、不完美的，而且是爛桃花一堆的形式。雖然目前她的吃穿用度講究名牌，又有人供給花用，但大運不好時也會窮困無錢。實際上由她的遷移宮可看出來，無論她到那裡，都會帶給人破耗、窮困，以及混合著邪淫的色情是非與災禍。反正其人生就是一團亂，自己也搞不清楚自己是誰，懦弱多疑、自私、混水摸魚過日子。別人也不會好

好的對待她，她自己本身也無自尊心和廉恥心，一生起伏，也無工作，像螻蟻一般的生存著。未來也有窮困的日子及生命不長，遇災而亡的命運在等著她。

廉貞是桃花星，是囚星，有廉貞化忌在遷移宮時，就會有不正常的男女關係帶來是非災禍，以及有被困在桃花糾紛之中的問題。

**當遷移宮的廉貞化忌居廟時**，你還會有一些智慧、計謀、奇招去找到有錢的人去搞男女關係而得財。你所遇到的官非是愈熱鬥愈嚴重，倘若安靜下來，就會漸漸平息。

**當遷移宮的廉貞化忌居平陷時**，表示你是因糊塗、愚笨、瞎著眼亂找人來搞男女關係來找錢，有時運氣好、有時運氣差，也可能在桃花事件中遭受傷害或有血光、殺害。你所遇到的官非是停不下來，無法解決的，所以你會逃走躲避，每日生活在恐懼之中。

# 十干化忌

有廉貞化忌在遷移宮時，通常你都是懦弱、不負責任的人，有怪異思想、疑神疑鬼、情緒反覆、陰晴不定，也拿不定主意，腦中混亂、思想不集中，也容易道聽塗説、是非不明。會做下許多的糊塗事，一生就像在迷宮中尋找寶藏和出口一般，始終都在尋找你所希望的最大目標。

## 巨門化忌入遷移宮

當巨門化忌在遷移宮時，你的環境中多是非爭鬥。你周圍環境中的人都是頭腦不清、胡攪蠻纏、喜歡用爭吵、歪曲事實、懷疑、疑神疑鬼、陷害人等的方式在彼此爭鬥、攻奸。你的環境很不好，你自己也是個頭腦不清楚、無法明辨明非，是非曲直不清、會糊塗的跟隨別人一同捲入是非之中攪合的人。因此在你身上或身旁常圍

繞著小人和災禍，躲不掉，也揮之不去。

**當遷移宮的巨門化忌居旺時**，表示你和你周圍的人都口才好，而且可瞎吵瞎鬧的嚇到人，來從中得利。但你人生中的絆腳石和災禍、紛爭都太多，你若有專門的技藝能有固定的收入可維生。但一生難有成就。當你剛生出來時，可能家庭就有巨變，有災禍臨門。此後一生也難以順遂。人生起伏不停，總是在是非、災禍中擺盪。人生不安定，也易徒勞無功。

**當遷移宮的巨門化忌居陷時（在辰、戌宮）**，表示你外在的環境差，你自小易被遺棄或送給別人家養。你也會在極窮、又凶的家庭中長大。你自己會頭腦不清、懦弱、容易被欺負，而無力反抗，一生辛苦渡日，你周圍的人多半是蠻不講理的人，口才不好而瞎胡鬧，你常心情悶，而自憐自艾，中年以後會生活好一點，也必須靠

自己辛勞努力才能好一點，在你周圍環境中多是非糾紛和災禍，一生為救平災禍和坎坷的人生而努力。因此你也不會要求太多，只要有飯吃，有房子住，你就已經覺得是成功了。

## 天機化忌入遷移宮

**當天機化忌入遷移宮時**，表示在你周圍環境中都是一些頭腦古怪、聰明的有問題的人，這些人常給你帶來是非。並且你出外的時候，常感運氣不順，有走走停停或突然停滯了，彷佛鐘錶突然壞了一樣，讓時間停了下來。因此你討厭外出，有些自閉。

**當天機化忌入遷移宮時**，表示你一生在外常有手足之傷災、骨折，也容易多發生車禍，無法避免。你更經常會有神經系統不良症，易抽筋或有萎縮現象，或有肝疾、古怪的肝病、精神性疾病，

如躁鬱症、驚恐莫名、妄想症，常有眼花、齒落的現象，身體中的營養分不容易運輸，有營養缺乏症，或早年衰老現象，亦會經血虧損、身體不好，也會有得帕金森症手腳顫抖的病症。

**當天機化忌入遷移宮時**，你是頭腦不清楚的人，外面的環境糊塗，你就更糊塗，你會隨著環境改變而清醒或糊塗，也易受人影響而清醒或糊塗，因此你是一塊可塑性很高的粘土，被環境中的人東一拳、西一腳的整得不成人形。你也容易遭人討厭、排斥。

**當天機化忌居旺在遷移宮時**，表示你的頭腦偶而清楚，你也偶而會運氣好，但好與壞之間常古怪的變化著，難拿捏得準。常是呆呆的慢半拍，結果又讓人痛斥埋怨、做事老是不知在想什麼，跟不上別人的節拍。因此一生多災。自你出生之時，你家中就已出現變化，會比較窮了，或有家庭問題，或家中發生大事情、大災難，你的父祖、叔輩有問題，因此你受到影響。一生也在這些陰影下過活。

**當天機化忌、擎羊在午宮為遷移宮時**，你終身不順。周圍環境中多是非爭鬥、競爭，只要你去做事，便有許多人為難你。你出去收不到錢，常被人倒債不還，容易遭人攻擊、誣陷，更容易遭小人攻擊、殺害，小人會自做聰明的來讓你致死。例如會製造假車禍意外讓你身亡，以詐取保險金等的事。你在平常也是用腦過多，愛多煩惱、終日惶恐不安，但無法有好的想法與計謀來做好事情，外面環境中的人也對你態度不好，甚至於很惡毒，常無緣無故的引發糾紛和打架、鬥毆之事，你比較懦弱，不敢和他們對打，但心中又氣又鬱悶。

**當天機化忌居陷在丑、未宮為遷移宮時**，你一生在外運氣不好，環境中的人是智慧低落又頭腦不清或是多精神不正常的人。你會在不好的、沒落了、多災難的家庭中出生，你一輩子只做別人的貴人，能幫忙你的卻很少。你有時也是頭腦不清的、自己要跳入是非災禍之中去幫助那些人，因此更陷自己於不利的環境之中，如果遷移宮居陷的天機化忌，還再有左輔、右弼同宮時，是在你周圍環境中還有許多幫手一起來幫你製造更壞的環境和更多的是非，因此你是辛苦忙不完了。同時，你也會更糊塗和是非不明，與這些沒知識、智慧、精神不正常的小人，以及災禍、同流合污，更難於回復正常了。所以你的精神疾病是更為嚴重的。

## 文曲化忌入遷移宮

**當文曲化忌入遷移宮時**，表示你外界環境中的是非口舌多，而且都是講話藝術不佳的問題，常讓人抓到小把柄做文章，和你起衝突。**當文曲化忌居旺入遷移宮時**，你這種現象常發生，但經過解釋，或用人情挽回，別人仍能既往不究，只當你是個冒失鬼。**當文曲化忌居陷在遷移宮時**，你天生不會說話、頭腦不清、辭不達意，甚至口齒不清、口舌是非更多，你不太敢講話，常靜默不語，更惹人疑竇、又起是非。常常你一開口，便得罪人，講話的內容組織能力很差。一句話讓你一講，完全走調，意思也相反了，讓人生氣不已。

**當文曲化忌入遷移宮時**，你周圍環境中會熱鬧的古怪，或突然熱鬧停止了。例如，你常走向一群正高談闊論的同事群中，他們當你走來，便嘎然停止了說笑聲，讓你覺得自己很怪異，有被排擠的感覺。又例如有此格局的人去逛街或夜市，常常你一到場，許多攤

販便收攤了，原來警察來了。你總是和警察同時到場，因此常無法逛街和看街邊攤販所賣的東西。有文曲化忌在遷移宮中時，你的人緣是古怪的、不好的、多是非的。

**當文曲化忌在遷移宮時**，是桃花變色，有桃花糾紛。你也常會一會兒愛，一會兒又不愛，讓對方難堪而離開你，有一位先生是太陽坐命子宮的人，遷移宮中有天梁化科和文曲化忌同宮。他的妻子向我說：『先生要去大陸了，他的桃花多不多，何時會了結。』我說：『妳自己知道他的桃花很多，都是邪桃花，但過一陣子就沒了，他總是乖乖回家。』遷移宮有天梁化科和文曲化忌、祿存在午宮時，是既小氣、保守、又桃花多，都是不正常的男女關係，但天性小氣、不捨得花錢。不用花錢而佔便宜的桃花，他會繼續。要花錢的邪淫桃花，他未必捨得，而且常有桃花糾紛，他也處理不了，只

好回家躲一躲。所以這位太太怕丈夫去大陸包二奶的情形，是不容易發生的。但外遇出軌的機率頻繁，但也不容易和外面的女人長久。

**有文曲化忌在遷移宮時**，表示你及周圍的人，都是才藝古怪或欠缺的人，倘若你正研習一門藝術、繪畫或音樂、舞蹈之類，只要把它當興趣就好了，不必太認真想出名，因為你總會差臨門一腳的實力，在比賽中常無法得名。當文曲化忌居旺時，你也會對藝術、文學類別的科目有興趣，而且精深，但無出名機會。當文曲化忌居陷時，你毫無藝術細胞或根本不感興趣。

**當文曲化忌與破軍同宮或相照於遷移宮時**，包括『紫破、文昌、文曲化忌』、『武曲化祿、破軍、文曲化忌』、『廉破、文曲化忌』等等，一切和破軍同宮的文曲化忌的型式，都是主窮困的格局，同時有水厄之災，並且相伴的有是非災禍發生。

**當文曲化忌和貪狼同宮或相照在遷移宮時**，包括『紫微、貪狼化權、文曲化忌』、『武曲化祿、貪狼化權、文曲化忌、擎羊』、『武曲化祿、貪狼化權、文曲化忌』、『廉貞、貪狼化權、文曲化忌』等形式的遷移宮，都表示其人有糊塗、政事顛倒、頭腦不清的狀況，易有貪污、受處份的事件發生，是非糾纏會很久。

**有文曲化忌居旺在遷移宮時**，表示你自己也可能具有古怪的才藝，而且不走正途、容易不愛讀正經書、喜歡較偏的學問。思考事情也會用另類的思考方式，和常人不一樣的思路來思考。在人生的道路上也會拐著彎、摸索很久、慢找到成功的路，更會不精明，或有古怪的精明，在計較利益的價值觀上也會做出異於常人的觀念做法。但是仍還有機會反敗為勝的。**當文曲化忌居陷在遷移宮時**，表

示你的才華、口才均低落，也不敢表現，在計算利益的價值觀上也很差，會用通俗的觀念來看事情，價值觀也無邏輯性，環境也稍窮一點，稍冷清一些，更會是不熱鬧、略帶孤的環境。

## 文昌化忌入遷移宮

**當文昌化忌在遷移宮時**，表示頭腦有問題，文質的事物都做的怪怪的，有時做的好，有時做不好。思想古怪、愛鑽牛角尖、頑固、專注於自我的邏輯性，其人有時候耳朵軟、愛道聽塗說、自找煩惱，有時候有表現得有理性。前後不一。

**當文昌化忌在遷移宮時**，表示你外在環境中是常有文字、契約上的麻煩，你也會計算利益的方式古怪、邏輯性和別人不一樣。**當文昌化忌居旺在遷移宮時**，你還可能會喜愛拿筆桿、做文書、文職

工作、內在性格有清高的傾向，但是一直會給別人不是很認真的感覺。**當文昌化忌居陷時**，你周圍環境中，是文化知識較低的環境，周圍沒有什麼高學歷的人，你也不喜歡讀書。你自己的形象較粗獷，周圍的人也都是粗線條的人。你的環境較一般人不好，會較窮，或無智慧翻身。

**當文昌化忌在遷移宮時**，都是較雜亂無章法，也不講究整齊的人。**有文昌化忌居陷在遷移宮時**，會環境髒亂，也易住在貧民區或水準不高的地區路段。**文昌化忌居旺在遷移宮時**，倒不一定會住在下層社會之中，有時候也會住在精緻的房子中，但家中也會不整齊、漂亮。

**當文昌化忌在遷移宮時**，表示你和家人的相處是不客氣的、禮貌不足的。**當文昌化忌居陷在遷移宮時**，表示你和家人的關係不好、彼此對待方式較粗里粗氣、家人也和外面的人也不會尊重你。你會常處在一個不文雅、講粗話、又雜亂、混亂、沒規矩、沒禮貌之低層社會的文化環境之中。在你周圍環境中是非口舌多，而且多半是粗心、不禮貌、以及文質事務上出錯而引起的。**當文昌化忌居旺時**，你會想法古怪，但仍具有某些斯文的特質，只是你的人生因掌握不精確、計算利益的方式古怪、或對某一種文藝、學問有特殊喜好，而讓你的人生路走偏了，會繞了一個大彎，才找到適合自己的道路。也容易較慢成功，或無法成功。**當文昌化忌居陷在遷移宮中時**，你周圍的環境不好，因此你自己的內在涵養也欠缺。文化水準較低、計算利益的能力也較差，常失策，也不往上層社會攀爬或努力，較容易停留在農業社會的年代，或低層社會的層次之中，做一個小百姓，而無法成名。

文昌化忌本身不帶有桃花，除非同宮有比它更大的主星帶有桃花，或和文曲同宮才有桃花問題。文昌化忌是有關於長相美麗、氣質雅俗、知識文化、學歷的水準高低的問題。也是有關於頭腦中天生的觀念、思想、邏輯性好壞的問題，更是有關於精明與否，以及計算利益的能力或計算數字的能力（這與邏輯性有關）、文藝、文字的瞭解能力、向外表現的內含能力有問題的意義不一樣。文昌化忌的意義主要是從個人自身內在的、精神面、思想面所發生變化的能力有問題而形成的。

**文昌化忌和破軍同宮在遷移宮時**，你周圍的環境是窮、又有頭腦不清、計算利益的能力有問題的。當文昌化忌居廟、居旺時（在巳、酉、丑、申、子、辰宮），表示你很愛漂亮、自命清高、注意一些奇怪的事，例如外表上瑣碎的事，主要思想結構性的觀念都沒

# 十干化忌

有。你也會徒具文質的外表，但內含很欠缺。

**當文昌化忌居陷在遷移宮時（在寅、午、戌宮）**，表示你周圍環境窮且粗俗、低下，是下層社會的人，你會出身貧寒。一生在文化水準不高的環境中起伏。

**文昌化忌和貪狼同宮在遷移宮時**，表示你周圍的環境是頭腦糊塗、沒思想、沒算計、又喜歡貪心的環境，因此你易貪污及亂搞。你的人生也易讓你窮攪合。當文昌化忌居廟、居旺時，你是表面上看起來精明，但實際上大有問題，是非災禍會拖延一點才爆發出來。當文昌化忌居陷時，你是計算不周、貪相難看、頭腦糊塗也較離譜的，將來所受之處份也會嚴重一些。

**文昌化忌和七殺同宮在遷移宮時**，表示周圍的環境是頭腦不清、精明不佳、計算不周、又愛蠻幹的環境。自然你自己本人也會

具有這種性格，當**廉貞、七殺、文昌化忌、文曲同宮於丑宮在遷移宮時**，你表面看起來很笨，似乎頭腦不清、說話條理及學歷都不算好，但數字觀念很清楚，算錢倒是很精明的。有文昌化忌在遷移宮時，其人要小心會生鼻癌、肺癌、大腸癌及呼吸道、消化系統的病變。以及鐵器、刀傷、車禍喪生等問題。

## 武曲化忌入遷移宮

**當武曲化忌入遷移宮時**，表示你一出生時，家中就有經濟問題了，或是有金錢是非了。通常有此種命格的人，出生就是家道中落現象發生的狀況。

武曲化忌是金錢上的是非、災禍、**當武曲化忌入遷移宮時**，糾紛，和政治上的迫害與鬥爭鬥不贏的問題。

**當武曲化忌居旺、居廟入遷移宮時**（在辰、戌、丑、未、子、午宮），表示環境中仍然有錢，也可賺到錢，但財來財去，常手頭緊，或有錢財上的是非，容易在金錢上遭受損失，或進財不易的狀況。表面上別人也許看不出來有窮相，但實際上內在很緊縮，已捉襟見肘了。而且你們一定出身於中、下等之家庭。

**當武曲化忌居平時**，必與七殺或破軍同宮，為『因財被劫』又帶化忌之格局，會因窮困欠債挺而走險，而做出一些奇怪的事或非法之事，你一生都處在貧困、不吉、辛苦而沒有結果之中。對錢財沒有觀念、或理財能力不好，因此也同樣是刑財和刑福的命格。遷移宮有『武曲化忌、七殺』時，你是天府坐命卯、酉宮的人。遷移宮有『武曲化忌、破軍』時，你是天相坐命巳、亥宮的人。你們會比同樣是天府、天相坐命者窮很多、很多。

**當武曲化忌入遷移宮時**，也要小心遇到兵災、戰禍而有不吉。更要小心車禍嚴重的問題。尤其是再有羊、陀、火、鈴、劫空同宮，再有大運、流年、流月三重逢合，會有傷災、車禍、開刀等事性命不保，有死亡之災。

**當武曲化忌入遷移宮時**，其人在性格上，都是在剛直、堅毅、承諾、持續力出了問題的人。表面上看起來，其人是硬梆梆，頑固、自有主見、講話做事一板一眼，好似不知圓通、講究格調、原則，其實是因本命中有刑財的因素，內心窮而形成凡事與人對抗、不協調、不和諧的表現方式，所以才跟別人格格不入的，而且有武曲化忌在遷移宮的人，一生起伏很大。當武曲化忌居旺、居廟時，你還可能在一生中某段時間和大錢在一起，能賺到大錢。但武曲化忌居平在遷移宮的人，一生較難看到大錢。除非你命格中有『火貪格』、『鈴貪格』等的暴發格，會有意外之財的降臨，否則都不暴發，一生都在窮苦邊緣掙扎。不過有武曲化忌在遷移宮的人，有時也會自命清高，有的錢不想賺，或想賺而賺不到。在錢財上易有糾紛、官非的問題。

## 貪狼化忌入遷移宮

**當貪狼化忌入遷移宮時**，表示你外在的環境保守、人緣關係不順暢。你不太喜歡和人來往，喜歡待在家中。你也會故意和人保持距離，不想太接近、靠近，以免有摩擦。

貪狼是好運星，**有貪狼化忌時，表示好運有了問題，不來、慢到，或是改了方向。**貪狼化忌居旺或居廟時，好運仍然有一些，只是你自己不知道或不想，或沒感覺而錯失良機。當貪狼化忌居陷時，是根本沒好運，只有是非麻煩和惹人討厭、見棄而已。同時這也會形成不同的人生，貪狼化忌居旺時，表示人生在保守的型式中，仍能找到好運發展，但會從另一條路途來發展，不同於一般正常管道發展的人。例如一般人可能上普通的文質學校來進修、一步步的唸大學而工作。而有貪狼化忌居旺在遷移宮的人，就可能讀軍警學校而有不同的出路。

**當貪狼化忌入遷移宮時**，其人會好貪，會貪和別人不一樣的東西。普通人貪的是錢財和利益。而此人貪的是虛名或虛利，或另有古怪、複雜的想法，名利都不要，要清高的、自以為美的東西。

**有貪狼化忌入遷移宮時**，會有古怪的聰明和敏感力。當貪狼化忌居旺時，這些古怪聰明和敏感力，也可能幫助你在人生上有其他方向的發展，有異途顯的人生。當貪狼化忌居陷時，因人緣、機會

都偏向惡劣、負面的發展，因此對人會更不利，會在人生中多遇絆腳石，更坎坷、不順而灰心。

**有貪狼化忌入遷移宮時**，桃花問題會減少，或向古怪的方向發展，因此其人有不易結婚的問題。要抓緊在桃花運強的年份趕快結婚，否則就有不婚的危機了。

**有貪狼化忌入遷移宮時**，因為『殺、破、狼』格局在你命格中的『夫、遷、福』的三合格局之內。這原是在人內在性格、思想上多變化起伏、具有打拚能力的格局，但有貪狼化忌之後，有點阻礙了這個『殺破狼』異動與變化迅速的原動力，因此必須十分小心怠惰的問題，也要小心有災禍發生。

**有貪狼化忌入遷移宮時**，縱然有『武貪格』、『火貪格』、『鈴貪格』等暴發運格，都是不發的。若仍會暴發，則定有災禍相隨。例

如有武曲、貪狼化忌、擎羊在丑宮時，會有因血光、傷災、車禍的問題得到賠償而暴發有大錢財，但自己不一定享受得到，可能死亡或成為植物人。

**有貪狼化忌入遷移宮的人**，要看八字組合，才能定命理吉凶。大多數遷移宮中有貪狼化忌都不好。但是我有一位朋友是紫微坐命午宮，遷移宮是貪狼化忌、祿存在子宮，其人從軍職，上得長官、同事的照顧，在外也得人喜愛，常比我們這些命格中沒有貪狼化忌的人運氣好很多，和同樣有貪狼化忌在遷移宮的人比起來也有天壤之別。大家都喜歡他，願意和他做朋友，因為他的好運太多了，數都數不完，接近他就可沾好運、享享福。其人也為人正派、剛直、單純、心地善良，也願意把好運與人分享。這跟我平常看到的遷移宮有貪狼化忌的人不太一樣，於是研究了一下他的八字，發覺其八

# 十干化忌

字中具有極高的格局，帶財又多，而且清正、高雅，肯定是個人物的命格，目前還年輕，只有三十歲，未來是不可限量的。從軍職已經形成人生上從異途顯達的跡象了。其人聰明、又有上進心，未來成就不同凡響。因此遷移宮有貪狼化忌的人，最好以八字的內含來定禍福。其實，命格中所有的權、祿、科、忌，都是要以八字內含才來定出福禍成就、財祿的高下出來的。

**有貪狼化忌和文昌或文曲同宮在遷移宮時**，必會有糊塗之事遭罷黜、處份或免職。一生中多糊塗而不算順利。

**有貪狼化忌、廉貞、陀羅同宮於亥宮的遷移宮時**，或是陀羅在巳宮相照時，有『風流彩杖』格帶化忌的格局，必因桃花糾紛，不正常的男女關係而遭官非或失敗打擊，而且其人的出生，就是不正常、不合法、淫穢的關係下所誕生出來的人。其人一生也在淫穢環境中成長、生活、受人歧視，也本身行為下賤。

## 第三節　化忌在福德宮對人之影響

**當化忌進入福德宮時**，代表你天生的觀念不佳，會糊塗、頭腦不清楚，想法不同於常人，會曲折、拐彎，會想到一些不合常理的地方去，把別人都想成壞人。假想敵很多，常把親近的人當做假想敵。另一方面，你對剛認識的外人，都存有天真的想法，以為他們較好，結果常吃虧上當。你也容易孤獨，少和人來往，或意志力不堅定，做事不長久，無法邁向成功的道路，一生都是過小市民型態的生活。

**有化忌在福德宮時**，就是限制了其人享福的程度，也限制了人生格局，其人會心思混亂，甚至於有精神病的狀態、愛吵愛鬧，不講理，自己腦中常想一些是非糾纏的事，也會故意招惹是非，以為這樣就能控制別人，但別人未必會聽你的。

**有化忌在福德宮的人**，是做事做不成的人，也常成為無用之人。會沒有成就，無法出名。其人也常捲入是非之中，為自己造成痲煩、困擾。

**有化忌在福德宮的人**，是終身內心不清靜、困擾多，是上天在懲罰他，以其人天生思想觀念的混亂來讓他與這個世界上的人格格不入，而煩惱痛苦的方式，來懲罰他。

**有化忌在福德宮時**，容易不婚或離婚。也容易感情不順利，或是根本看不見周圍有好的對象或情人，也常會挑剔朋友和情人，以

致於無法結婚。或挑剔配偶，也易鬧離婚。尤其有太陽化忌的女性，與有太陰化忌在福德宮的男性、女性，都易不婚或離婚。

**福德宮是『財』的源頭**，有化忌時，便財少、財不順，會較窮，生活不富裕，這完全是由其人腦袋瓜所想的觀念所造成的窮，所以也讓他自己有福享不到，也享不到財福。

## 十干化忌在福德宮的狀況

### 太陽化忌入福德宮

**太陽化忌在福德宮時**，表示你天生的腦袋中就是傻哈哈的，該用大腦的時候你不用，不該那麼細膩的時候，你又用盡心思在琢磨某些事情，自己製造困擾和麻煩。同時也是頭腦不清、糊塗、麻

煩，是非多的人物。

**當太陽化忌在福德宮時**，你天生會和男性有不合、多是非。也容易在男性社會團體中沒有競爭力、受排斥，更會容易沒事業及工作做不久，或很難升官、升職，容易長期做小職員，沒有升等機會。並且，也無法出名及得獎賞。同時，你也對工作賺錢沒太大興趣，因此容易待在家中。或做自家生意的事情，做事沒有原則，高興時會做，不高興時就不做。

**太陽化忌居旺在福德宮時**，表示你在性格上或外表上還表現得開朗、聲勢浩大，會哇里哇拉的表現不滿情緒，但是你天生易多換工作，或不想工作，或想做大事業而做不成，最後品嚐失敗的痛苦。當太陽化忌居旺時，你也可能會在事業上有古怪現象，好像會發達的樣子，卻一直發達不起來。**當太陽化忌居陷時**，你性格很

悶，根本不想做事業，也常不想見人，易躲起來。

**有太陽化忌、天梁、擎羊在福德宮時**，表示你頭腦不清，和長輩關係不好或無緣，或失怙失恃，你出生的時間就不好，因此你也會享不到福和無太大工作能力，母親仍會照顧你衣食，你在外和男性女性都不合，和男性更不合是非多，也易不婚。你自己身體容易有毛病，是遺傳上的毛病，會眼睛不好、心臟不佳，未來也有自殺傾向。

**有太陽化忌、陀羅在福德宮時**，居旺時，表示頭腦不清，擺明著是非很多，糾纏不清，而且頭腦很笨，凡事拖拖拉拉，自己常又大聲小氣的在蠻幹，事情做不好，工作做做停停，也會蠻不在乎。錢財始終算不清楚，易晚婚或不婚。居陷時，性格悶、內心多是非、陰險，但總有報應在自己身上，這是暗地裡是非很多。賺錢的

## 十干化忌

能力更差，容易為財自殺或與石俱焚。

**有『太陽化忌、火星』或『太陽化忌、鈴星』在福德宮時**，會脾氣暴躁，性子急，頭腦不清楚，有精神疾病的徵狀，常容易衝動吵鬧起來，讓旁人沒辦法安撫。這也是一生無法有固定工作，也無法在任何一個地方待長久一點的，甚至在家中都待不住，喜往外跑，又沒什麼正事可做的。

**有『太陽化忌、天空』或『太陽化忌、地劫』在福德宮時**，表示根本無福，也不知如何享福，也不會花錢，易被別騙，容易有精神病，宜在宗教中安身，不知那一天就遇災而亡。一生也無工作能力。福德宮在亥宮時，其人窮得更甚，亦可能殘障，但會為家人父母帶來一些意外之財。

**有太陽化忌在福德宮時**，表示你自幼受父輩影響和遺傳方面的

問題，影響很深。例如父親早逝、遭父親遺棄，或父出走離家、分開、父病痛，或與父兄、手足疏離。有太陽化忌在福德宮的人，是天生命運受到刑剋的人，會一生比別人不順暢，沒有光明面。就連外出曬太陽也易灼傷，或根本不喜歡陽光，易畏光，躲在黑暗處。

## 太陰化忌入福德宮

**當太陰化忌入福德宮時**，這表示在你的命格中天生有一些刑剋，是和錢財、感情、儲蓄、女人、銀行、房地產、薪水，以及母親、妻子、女兒有關的刑剋不合的狀況。

基本上，你會頭腦不清、算帳算不好，理財能力差，支票、信用卡晚繳，所以最好少用支票和信用卡，以防有卡債、用現金較好。

**有太陰化忌在福德宮時**，即使是居旺居廟的，也會有錢財不順及多錢財是非的困擾和麻煩。自然也容易存錢存不住、沒有儲蓄，或和銀行有糾紛。去銀行時易受到不好的待遇，並且信用差，常搞不清楚帳務問題。

**有太陰化忌在福德宮時**，工作易不順利，常起伏、薪水不固定，居旺時，還有時好、有時壞。居陷時，賺錢少，還常賺不到，沒工作。也易房地產留不住。這就表示天生命格中是刑財格局了。你也會和銀行有衝突，不相信銀行，或沒錢存在銀行，或和銀行行員有是非糾紛。

**有太陰化忌在福德宮時**，你會感情不順，想得到的感情得不到，不想得到的常在身邊，因此你會挑東挑西的，不想結婚，或結了又離，你和自己的母親、妻子、女兒無緣，話不投機，你也會有古怪的感情模式，讓家人很頭痛，你易有憂鬱症，嚴重時，會有精神病的狀況。你一生工作不利，錢財少，也無法出名，常有無力感，常有自以為是的浪漫，周圍的人不敢惹你，怕你情緒崩潰難收拾。

## 廉貞化忌在福德宮

**當廉貞化忌入福德宮時**，表示天生頭腦不清、企劃和營謀的能力不佳，會說話語無倫次，組織性、結構性差、廢話多、愛講話，有時連他自己也搞不清自己在講什麼？在工作上易愈搞愈亂，並且常會自做聰明，以為愈搞愈亂就能從中得利，其實是反害自己的。

**有廉貞化忌在福德宮時**，是頭腦糊塗、還愛耍計謀，結果都是一些粗淺的笨計謀，很容易被人發現而反過來整他，會被整得很

慘。

**有廉貞化忌在福德宮時**，天生就會易惹官非、爭鬥，容易打官司，也不易打贏，也容易坐牢，一生不得志，容易吃虧上當，思想古怪、偏激、抑鬱以終。

**有廉貞化忌在福德宮時**，天生有爛桃花相隨，因自己性格古怪，有奇怪的癖好，因此會找上爛桃花。但也會有不婚及同性戀的狀況，同性戀也會是一種爛桃花。

**有廉貞化忌在福德宮時**，容易有血光傷災，亦可能天生有傷殘或需要開刀的病症，如天生的心臟病要開刀，或血液方面的疾病，在出生兒時期要換血才能生存。例如有廉貞化忌、天相、擎羊在福德宮時，是天生具有傷殘現象，要常開刀，也易懦弱，有官非、頭腦不清、易受欺負，也極易遇災而亡。

## 巨門化忌入福德宮

**當巨門化忌入福德宮時**，都是丁年生，命宮中有太陰星的人。表示其人思想詭異、多變、複雜、曲折，容易轉不出來，會鑽牛角尖。天生是非不明，捨棄真理，只愛胡攪蠻纏，愈搞愈亂、愈慘。無法自拔，既煩別人也自己煩亂，無法收拾。

有一位福德宮有巨門化忌居陷的女子來算命，想要挽回未婚夫的心，問說有無良策？這位女子本命是『天機化科、太陰化祿』，是既聰明又美麗的人，在銀行上班。原先腳踏數隻船，後來減少為兩隻船。最後看中新竹科學園區的科技新貴工程師，與之訂婚，和未來的婆婆、小姑都相處得很好。但她仍嫌未婚夫不太浪漫，於是和前男友劈腿，不僅如此，還向未婚夫示威。當然未婚夫就不太願意再繼續了，隔了一個月，此女子忽然得到小道消息，未婚夫的公司中另有女性同事向未婚夫示愛，並且兩人已有互動約會，她非同小可，立即衝往未婚夫工作的地方質問他，並要求復合。非但如此，她還向未來的婆婆、小姑哭訴，說未婚夫和那位同事的不是，也上網到未婚夫工作的公司網站上大罵那位與未婚夫交往的小姐，以及訴說未婚夫的無情，搞得未婚夫的家人與公司都雞犬不寧，來個相應不理！

這位小姐跑來找我說：有無辦法再挽回未婚夫的心？我覺得聽起來真不可思議！除非那位前未婚夫頭腦也壞掉了，才會再回頭吧！

我勸她說：讓大家都冷靜一下，不要再製造混亂了，請她再想想到底現在此刻她非得到未婚夫的原因是什麼？她說：『因為未婚夫

的高薪可以讓她過舒服的日子。想一想，這點很重要！因此不能放棄！』既然如此，為何要搞那麼多事出來呢？她說：『我都已經認錯了嘛！他幹嘛還要跟我計較呢？』

聽到這話，我就知道再多說也沒用，因為頭腦不清楚的人是扯不清的，換做是她條件好，而條件差的對方又劈腿，又嚕嗦，她會不會也甩掉對方呢？

**有巨門化忌在福德宮時**，就表示天生頭腦中是非糾纏有雙倍那麼多。巨門是暗曜，是『隔角煞』，表示是暗地裡、不光明的事情的是非糾纏，故都是醜陋、不正派、鬼計多端、嫉妒、諂媚、陷害、糾纏在腦海中，因此其人思想混亂，每天都想些不好的事，心胸狹窄、不開闊，也容易陷害別人不成而自受其害。有巨門化忌在福德宮時，人生的陰暗面較多，其人內心會常不愉快，常想些別人對自己不好的事，對別人要求多，對自己反省少，也不自重。做錯事都怨別人，胳臂肘往內彎。

**有巨門化忌在福德宮時**，其人頭腦混亂、思想扭曲、眼光也古怪，容易和一些邪門歪道，又常會害他的人在一起來往，真正會勸他、為他好的人，反倒被視為仇敵。一件事的是非曲直也常被扭曲、變形。

**有巨門化忌在福德宮時**，也容易福不全，享不到福，整天勞心勞力，會做一些得不償失的事，或讓人扼腕之事，真正的財與福還是不多的，因此會多勞碌而所得不多，或是多做多錯、把財福耗光。其人本命是『機月同梁』格的人，是薪水族與上班族的財富規格。其人也容易遇災難或官非之事、忙不完，也會工作做不長久，仍會有錢財不順之事。

**有巨門化忌在福德宮時**，其人會內心古怪，也不喜歡被人管或被父母長輩管，同時也不會受到祖先長輩的保佑和照顧。其人會和家人父母感情淡薄，以及和祖先、、長上劃清界限。但其人又愛迷信鬼神以及迷信嬰靈，或信邪教、養小鬼之事。喜歡搞古怪、再來自圓其說。故其人也易遇鬼，或被邪靈附身。流年不利時，易有血光、傷災。其人一生會因自己想太多、做亂而運氣不好，不多想，運氣才會好。

## 天機化忌入福德宮

戊年生的人，會有天機化忌在命盤中，當天機化忌在福德宮時，你仍是頭腦不清的人。天機主聰明，主變化，帶化忌時，就是有是非及災禍的『聰明』了，而且會給你帶來有是非、災禍的『變化』了。

**當天機化忌居旺入福德宮時**，表示天生是具有古怪的聰明，多招是非、麻煩。天生的福氣也有古怪的變化，享福不多。在錢財的源頭上，天生會有一些古怪的變化，這是由於聰明的方向和內容和一般人不一樣的緣故，所以能享受財福的程度也不佳。你仍是『機月同梁』格的人，會做薪水族與上班族，但會做做停停、斷斷續續、不長久，因此會錢財不順。

**有天機化忌居陷在福德宮時**，表示本身智慧不高，但愛耍小聰明，還會惹是非，會做損人不利己之事。其人天生在心態上就有灰色思想，容易把別人和事情想得很壞，難以收拾，故會少和人來往，或自己常煩亂，而胡亂鬧事，頭腦不清，讓人害怕。其人計算能力不好，算帳會算得亂七八糟。凡事沒有規律和邏輯性。也容易保守和愚笨，和懦弱、怕事，惹出是非後，又躲起來。其人也是『機月同梁』格又帶化忌的人，工作會做不久，錢財也會少和有青黃不接的時候。

## 文曲化忌入福德宮

**當文曲化忌入福德宮時**，這是己年生人會碰到的。因『文曲化忌』是時系星帶化忌，因此時效性不長，嚴重性也不大了。當文曲化忌在福德宮出現時，首先要看是否是獨坐的，這表示福德宮是屬於空宮形式，不強，福德宮的解釋只要以文曲化忌來解釋就可以了。倘若福德宮中尚有其他主星和文曲化忌同宮，就要以主星為主，再加上文曲化忌的意義來一同解釋了。其次，還要看文曲化忌的旺、陷才好做吉凶程度的判斷。

例如：**文曲化忌獨坐巳宮居廟為福德宮時**，對宮會有廉貞、貪狼化權相照（財帛宮），這是命宮為『武曲化祿、七殺』坐命卯宮的人。因文曲化忌居廟位，表示其人天生的口才和才華有特殊古怪的偏好與發展。口才犀利，但會說不正經的話或不討人喜歡的話，會讓人又愛又恨的講話方式，其人也會天生有古怪的桃花，會因桃花惹事，也會在言語上惹禍。其人仍然會頭腦不清、易胡言亂語，不利自己。同時其人會想貪一些不合常理及沒用的東西。在財運上仍會曲折、不順，想賺錢也會不得方法而入的。其人的官祿宮又會有『紫破、擎羊』同宮，也易工作常有中斷之時，會做不長久及換工作的狀況。因此即使命宮有化祿，財帛宮有化權，仍是錢財不算多的，只能有衣食溫飽而已。況且福德宮有文曲化忌的人，不論旺弱，皆會有一生無法出名，不得志之狀況。

# 十干化忌

**當文曲化忌居陷在寅、午、戌宮為福德宮時**，表示其人口才笨拙，常招惹是非，也無才華、性情悶，一生有好事都無法趕上親臨盛會。有衰事卻都少不了他。其人本命財少，頭腦更是不清、笨拙、粗俗、話少、性格悶，一生更少好運機會來賺錢，故一生只是胡亂混日子而已。而且人生較孤寂，也不喜歡熱鬧，工作會斷斷續續不長久。

**當文曲化忌居旺在卯、辰、申、酉、亥、子等宮時**，表示桃花古怪或桃花少，口才不佳或有古怪的口才，讓人不喜歡。你也會有古怪的才華，此才華未必會生財，會有古怪的嗜好。仍是頭腦不清，容易惹禍，其人的頭腦的思緒容易形成一段清楚，一段模糊，一下子清楚，又一下子模糊的狀態，好像接收電訊不是很清楚的狀態。因此你要看在什麼時候去跟他講話或討論問題了，在有文曲化

忌的時間，或有羊、陀、火、鈴、劫空的時間去跟他聊天，你就絕對會發現他頭腦不清了，其他的時間還好，仍易不婚或離婚，也易孤獨。

**文曲化忌和文昌在丑宮或未宮同宮為福德宮時**，仍是頭腦不清，會有古怪的桃花，時間也很短暫，感情會沒有結果。

本來文昌、文曲同坐丑宮或未宮為福德宮時，是一種享福的格式為『玉袖天香』格，是好享福吃軟飯、不愛工作，較懶惰和享福格局。但若有文曲化忌時，則會享福也享不完全了，也會享福少了。本來有享福偷懶的才華，此時也會中途遭人破壞，或給你享福的異性中途抽身離開，讓你生活不順利、不富裕。

**庚年的太陰化忌在福德宮，請參考前面『太陰化忌在福德宮』的意思。**

## 文昌化忌入福德宮

**當文昌化忌入福德宮時**，這是辛年生人會碰到的。也因『文昌化忌』是時系星帶化忌，時效性不長，故嚴重性也不算太大，但仍會有計算能力不佳，數學不好，頭腦糊塗，無法做整齊有規律或規則性的規劃處理，不擅於做整理清潔的工作，凡事也不夠精明幹練了。更容易不守時，或錯過時間的問題。

**當文昌化忌居旺入福德宮時**，表示你外貌雖還不錯，但五官並不十分挺立，臉型輪廓不深，也有氣質，但不算最文質的氣質。你也似乎有些文學修養，但正書（教科書、學校要唸的書）不愛唸、喜歡看閒書。所以你會有較閒雜的學問。

你也要小心文字上的錯誤，及契約、開支票方面的不小心所造成的糾紛。

## 十干化忌

**當文昌化忌居陷在寅、午、戌三宮為福德宮時**，表示你的外表和內在同樣粗俗，臉型輪廓不深，也易模糊不清，你的頭腦也是模糊不清、糊塗的。而且根本沒有計算能力，做什麼事都是胡亂應付一下，不會太用心。你也會不愛整潔，凡事都亂七八糟的，還以為別人也跟你一樣。在讀書方面也是根本不愛唸。看書、唸書方面，也是會看錯或扭曲了書中的意思。其人說話方面也會無組織能力，顛三倒四，頭腦不清。容易工作不長久，及有債務問題難以解決。

**當文昌化忌、文曲同在丑宮或未宮為福德宮時**，也是『玉袖天香』格帶化忌的格式。此格式中帶的是文昌化忌，故表示為好享受、懶惰、享福，但頭腦不清、精明不足、計算能力不好，所享到的福沒那麼多和好，故能享受到的衣食錢財也不多。同時也表示有此格局的人，其人本身的長相也並不十分美麗，也無太好的氣質。這表示本身的條件是差的，是次貨，故所依賴維生的異性靠山也不十分牢靠了。

## 武曲化忌入福德宮

**有武曲化忌在福德宮時**，是壬年所生的人會遇到的。這表示有軍事、警察之類的鬥爭，或錢財方面的麻煩。也表示其人的天性中有古怪剛硬的一面，會性格悶、固執、別人很難說服他。

**有武曲化忌在福德宮時**，表示其人本命中就財少，而且會有錢財糾紛和麻煩，尤其當武曲化忌居平，如『武曲化忌、破軍』，或

『武曲化忌、七殺』同宮時，在福德宮中是最窮的命格了。其人本身命中財少，一定會用到別人的錢財，故勢必會欠債，與人爭奪財，或因財被殺致死。這都是本命『因財被劫』又帶化忌的原因。

武曲財星最低的層次，就是居平了，武曲沒有陷落的。武曲化忌居平時，就表示其財祿是比武曲居平更少的，是居於負數的部份了。（居負就是借債了）

**有武曲化忌入福德宮時**，也會頭腦不清、有黑社會，或軍警方面爭鬥的衝突，若做軍人或警察，容易犯紀律、受處分，爭鬥多。如果做黑社會或接觸黑社會，也會招來爭鬥的糾紛。而且這些糾紛也多半和錢財有關。

**當武曲化忌居廟在福德宮時**，其人本命有財，但財祿古怪，或是有財，但不一定花得到。其人的思想也會古怪，故讓其人享不到

太好的財福。或是其人也會出生在財不多的家庭之中，表面看你還比家人有財，能照顧家人，但實際上你也一直是和家人窮困的在生活中掙扎而已。你也可能接收父母留下的房地產，但生活用度仍拮据。

**當武曲化忌、七殺在福德宮時**，表示你天生命中財少，思想糊塗、算帳不清、頑固、辛勞，但也做不出什麼有成就的事出來，錢財問題就會讓你拖累不清了。你一定會欠債而辛苦的．此為『因財被劫』帶化忌的格式，易為財而亡。

**當武曲化忌、破軍在福德宮時**，表示你天生命中財少、糊塗、算不清帳、計算能力不好，而且耗財很凶，你一生也難有成就，會表面上有工作做，但也會欠債，一生都在打平債務之中。此為『因財被劫』帶化忌的格式。易為財而亡。

**當武曲化忌、貪狼在福德宮時**，因武曲化忌居廟，貪狼也居廟，有錢財不順、財少，但運氣還好。可是暴發運不發，無偏財運，故無意外之財。你是天生家境窮、不富裕的人，因此家人還要靠你來支撐或養活。你會有古怪的、糊塗的、計算能力和想法，因此會賺錢辛苦，也會工作斷斷續續，做不長久，要多做事，少計較錢，才會人生順利。

## 貪狼化忌入福德宮

**有貪狼化忌入福德宮時**，是癸年所生之人會遇到的。貪狼是好運星。居旺時有好運、有人緣，但帶化忌，就運氣不太好了。多是非糾纏，或人緣不佳。

**當貪狼化忌居廟在福德宮時**，其人會有古怪的想法及古怪的運氣。其人一生所遇之事也古怪，好事不容易遇到，衰事遇到很多。

而且常常是似乎將遇到好事了，或別人要給你好機會了，但結果又無疾而終、沒有下聞了。

**當貪狼化忌居廟、居旺在福德宮時**，在命理上是『遇而不遇』的命格，表示是當有好運，會發財或出名時，常又發不了財和出不了名，這是天生的有機會，但後繼無力型的命格。其人應該更積極努力的準備充實自己，以求在下一次機會來臨時，有臨門一腳的工夫而抓住機會而成功。但是有此命格的人，大多是後繼無力，失落了又更加無力，根本沒想到再繼續加強自己的實力，因此一而再、再而三的碰到這種『遇而不遇』的機會，形成人生的缺陷和遺憾。

**有貪狼化忌在福德宮的人**，多半人際關係保守或不佳，不太懂得應酬之事，是思想清高，少與別人有瓜葛的人。而且也少桃花、少異性緣，也易不婚、晚婚，結不了婚。其人在思想上有自己的固

執和偏見與喜好，不喜歡和人分享，也覺得別人不會瞭解他。事實上其人也感覺遲鈍，不太瞭解別人的感覺和與人相處的氣氛問題。

**有貪狼化忌在福德宮的人**，常和與自己磁場不一樣的人在一起生活或工作，因此會成為別人嫌棄、數落的對象。其人也喜歡貪一些奇怪的，和大家不一樣的東西。例如普通人貪的是『名』和『利』，而他卻貪的是無名無利的東西，還自以為聰明。

**有貪狼化忌在福德宮**，表示是你頭腦不清，並不代表是祖先的問題，是你先天的貪心貪不到，享福享不到，做事粗略馬虎，做事潦草，也不太負責任。

**有廉貞、貪狼化忌在福德宮的人**，必會有陀羅同宮或相照福德宮，這是『廉貪陀』帶化忌，又稱『風流彩杖』格帶化忌的格局，會平常沒有人緣、惹人厭，但會有邪桃花而身敗名裂。

# 第六章　化忌星在『兄、疾、田』等宮對人之影響

## 第一節　化忌在兄弟宮對人之影響

化忌在閒宮對人之影響，閒宮主要指的是『兄、疾、田』和『父、子、僕』等宮位，因為這些宮位對於人命來說，是具有輔助和傳承結果的宮位，並不會直接衝撞命宮，因此稱為閒宮。

## 十干化忌在兄弟宮的狀況

### 太陽化忌入兄弟宮

**太陽化忌在兄弟宮時**，表示兄弟不和、常有紛爭、感情淡薄，或不來往，兄弟脾氣古怪又壞，思想和觀念都與兄弟不一樣，尤其和你的哥哥不和的狀況更嚴重。不過你和姐妹的感情倒是不受影響。也許和姐妹還很親密呢！你的兄弟在事業上不順利。**太陽化忌居旺時**，表示有些兄弟的事業好，有些兄弟的事業不佳，他們都會有事業起伏不定或工作不長久的問題。

**當太陽化忌居陷在兄弟宮時**，表示你和兄弟非常不和，會有爭鬥或彼此不相往來。兄弟是性格悶、脾氣壞之人。在工作上也無工作或做不長久，成就比你差很多。

## 太陰化忌入兄弟宮

**太陰化忌在兄弟宮時**，表示你和家中姐妹不和，常有爭執、是非口舌。太陰化忌居旺時，兄弟姐妹間的感情古怪，會淡薄或某些和你親密有些疏遠不和，兄弟姐妹中仍有經濟狀況好的，但定會有財窮之人。而且兄弟姐妹會常因錢財問題起衝突。其中你和兄弟的感情有不受影響。**當太陰化忌居陷在兄弟宮時**，表示兄弟姐妹都窮，而且感情淡薄、多是非，會為財起糾紛，甚至不相往來。其中以姐妹的問題最大。並且兄弟姐妹是薪水族的人，又常有工作不穩定的狀況。

## 廉貞化忌入兄弟宮

**廉貞化忌在兄弟宮**，表示兄弟不能溝通、瞭解。兄弟中有殘障者，或有心智不全、智力低，或精神有問題的人。還可能是兄弟間是非爭鬥多、官非不斷。無論如何，你的兄弟在身體上、精神上都會有些問題，會使你煩惱傷神，帶給你痛苦。當廉貞化忌居廟時，表示你的兄弟有腦子、陰謀鬼怪，要和你爭強鬥狠有官非之事。當化忌居平或居陷時，表示兄弟是沒腦子又想和你鬥、常找你麻煩的人。

**有廉貞化忌、天相在兄弟宮，再有擎羊同宮或相照的人**，兄弟是懦弱、傷殘之人，一生和你糾纏到底，無法和睦相處，他也會成為你的負擔。

## 十干化忌

**有廉貞化忌、七殺在兄弟宮的人**，兄弟是頭腦不清、爭強鬥狠之人，也可能在黑道生存，你惹不起他。亦可能有傷殘之兄弟對你刑剋不斷。

**有廉貞化忌、貪狼在兄弟宮**，表示兄弟間常爭吵、打架鬧事不完，兄弟是行為不檢、品行不佳、常鬧官非的人，也會和你有官司問題。

**有廉貞化忌、天府、陀羅在兄弟宮的人**，表示兄弟是頭腦笨、不清楚、智慧低落，但疑神疑鬼的人，他還可能自己有一點小財，會跟你來往或你同住，但常和你有口角是非，也會和你打官司之人。兄弟的身體上也會有些缺陷。

## 巨門化忌入兄弟宮

**當巨門化忌在兄弟宮時**，兄弟是頭腦不清、常胡鬧，和你扯不清、容易有是非爭鬥不合，一輩子和你吵不清楚的人。巨門化忌居旺時，兄弟間還會有的吵、會見面。巨門化忌居陷時，兄弟有仇不見面。巨門化忌居旺帶羊、陀、火、鈴同宮時，也會不見面。

**當巨門化忌在兄弟宮時**，表示兄弟的是非災禍多，也常給你帶來是非災禍，使你一生很痛苦。而且你都吵不過他。

## 天機化忌入兄弟宮

**當天機化忌入兄弟宮時**，表示兄弟姐妹是聰明古怪的人，而且情緒不穩定、暴躁或愛理不理，或常花腦筋想一些古怪的是非來整人。你和兄弟姐妹的感情不佳，也不想搭理他。長大後會不太來往。當天機化忌居旺時，你的兄弟還聰明，但易挑起是非爭端、愛找麻煩。當天機化忌居陷時，你的兄弟是自做小聰明、不負責任、成就差、專門搞壞搗蛋之輩，讓你深惡痛絕、拒絕往來。

## 文曲化忌入兄弟宮

當文曲化忌在兄弟宮時，家中的兄弟姐妹口舌是非多，而且兄弟姐妹的才藝不好、才華也不好，不夠出眾。且會因才藝之事彼此有嫌隙。

**有文曲化忌居旺在兄弟宮時**，表示兄弟姐妹會做較古怪的行業來賺錢、生活還過得去。文曲化忌居陷在兄弟宮時，兄弟姐妹們較窮，會需要你援助。他們也會人際關係較差，或少與人來往，而需要你的關心。

## 文昌化忌入兄弟宮

當文昌化忌入兄弟宮時，家中的兄弟頭腦不清、計算能力不好、知識文準會較降低。文昌化忌陷落時，會無知識、愚笨，也長相醜、氣質粗。

文昌化忌居旺時，兄弟姐妹們的長相仍會美麗，但頭腦不清、氣質普通，做文職的人不發達，做武職的人較好。你與兄弟間有支

票、契約、文書往來要小心，以防有被利用或錢財不清之事。

## 武曲化忌入兄弟宮

當武曲化忌入兄弟宮時，表示兄弟較窮困、有經濟上的煩惱是非、兄弟和你的感情不佳、是頑強之人。你和兄弟間會常有金錢上的糾紛。兄弟做軍警職的人，對你來說較好、較少跟你借錢，也會聚少離多與你關係稍好，否則會冷淡、不來往。兄弟宮有武曲化忌、七殺的人，兄弟很凶，常爭鬥、打架不完。有武曲化忌、破軍在兄弟宮的人，兄弟耗財凶，常為錢財和你有糾紛。有武曲化忌、貪狼在兄弟宮的人，兄弟在錢財上不順，但常有好運，亦能得財，但他與你不親，相見冷淡。

## 貪狼化忌入兄弟宮

當貪狼化忌入兄弟宮時，表示你家中有不婚或晚婚的兄弟姐妹和你最不合，其他的兄弟姐妹也和你冷淡。你不太和他們來往。他們也會較孤獨保守、人緣不佳、生活很自閉。你和兄弟姐妹一來往就多是非，因此也不想常見面或來往。

## 第二節　化忌在疾厄宮對人之影響

化忌在疾厄宮中都代表其人本身的健康狀況不好，先天性因素不佳，有遺傳性疾病或遺傳性體質，有導致怪病、絕症、癌症發生的可能。因此凡有化忌在疾厄宮的人，都要常做健康檢查，以預防疾病發生。

## 十種化忌代表十種不同部位的病症

### 太陽化忌在疾厄宮

太陽化忌在疾厄宮時，身體不好，要小心頭部長瘤或高血壓、腦溢血症，也要小心眼目之疾，有瞎眼之災。尤其太陽化忌居陷在疾厄宮的人，更易失明和生癌症，如大腸癌等。男子會有陽痿、不孕之症。女子會有陰陽不調合之症，及不孕之症。你突然生病的時間容易在晚上。

## 太陰化忌在疾厄宮

太陰化忌在疾厄宮時，身體不好，要小心生殖器官之病症，易生肝癌、乳癌、子宮癌、卵巢癌、前列腺癌，或把子宮、卵巢開刀拿掉，或有陰虧陽萎、不孕之症，也要小心腎臟、膀胱、淋巴腺、經水不調等病症。

你突然生病的時間容易在晚上或月缺之時，女子定有月經不順之問題。太陰化忌在疾厄宮的女子，定有血氣不通、貧血之症，容易經痛、頭痛、精神不集中、萎靡之貌。太陰化忌居陷時更甚。

## 廉貞化忌在疾厄宮

廉貞化忌在疾厄宮時，表示身體中血液有問題，不是血濃度太

濃，就是血濃度太淡。或是自出生時就需換血，血型不合。你一生有多次血光之災、開刀或車禍受傷，有『廉殺羊』或『廉殺陀』在疾厄宮或『父、疾』相照的宮位時，表示你與祖上有刑剋，不易養活，或有先天性心臟病、血癌或其他嚴重之疾病，帶病延年治不好，也容易早夭，或在手術時死亡。

有廉貞化忌在疾厄宮的人，表示天生的生命力不強、易惹是非身亡，或生怪病身亡。要小心不要到是非之地，易染疾或在爭鬥中受傷死亡。有廉貞化忌在疾厄宮的人，也易染性病、梅毒之類病症，無法治好。

## 巨門化忌在疾厄宮

當巨門化忌在疾厄宮時，表示身體不好、麻煩事多，易生心臟病、腎臟病、水道系統的病、消化系統的病、循環、排泄系統的病，與新陳代謝方面的病症，而且全部都是麻煩、不好治的病症。這也是你先天資源不足，與祖上有刑剋，天生帶來之病。要小心癌症和怪病，會拖很久糾纏不去，會有令人厭世的念頭。

## 天機化忌在疾厄宮

當天機化忌入疾厄宮時，是肝膽方面的毛病，以及四肢上的問題、神經系統方面的問題等等。通常容易有任、督二脈不通所造成的疼痛問題。當天機化忌居旺時，你是偶而不舒服、有病痛，當天機化忌居陷時，你是長期在病痛之中，而且會愈來愈壞。

有天機化忌在疾厄宮時，有四肢萎縮及行動不便、筋骨酸痛的問題。尤其在腿部較弱，末稍神經不良、血液不通順等問題。也易有骨癌、肝癌、膽臟、胰臟癌的問題，宜早檢查預防。

## 文曲化忌在疾厄宮

有文曲化忌在疾厄宮時，會下半身寒冷、腎臟、膀胱、生殖系統有毛病，也易感冒、及有循環系統、淋巴、血液方面運行不良的問題。當文曲化忌、文昌同在丑、未宮時，要小心房事問題所造成之病症，亦會有不孕之症。

當文曲化忌在疾厄宮時，要看同宮的其他主星為何，以定疾病的形態和嚴重性。其人的身體表面上看來並無大礙，但容易糾纏不去的仍然是文曲化忌的這些病症。並且也會長期拖很久下來，亦能轉變成癌症。有文曲化忌、破軍在疾厄宮的人，是先天身體健康資源較窮、較弱之人，要小心突發之流行病即能奪去性命，宜多保養。

## 文昌化忌在疾厄宮

當文昌化忌入疾厄宮時，表示在健康問題上主要是大腸問題較嚴重。其他尚有呼吸道、肺部、支氣管發炎等問題。也要小心傷災、車禍較嚴重的問題。

有文昌化忌在疾厄宮的人，要注意同宮的主星尚有那些星，會代表那些病症，要一同斟酌來斷定。有文昌化忌居旺的人，會有生大腸癌的可能，但仍可能醫治，較容易早期發現。而文昌化忌居陷在疾厄宮的人，往往在後期發現，或已擴散至別處去了，醫治較困難。

有文昌化忌、破軍在疾厄宮的人，表示先天性身體質源較窮、較弱，會有許多病纏身，要特別小心。

## 武曲化忌在疾厄宮

當武曲化忌在疾厄宮時，易常感冒、或有氣管、肺部、呼吸道之疾病，易有氣喘等病。也會有大腸之疾病、脹氣等問題。要小心肺癌或腸癌等不治之症。肝腎也不佳，也要小心。易有車禍、傷災、血光之禍、開刀等事。『武曲化忌、陀羅』在疾厄宮時，是開刀、車禍最嚴重的格局，此外『武曲化忌、七殺』、以及『武曲化忌、破軍』都會是開刀、車禍會致命的格局，開刀時，一定要選好日子才行。

## 貪狼化忌在疾厄宮

當貪狼化忌在疾厄宮時，易生肝膽之疾、手足四肢傷災、神經系統不良、疼痛，以及性無能症。更要小心經脈不通、以及神經瘤等問題，腳部、足部、腿部的問題，腎虧等問題。

有貪狼化忌在疾厄宮時，表示你們家自祖先開始容易單傳、子孫少、兒子少、生子不易。所以有貪狼化忌在疾厄宮之男子容易有精蟲少、不孕及性無能的問題。女子有此疾厄宮時，也易不孕。

## 第三節　化忌在田宅宮對人之影響

化忌在田宅宮對人的影響包括很多，例如房地產有糾紛、存不住，財庫有麻煩、也存不住。家中人常多糾紛、是非、爭執、不和樂。有家宅不寧的現象。你也會不喜歡回家及不喜歡擁有房地產。你更容易住在雜亂、多紛爭、或常在改建房屋、修路，使你生活不便的地方，或有噪音、環境不良等干擾，常使你頭痛的地方。有時候你想躲避、常想搬家，但搬至新的地方，又有不同的問題，仍會干擾你，你這輩子是不能安靜了。你家中的人也可能會保守、或不與人來往，或古怪，家人彼此不關心，或關心太過而造成是非。

# 十干化忌在田宅宮的狀況

## 太陽化忌入田宅宮

當太陽化忌在田宅時，表示你與家中的男人、當權派不合，與父親不合，父親也容易在事業上出問題。當太陽化忌居陷時，你與父親不合，甚至父親易早逝。倘若不住在一起較好，較影響少。你容易和父親，或丈夫、兒子起糾紛或冷淡、少來往。你也會在家中無地位。家中人的性格不開朗。當太陽化忌居旺時，有時你的家人對外人較好，對自己人不好。當太陽化忌居陷時，表示家中男性事業不佳、地位低落、但多暗中是非或搞怪，或性格太悶、不講親情。

**在你所擁有的房地產方面**，當太陽居旺時，表示你會擁有家產

中的房地產有時還不少，但多是非，不一定拿得到。至少要很晚才有，而且易賣掉，你的家中還是有一點資產的人，你本身住的房子還蠻大的，但常有是非。當太陽化忌居陷時，表示你的家中較窮、是非多、又沒有祖產，就連自己買，也會是非多，無法留存，會暗潮凶湧，使你失去對房地產之興趣。

## 太陰化忌入田宅宮

當太陰化忌在田宅宮時，家中麻煩的就是女性。家中也會有財務危機。你的房地產也不容易留得住。

太陰星本來就是田宅主。有太陰化忌時，表示田宅主自己古怪，當然就不利於增多或持續擁有了。

**當太陰化忌居旺在田宅宮時**，表示還是有房地產的，但是你所

擁有的房地產多是非，而且多半是女人的是非。常有人找你房子的麻煩，或者是房子的貸款有問題。就連出租房子給別人，也會遇到有糾紛的房客。當然你去向別人租房子，也容易遇到不好的房東。這時候，你最好找男房客或男房東較不會有問題。

**當太陰化忌居陷在田宅宮時**，你沒有房地產，家裡也比較窮，家中經濟常發生困難，而且家中定有窮命的女性在當家主事。因此也存不了錢，就算買了房子，也會被房貸壓得得透不過氣來。更會常因錢財窘困的關係，最先想到的，就是賣房子，是故，房地產是根本留不住的。

凡是有太陰在田宅宮的人，不管有沒有化忌，以及命宮有太陰的人，都喜歡買房子，而且以擁有房地產為人生第一目標。因此當田宅宮不好時，就會格外痛苦了。

有太陰化忌在田宅宮的女子、要小心子宮、卵巢有病、癌症或長瘤或其他特殊的病症，也容易切除子宮，而無法生育。

## 廉貞化忌入田宅宮

**當廉貞化忌在田宅宮時**，表示你的房地產留不住，也表示你的財庫常有官非不斷、爭鬥傾軋、一塌糊塗。你也會與不動產無緣，家中之人是非早暗中把不動產賣掉了，等你發現時，再來爭吵打官司、糾紛不斷。

**當廉貞化忌在田宅宮時**，表示你家中的人，是頭腦混亂、不講理、糊塗，或有亂七八糟的男女關係相糾葛不清現象的人，或家中有受到強暴與施暴的人。你一生會為這些不正常的桃花問題而破財、存不住錢。而且家中易發生血光之災、鬥毆或爭執。更容易家

中發生火災、爆炸。電線走火等和火有關的災禍。

**當廉貞化忌在田宅宮的人為女性時**，要小心子宮及生殖系統出血過多，或要開刀有血光之災，容易有長瘤、內膜異位、子宮外孕，或長葡萄胎等問題需要開刀治療。也容易有血崩等危險。更可能會拿掉、切除子宮或乳房。

**當廉貞化忌在田宅宮時**，你的居家環境十分差。你容易住在外表雜亂不堪的紅色建築之中。也容易住在菜市場邊或風月場所的旁邊，或是陰廟、墓地旁，易受陰鬼騷擾之環境。

## 巨門化忌入田宅宮

**當巨門化忌在田宅宮時**，表示你可能會擁有房地產的機會，但會有許多糾紛不斷，會進進出出，最後會失去或賣掉。

**當巨門化忌在田宅宮時**，表示你家人中爭鬥厲害、口舌是非多、頭腦不清、不團結、相互攻奸不停息，根本沒辦法好好過日子。你自己也很頭痛，常不想回家。

**當巨門化忌在田宅宮時**，你偶而擁有房地產，或買房地產，就從擁有房地產的那天起就是非不斷、吵到房地產被賣掉為止。只要你手上沒有房地產便能安靜過日子了。因此，你想要房子，就要能忍受吵鬧、是非。

**當女子有巨門化忌在田宅宮時**，表示子宮有問題，生子不易。會有經水不順、子宮發育不良或有其他的怪病，也易失去子宮，有血光開刀之災。

**當巨門化忌在田宅宮時**，表示你所住的房子容易遭法院拍賣，尤其巨門化忌陷落時更驗。也表示你容易住有多重糾紛的房子裡。

你更容易住在有陰鬼糾纏的房子裡。也容易住在墳墓旁及雜亂、噪音大、環境複雜，或有黑道、角頭常紛爭火拼的地方。

## 天機化忌入田宅宮

**當天機化忌在田宅宮時**，表示你的房地產常保不住，家宅容易失去，家中常經濟不穩定，有大起大落的狀況。當天機化忌居平或居陷時，沒有固定住所宅院、生活較動盪或不想買房地產。你的經濟上常不穩定，根本留不住錢、沒有存款。

**當天機化忌在田宅宮時**，你家中的人，都是頭腦怪怪、有小聰明，但思想不周全的人。也會是運氣起伏不定、容易遇災，或成就起伏變化大的人，亦會是因是非災禍發生而感情不和睦的人。

**當女子有天機化忌在田宅宮時**，表示子宮有問題、生子不易，有經期不順、經血不調，或有子宮內膜纖維化等，或有卵巢、輸卵管有問題，好好壞壞，易有開刀之災。

**當天機化忌在田宅宮時**，表示你所住的房子常壞或漏，你要搬家不停，無法擁有自己的房子。你也容易住在多樹木的地方，或鐵道旁，或開設機車行、機器工廠旁，很吵雜，會讓你心神不寧的地方。

## 文曲化忌入田宅宮

**當文曲化忌在田宅宮時**，表示你的房地產無法增多，或增多的古怪，有是非口舌，容易耗財或易失去，你的財庫有耗財現象，留存不多。你本人也容易在地面不平、有凹洞的房子，或附近有水池、水坑、小河及水溝明顯的房子，或者是安靜的出奇，或熱鬧、

吵雜的出奇之地方。你家中的人也會是才華古怪、有特殊癖好，喜用口舌是非來傳達消息，或常講不好聽的話的人。當文曲化忌居陷時，家人很靜、不愛講話、也無才藝和癖好，只是不和。

**當文曲化忌在田宅宮之女子**，要小心子宮經血不調、或經期混亂、或血液不暢通，常下腹寒冷而無法生育，或有子宮病變。

## 文昌化忌入田宅宮

**當文昌化忌在田宅宮時**，表示你的房地產常出問題，會有契約上的是非產生，也容易失去。文昌化忌居旺的，你所住的房子是美麗、但古怪的，和常人不一樣的。當文昌化忌居平陷時，你所住的房子是雜亂、醜陋、不好看的。你們都是在計算錢財利益上有不會理財現象的人。你們家中的人，也是不夠精明之人。當文昌化忌居旺時，你的家人是還有氣質，但計算能力、價值觀有問題之人，不是太清高、不會理財，就是賺錢本領不太好。當文昌化忌居陷時，你的家人是氣質粗、不斯文、文化水準低、頭腦不清、生活水準也不高的人，比較窮。

**有文昌化忌在田宅宮的女子**，要小心子宮有問題，是氣管弱、氣喘、大腸有病而連帶子宮弱，無法生育，或要開刀才能生育子女。

## 武曲化忌入田宅宮

**當武曲化忌在田宅宮時**，表示你的房地產常因錢財糾紛而留不住。當武曲化忌居廟、居旺時，你還有房地產，但常有財務不繼或貸款發生問題、欠債等煩惱，也容易失去。**當武曲化忌居平時**，會較窮，又有財務煩惱，根本無法有房地產。你的財庫有破洞和是非麻煩、糾結不清。當武曲化忌居旺時，你的家人會是性格剛直、頭腦不清、不會理財而有金錢是非吵不完的人。而且你會住在值錢但糾紛多的房子裡。當武曲化忌居平時，必和七殺或破軍同宮，你的家人全是性格粗暴、又窮、又凶悍、金錢是非多、爭財、劫財、耗財很凶的人，你根本無法應付。你也會住在較窮、較雜亂、較危險、較破財的地方和房子裡。

**女子的田宅宮有武曲化忌時**，表示其子宮易遭開刀狀況，可能會切除，或因傷災、病災而失去功能。

## 貪狼化忌入田宅宮

**當貪狼化忌在田宅宮時**，表示你和房地產無緣份，或因是非糾

紛太多，而讓你失去興趣而主動放棄。亦表示你的財庫常和錢離得很遠，錢財無法入庫。亦表示你家中的人，彼此心存芥蒂、彼此不關心，相互有是非爭執，形成陌路。更表示你易離群索居、獨居，或住在是非多的酒館、廟宇附近，或樹林多的所在，而不喜與人接近。

**當女子的田宅宮有貪狼化忌時**，表示子宮有問題，生育子女較困難，會因子宮的神經系統的問題，或肝、膽、腎的毛病，延伸到子宮有問題，也會因新陳代謝的問題，或內分泌失調的問題而不孕。

法雲居士⊙著

在每一個人的生命歷程中，都會有能掌握一些事情的力量，和對某些事情能圓融處理。又有某些事情是使你頭痛或阻礙你、磕絆你的痛腳。這些問題全來自於出生年份所形成的化權、化祿、化科、化忌的四化的影響。

『權、祿、科』是對人有利的，能促進人生進步、和諧、是能創造富貴的格局。『權、祿、科』的配置好壞就是能決定人生加分、減分的重要關鍵所在。

這是一套七本書的套書，其餘是『羊陀火鈴』、『化忌、劫空『昌曲左右』、『殺破狼』、『府相同梁』。

這套書是法雲居士對學習紫微斗數者常忽略或弄不清星曜特質，常對自己的命格有過高的期望或過於看輕的解釋，這兩種現象都是不好的算命方式。因此，以這套書來提供大家參考與印證。

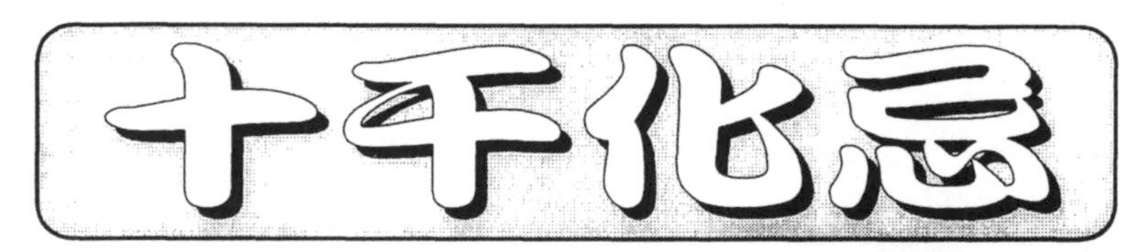


法雲居士⊙著

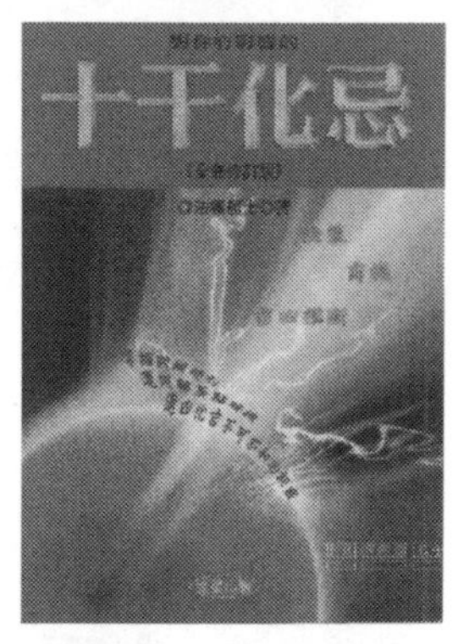


『權祿科忌』是一種對人生的規格與約制，十種年干形成十種不同的、對人命的規格化，以出生年份所形成的四化，其實就已規格化了人生富貴與成就高低的格局。

『權祿科』是決定人生加分的重要關鍵，
『化忌』是決定人生減分的重要關鍵，
加分與減分相互消長，形成了人世間各個不同的人生格局。『化忌』也會是你人生命運的痛腳及力猶未逮之處。

這是一部套書，其餘是『羊陀火鈴』、『**權祿科**』、『天空、地劫』、『昌曲左右』、『殺破狼』、『府相同梁』。

這套書是法雲居士對學習紫微斗數者常忽略或弄不清星曜特質，常對自己的命格有過高的期望或過於看輕的解釋，這兩種現象都是不好的算命方式。因此，以這套書來提供大家參考與印證。

# 第七章　化忌星在『父、子、僕』等宮對人之影響

## 第一節　化忌在父母宮對人之影響

當化忌進入父母宮時，你與父母的關係淡薄、古怪，或有是非，價值觀、處世觀會不一樣，也會因為你們人格特質不一樣而彼此看不順眼。父母和你之間是絕對有代溝存在的。你與長輩型的人，或上司、主管，都會有思想不能溝通，常易起糾紛和口舌是非，而對你不利。

父母宮是傳承意味濃厚的宮位，父母宮有化忌時，也表示你的遺傳因子不太好，你在身體上也會有家族性遺傳病症，以及性格上遺傳之缺陷。並且也影響你在承受父母遺產方面是有問題的。父母可能窮或能力不強，或運氣不好，不會有較多的遺產給你，也可能根本無遺留之物給你，更容易遺留債務給你。

當父母宮有化忌時，你的父母可能事業上會發生問題，或是非災禍，而運氣不順，你和父母緣薄，容易把你送人收養，或對你採取打罵教育，讓你享受不到家庭溫暖。因此父母宮有化忌的人，就是與父母緣薄之人，宜早離家獨立較好。

## 十干化忌在父母宮代表十種你與父母相處不合之模式

### 太陽化忌入父母宮

**當太陽化忌在父母宮時**，表示你與父親不合，但與母親尚好，除非母親也站在父親那一邊，或母親敬畏父親、不敢表達態度，也對你不好。

**當太陽化忌在父母宮時**，表示父親的事業有問題。當太陽化忌居陷時，父親沒有事業，或失業，或根本不工作，也會父親早逝，或離家，或父母離婚，父親離開，還會有未婚生子、父不詳的狀況，也會有精神疾病之父親。

**當太陽化忌居旺在父母宮時**，父親還會活著，也還會管你、照顧你，只是和你不合，意見難溝通，或看不順眼，反對你的一些事情。當太陽化忌居陷時，父親與你離的遠，或根本不顯現，不聯絡，也根本看不見你。

**當太陽化忌在父母宮時**，你和男性長輩、上司的關係都不好，且多是非。因此升官不易，人生容易暗淡無光。自幼長輩對你的照顧也不足，一切靠自己來成長茁壯，做人十分辛苦。而且總覺得人生有欠缺，家庭生活中易缺乏父愛，較不溫暖，也易成為孤兒。並且也會遺傳因子不健全，身體容易有疾病，要小心癌症、心臟病、腦部疾病與大腸癌等症。有太陽化忌在父母宮的人，也容易受父親暴力傷害。

## 太陰化忌入父母宮

**當太陰化忌在父母宮時**，表示你和母親不合，與父親還好。亦

表示父母對你的感情很古怪，當太陰化忌居旺時，父母對你看起來不錯，但他們對你的好，是讓你難以接受的，會讓你不愉快的。當太陰化忌居陷時，父母對你是感情淡薄、又愛挑剔、毫無柔情可言的，會讓你的心靈受創傷的。

**當太陰化忌居旺在父母宮時**，表示父母是薪水族或公務員，財力還不錯，但會有錢財上的是非麻煩，也常有錢財不順的問題。當太陰化忌居陷在父母宮時，父母較窮，有嚴重的債務問題。而且家庭十分不和睦。你和長輩、上司的關係都不好，你也容易到較窮的公司上班，因為你的上司、老闆也容易發生財務危機較窮，因此你的前途是堪憂的。你也容易在身體上發生毛病，常感冒或肝腎不好，以及生殖系統較弱，亦會有生癌症的可能。

## 廉貞化忌入父母宮

**當廉貞化忌在父母宮時**，父母對你不好、常打你、罵你，對你很嚴刻。你的父母可能會犯官司，或做非法事情，會入獄或遭受通緝。亦會有與黑道牽扯的父母，不太正派。你的父母頭腦不清、智慧有問題，也可能有精神疾病。

你的父母肯定在事業上有是非或無工作能力，這也會牽連到你。你的身體也會受父母之遺傳有一些怪病，和血液有關的病，易生癌症，或有開刀之苦。自幼你的家境會不好，每日生活在惶恐和沒有希望之中。因為你的父母容易是作奸犯科之人，生活不穩定之故。你長大後也可能不會和父母來往。

## 巨門化忌入父母宮

**當巨門化忌在父母宮時**，你與父母緣薄，有可能自小將你送給別人養，或是你自小遭遺棄。倘若你仍與父母同住，你們之間的關係也很惡劣，父母總是帶給你麻煩、糾紛，或做一些不合理的嚴格要求、虐待你。父母是頭腦不清楚的人，或是精神病患者，會亂說話，或父母感情很壞，父親與母親間的爭鬥吵架、打架很多、家庭像戰場一樣。你躲的很快，人也會孤獨。

**當父母宮有巨門化忌居陷時**，容易自幼喪父，或年輕即離家獨立。父母也有離婚的可能，而導致家庭破碎，使你無家可歸。未來在你的生長過程中或工作環境裡，長輩、上司、主管都會對你較嚴刻，你也容易不服管教、不想和上司、主管、老闆一起工作。你承受父母的遺傳因子也會不好，要小心身體的病痛、有生癌症的可能。

## 天機化忌入父母宮

**當天機化忌在父母宮時**，你與父母緣薄，你與父母感情變化多端，常有突發事件的衝突。你的父母會因運氣的突然改變而牽怒於你。當天機化忌居旺在父母宮時，你的父母還算是聰明的人。但思想和情緒古怪，常愛亂發脾氣、心情變化大。也會運用奇怪的聰明來和你作對、找碴。當天機化忌居陷在父母宮時，表示父母能力差、聰明也差，常為無理取鬧之人，本身無工作能力、頭腦又糊塗、知識水準都差，只是不斷拖累你，找你麻煩而已。你與長輩、上司、老闆的感情很差，你根本看不起老闆、上司。你亦容易在幼年父母早亡。你亦會本身在身體上有神經系統的怪病及癌症。

## 文曲化忌入父母宮

**當文曲化忌在父母宮時**，表示父母在口才上有問題，在人緣上是非多，一種是很靜的不愛講話（文曲化忌居陷），一種是會講犀利的話（文曲化忌居旺），兩種都很讓人受不了。

**當父母宮有文曲化忌時**，父母的人緣關係有了問題，也不夠精明。雖然你和父母的關係會有磨擦、不合，但不會像有其他化忌在父母宮時刑剋那麼重。

**當文曲化忌在父母宮時**，父母之間也會多衝突，或父母有外遇、桃花之類的糾紛。並且，你與老闆和上司之間會多是非口舌，也易有桃花糾紛或婚外情。因父母宮會相照疾厄宮，亦要小心有下

半身寒冷，以及生殖系統生癌症的問題。

## 文昌化忌入父母宮

**當文昌化忌在父母宮時**，表示父母在思想上、觀念上和你不一樣，價值觀也會和你不一樣。你的父母在外表氣質上不太好。當文昌化忌居旺時，你的父母仍會有氣質，和有文化水準，理財能力不佳或價值觀和你不一樣，或有奇言妙語會和你衝突，頭腦不清楚常出錯的問題。

**當文昌化忌居陷在父母宮時**，你父母知識水準不高，氣質較粗魯、智慧不佳、會糊塗、不能幹、不精明、工作能力和賺錢能力都不好，很可能是做粗工或武職出身的人，你的家世也不太好。

**當文昌化忌在父母宮時**，你會和父母有摩擦衝突，但不嚴重。

也許你的知識層面較高，只要在文書和計算利益上協助他們就能化解心結，和你同心同德了。

**有文昌化忌在父母宮時**，你所遇到的老闆或上司也都會有在文書上糊塗或計算利益不清楚的狀況，也會諉過於你，拿你開刀，因此你自己要頭腦清楚、實事求是，才能立於不敗之地。

**當文昌化忌在父母宮時**，你尤其要小心身體健康方面要注意大腸癌及車禍血光的問題。

## 武曲化忌入父母宮

**當武曲化忌在父母宮時**，父母都有財務危機。你的父母也許性格粗暴、剛硬，對你不好，也會因為欠債而脾氣壞。倘若你的父母是做軍警職的人，就會有事業不佳、因錢財問題而遭撤職或失職處

分。

當父母宮是武曲化忌時，你自幼便生活較苦，父母會因錢財問題爭吵、生氣或相互爭鬥、是非多，或是被人逼債，讓你幼小的心靈很鬱卒，所以父母也對你在錢財上很嚴刻，所以你本身也學不到好的賺錢與理財觀念，只要有薪水能穩定就好了，要求不高。當父母宮是『武曲化忌、七殺』或『武曲化忌、跛軍』時，你的父母宮常窮的發瘋，會虐待你、折磨你，但他們自己也可能有為財自殺的狀況。

當父母宮是武曲化忌時，要小心你的上司或老闆常有財務問題和糾紛，這也會影響到你工作的長久性及薪水是否拿得到的問題。你也容易成為公司、工廠倒閉、遭受牽連、損失的一員。

當父母宮是武曲化忌時，你要小心有得鼻癌、肺癌、氣管不

好、大腸癌等的機率。也要小心車禍傷災和鐵器的傷災。

## 貪狼化忌入父母宮

**當貪狼化忌在父母宮時**，表示你和父母很冷淡、不溝通而且還有怨恨、及是非問題。當貪狼化忌居旺時，你和父母之間會維持面子問題，有時同住一個屋簷下卻少來往、少溝通，或少見面。你們性格不合、思想與價值觀都不一樣，完全沒有交集點，而且彼此都固執，不想讓步。但至少你與父母之間還是彼此當做家人的關係相互在牽連著。

**當父母宮的貪狼化忌居陷時**，必和陷落的廉貞同宮，你和父母的關係惡劣、不來往，你也可能自幼便見不到他們，或少見他們。你有可能被送人做養子女。父母也有可能是吵架、打架、離婚，或

行為不檢點、未婚懷孕生下你，又對你不好的人。

**當貪狼化忌在父母宮的人**，不懂得如何和長輩、上司、老闆相處。工作時有困難度。自幼你的家庭環境也不好，父母對你的照顧不周。你的長輩、上司、老闆也不容易喜歡你，你和他們格格不入。

**有貪狼化忌在父母宮的人**，要小心肝癌、膽部、胰臟癌或神經肌瘤症等的問題，也易得帕金森症。

## 第二節　化忌在子女宮時對人之影響

當化忌在子女宮時，對人之影響是包括生育子女的難度增加，是否真心喜歡子女、是否能教養好小孩、是否會生育到殘障的小孩、是否和晚輩下屬相處得好，是否是真心喜愛小動物、是否有潔癖，你的才華是否有用，合於此社會的供需。

子女宮是桃花洩出與落點之地。『命、遷、子、田』四個宮位，呈十型的四方宮位，就是桃花進出、周而復始在循環流動的宮位。命宮是桃花開始之始點、接收點，而子女宮是桃花發洩出去之終點，也是洩出點，人命要有進有洩，人生才會順暢。就像血液循環一般。這樣運氣才會好，人的活力才會有。人之富貴、成就也都在

這種循環系統中運作的。

當子女宮有化忌的時候，你在生育子女時會有些波折、困難。你也可能不結婚而不生子女。也可能不喜歡小而不生子女，更可能找到不能生育的配偶而無法生子女。還可能自己身體有問題而不能生育子女。因此當子女宮有化忌時，你會因生理上或心理上的問題，與子女關係淺薄或古怪而無所出。倒不一定是不能生。要看化忌所跟隨的主星為何而定。

當化忌在子女宮時，你對待小孩和部屬的感情是奇怪的，你也不會喜歡小動物、嫌麻煩。你對待他們會情緒起伏不定，有時特愛、有時又心灰意冷、態度冷淡。同時你也對自己沒有自信心，你在感情的舒發上有兩極化的傳達方式。你和小孩及部屬，以及小動物之間的溝通方是古怪而難溝通的。因此在教育小孩、訓練部屬、以及豢養小動物方面，以致於種花植樹，一切需要慈愛、用心照顧的東西方面，你都會不耐煩、嫌麻煩、累贅，而用心不多，或照顧不好。在子女宮或夫妻宮有太陰化忌的人，有可能為同性戀或有潔癖的人。

子女宮是展現人才華的宮位，有化忌在子女宮出現時，表示才華古怪，發展或無法出名，這主要是因為無法合於此社會或當時環境的供需要求。因此也可說才華無用。

## 十干化忌在子女宮時所產生不同之影響

### 太陽化忌入子女宮

當太陽化忌在子女宮時，你還是會生兒子，只是你和兒子的關

係不太親密、怪怪的。你倘若有女兒，就會和女兒較親密。你的兒子較糊塗，會在事業上遇到一些問題和麻煩。**當太陽化忌居旺在子女宮時**，表示你的兒子和你的關係仍能維持表面上親和，但內在思想上卻不相同，思想、觀念和價值觀，以及對人生的態度都不一樣。你的兒子也仍會有事業，但會有起伏，至少有一次人生灰暗期，或轉行多次，事業運有些坎坷。你自己在事業方面才能的表達能力也會有些問題。會走到有些古怪的行業中去，或是較難出名。成就沒有同命格的人好。你與男性的晚輩、部屬，以及陽性的小動物都緣份淺、不合，相處也不融洽，但可維持表面的親和。

**當太陽化忌居陷在子女宮時**，你的兒子是性格內向、古怪的人，也不愛說話、很悶，你與女兒較親密。你的兒子也會是事業成就不高、又常帶給你麻煩的人。你與兒子的相處模式很冷淡，見面時也會爭吵。你完全看不慣他的作風行為。你對男性的晚輩、部屬也看不慣、不喜歡，對雄性的動物更討厭。你根本不喜歡豢養小動物，你的兒子可能無事業或不工作，也容易離開你生活。你自己本身常會因為要賺清高、舒服的錢財而保守，能做公務員、薪水族就滿足了。你也較難在事業或才華上出名。

## 太陰化忌入子女宮

**當太陰化忌在子女宮時**，表示你與女兒不合，女兒較糊塗，倘若沒生女兒的人，就不會感覺有太大的感情阻礙。你與兒子的感情較好。這也表示你在對待自己的小孩和學生、晚輩、部屬都是相處奇怪、用情古怪的。雖不算太合諧，但能維持表面的面子問題。你對子女和晚輩會用情太少了一點，不太用心或沒有放真心誠意。同

時也表示你的子女在錢財上面會有困窘及財務不順的問題。你的子女在做薪水族、公務員等職業上，也容易有起伏和做不長久的狀況。當太陰化忌居陷時，表示你的子女很窮，工作也不穩定、常失業或不工作。同時子女和你的感情淡薄，未來要靠他們的奉養是不太可能的了。

**當子女宮有太陰化忌居旺時**，你喜歡存錢。但常破耗，不一定存得住錢。並且你自己在工作或儲蓄上會有瑕疵，或有古怪想法或觀念亂投資而錢財耗損。**當子女宮有太陰化忌居平陷時**，你對子女較無情、也喜歡存錢、理財，但會無錢可理，或常被奪去掌財之權、或思想、態度清高，而向主貴的方向打拚，在錢財上所獲得的較少。

## 廉貞化忌入子女宮

**當廉貞化忌在子女宮時**，表示你有糊塗的子女，或是有精神有問題，或有智商有問題之小孩。亦可能有做非法之事，有官非及入獄的小孩。子女讓你很頭痛。你對子女的管教無方，子女也會讓你覺得很累贅、辛苦而收獲。你自己在才華、表達的智慧上都很欠缺，也會一生默默無名。

**當子女宮有廉貞化忌、天相、擎羊時**，易生殘障的子女，因此在懷孕初期最好做羊膜穿刺，以防生到有問題的殘障子女，一生受累。

**當子女宮有廉貞化忌、貪狼時**，會生到頭腦不清、懦弱、不肖之子女，一生也頗為受累。子女品行不端，也難有成就。

**當子女宮有廉貞化忌、天府時**，子女中有好、有壞，總有一、兩個讓你煩心不已，但會有好的那個來支撐家業。你自己本身也是成就不高的人。

**當子女宮有廉貞化忌時**，你容易因頭腦不清的邪淫桃花（包括外遇、不正常的男女關係或強暴事件）懷孕生子。

## 巨門化忌入子女宮

**當巨門化忌在子女宮時**，表示你的生育能力不佳，可能需要借助人工手術才能生育。你也可能不想生小孩或根本不婚。你也會和子女的關係複雜、多爭鬥或是非口舌不斷、不停的挑剔他們。你的子女也會是反抗心特強的小孩，因此你在相處上特別困難。你的子女更有可能是行為誇張、多惹是非、災禍之人，也可能身體有問

題、生怪病或頭腦不健全的人，讓你痛苦心煩。你們也會緣薄而分開，不在一起居住。

**當巨門化忌在子女宮時**，表示你與子女相剋嚴重，也表示你的才華不好，或沒有出入，因此你再多努力，也不容易找到正確的方向。另一方面，你在傳承與遺傳因子上有瑕疵，因此子息不豐，也會自己成就不高。

**當巨門化忌居陷在子女宮時**，沒有子女，或所生子女容易夭折，你在才華上也會較遲鈍和缺乏。

## 天機化忌入子女宮

**當天機化忌在子女宮時**，表示子女的頭腦聰明較古怪，你與子女不合，常多是非口舌和爭鬥，子女也會在運氣上不太好、起起伏

伏、工作不長久，或自做聰明而遭災。你會根本不瞭解子女的想法和行為動向。也因此常有爭執。

**當天機化忌居旺在子女宮時**，表示子女仍聰明，但想法古怪、工作會不長久，他們是做薪水族的人，運氣有時也會好，但好運不長久，也會因自做聰明而失敗。你未必能寄望他們來孝順或奉養你。你的才華和聰明度是有些古怪的，也許能藉由其他的路途，而有一段風光歲月。但不長久，易至敗落之時。

**當天機化忌居陷在子女宮時**，表示子女會笨或不聰明，且多做古怪又無利之事，讓自己運氣更壞。子女會不工作、或做不長。但會有小聰明來耗你的財。他們需要靠你來支撐，無法奉養你，另一方面，你自己本身的才華有限，也常容易改行或失業，成就不好。

## 文曲化忌入子女宮

**當文曲化忌在子女宮時**，表示子女在口才和才華、韻律方面的才能是古怪或差一些的。你也會生子女略少。要看同宮的還有那些主星，才能一同來評斷子女數。當文曲化忌入子女宮時，問題並不如其他的化忌那麼嚴重。主要子女數會減少、及子女間口舌是非多，子女在才藝方面的能力稍差，未來在升官上較慢、能力稍差，在賺錢方面也沒那麼多，在精明能幹方面也減低。

**當文曲化忌居陷在子女宮時（在寅，午、戌宮）**，表示子女不精明、才藝差，無法出名，子女數會減少，只有一、兩個。子女較沈默、不說話，人緣不好，也與你不合。同時你自己的才華也不好，會默默無名。

**當文曲化忌居旺在子女宮時**，子女會有異途顯達者，但不長久。子女間有口舌是非、吵得大聲。子女還會有特殊才華、才藝，但無法成名。也會長相可愛，但桃花不強，或有奇怪、不好的桃花。同時你自己也會具有某方面之才華，但不出名。

**當文曲化忌在子女宮時**，你的子女有可能是先上車後補票所生之子女。當子女宮是廉貞、貪狼、文曲化忌時，就容易生私生子了。而且未來子女在婚姻上也會遇到困難和不正常。

## 文昌化忌入子女宮

**當文昌化忌在子女宮時**，你的子女不是在頭腦、觀念思想上有問題，就是在氣質上不佳。還要看同宮的主星有那些星曜，才能一起評斷子女的問題。但並不如其他的化忌在子女宮時那麼嚴重，只是子女數會減少，或子女在精明度、計算利益的能力上不那麼好。也可能是氣質粗魯的問題。當文昌化忌居陷（在寅、午、戌宮）時，就是子女形象較粗獷、不秀氣、頭腦精明度很差，計算能力差、文書與讀書能力差。

**當文昌化忌居旺在子女宮時**，若還有其他吉星居旺同宮，子女亦會有異途顯達的情形發生，但不長久。子女的外形氣質普通、還不錯，但思想古怪、易轉行、改行，人生起伏較大，在文職上難出名。同時你自己在文職上也較難出名。當文昌化忌在子女宮時，你在生育子女時，會考量很多，不想生太多，會只生一、兩個就好。

## 武曲化忌入子女宮

**當武曲化忌在子女宮時**，表示子女是性格剛直又懦弱的人。並

且子女未來在錢財上定有糾紛、瓜葛、理財觀念和能力不好的狀況發生。你在生育子女的過程中容易有開刀的狀況。你所生育的子女，也會有先天性的疾病，如氣喘、肺部不好、腎臟、大腸較弱或有病等毛病。你的子女未來較窮或有錢財上的麻煩，屬於命中帶財少的人。你也會生他的時候較窮、沒錢，養他較辛苦。未來在孝順和奉養你的方面也會因個性不合，和你時有磨擦，為錢財爭執多，而無法順你的心。

**當武曲化忌在子女宮時**，你自己本身理財的才華就不算好，教育子女的方法也不好，對小孩太嚴格或太剛硬，你自己是從父母嚴格管教出來的人，因此也想要把這套家規延續。但總行不通，當子女宮是『武曲化忌、七殺』或『武曲化忌、破軍』的時候，你只會生到來討債的子女，你對子女是打罵教育，子女易逃家，或變本加

厲變壞。因此你可會有老年堪憐、孤獨的境遇。你自己本身對子女付出不多，因此也難以得到回報。

## 貪狼化忌入子女宮

**當貪狼化忌在子女宮時**，表示你與子女緣薄，不能溝通，還多是非口舌，你會晚婚、晚生小孩，或不生小孩。你的子女會性格保守或人緣不好，也可能是行為乖桀的、難教養的小孩。你也容易和小孩少見面、感情淡薄。未來你的子女成就也不高、機會不多。

**當貪狼化忌在子女宮時**，小心你也會生無婚姻關係的小孩，或離婚後與小孩分離。

**當貪狼化忌在子女宮時**，表示你才華不佳、一生運氣也古怪，你只會運用口才、用嘴巴來展延你的才華，一生中也很難出名。

※有關子女的問題，請參考法雲居士所著《如何為子女找一個好生辰》、《好運跟你跑》等書。

## 第三節　化忌在僕役宮對人之影響

當化忌星在僕役宮時，是表示在朋友的輔助力量發生了古怪的問題。會與朋友多是非、糾紛，或朋友沒辦法幫助你。你在訓練部屬或和部屬相處時，會彼此有嫌隙而無法融洽相處。

當化忌入僕役宮時，表示你平輩、同輩以下的關係不好。包括你和同事之間的關係，或你對待部屬、下人、女傭，都會有不和狀況。也容易遭受人為災害，要十分小心才好。有此格局的人，也會較孤獨、人緣不佳，常易和同輩，下屬、晚輩有衝突。你的人際關係會縮回去，只有和家人、兄弟來往，而不信任外人。在人生的助力上就會減少一大半了，機會、好運自然也就少了許多。同時你也無法做老闆或做生意、做主管，因為你的領導力是有問題的，用人會遭災，做生意也會遭人坑矇拐騙，也無法用人，是故在人生格局上會限制了不能發展。並且有化忌在僕役宮時，交不到好的朋友，結婚都較困難，談戀愛也較不容易。

## 十干化忌在僕役宮代表對人有不同的影響

### 太陽化忌在僕役宮

當太陽化忌在僕役宮時，表示你和男性朋友或部屬較不合，感

覺不對盤。其實你本身個性更較陰柔或更較剛硬，身體語言和精神層面的頻率都和較陽剛、雄性的、男性不契合。你比較喜歡溫柔層面的東西。因此你會和女性、柔性的人較融洽貼心。

**當太陽化忌在僕役宮時**，表示在你的朋友之中，大多是事業不佳，有問題的人。有些也會是頭腦較笨、或用腦不多的人，還有一些是眼目不好的人，或身體不佳的人。

**當太陽化忌居旺在僕役宮時**，表示你的朋友中，還有性格開朗、寬容之人，但常頭腦不清和你有是非。你的朋友中，也都是事業起伏大，有些也會是曾經事業做的不錯，但目前是事業不佳的人。

**當太陽化忌居陷在僕役宮時**，表示你的朋友之中，大多是性格內向古怪、話不多，而是是非災禍多，沒有事業，常不工作或工作

時間較不長久的男性。你也少和他們往來，一往來就有是非發生。

**當太陽化忌在僕役宮時**，你在事業上無法得到男性的幫助。就算是做主管，也容易坐不住位置，總有男性和你做對，易被換下位置。就算你家中有錢，用司機、男傭，這些人也都會對你不利。有此僕役宮的人，要慎防遭男性綁架、傷害。

## 太陰化忌入僕役宮

**當太陰化忌在僕役宮**，表示你和女性的朋友和部屬不合。朋友中和你作對的就是女性。你本身性格會更較陽剛或更加陰柔，你內在的神經和其他的女性在頻率上都不合。你有時對人的敏感力較強，有時又不強，在感情的纖細度上也不一樣，在對朋友的感覺與情緒上容易起伏不穩定，你有時會喜歡某個朋友，過一段時間或許就很討厭他。

**當太陰化忌在僕役宮時**，你周遭的朋友多半是薪水族的人，常會發生財務糾紛、錢財是非，讓你很頭痛。當太陰化忌居旺時，你周圍的朋友還很有錢，但和你有金錢的是非糾紛。

**當太陰化忌居陷時**，你周圍的朋友常是窮困、欠債、倒會、欠錢不還之人。因此朋友運更差，是非災禍更多。有此格局的人，更要小心遭窮困朋友的覬覦，而有害你之心。

**當太陰化忌在僕役宮時**，朋友和你之間的相處模式是忽冷忽熱，冷的時候多，熱的時候少。熱的時候就是你要破財的時候了。而且你們彼此易相互懷疑，永遠也不可能同心同德的共同做一件事，也不可能合夥，因為彼此的感覺都是覺得不好的。

## 廉貞化忌入僕役宮

**當廉貞化忌在僕役宮時**，朋友間爭鬥多，且會有官非、打官司、鬧得很大，會拼個你死我活。另外，你的朋友中可能有一些做奸犯科、犯法坐牢之人。

**當廉貞化忌在僕役宮時**，其人在交朋友，或對待下屬的領導能力上有問題，常引起紛爭。因此在你的人生中，朋友就是你的絆腳石，常在人生關鍵點時來阻礙你，故而你較孤獨，沒有可信賴之好朋友。

**當廉貞化忌在僕役宮時**，表示其人的朋友或部屬中常是好色之徒，或有邪淫桃花、男女關係複雜的人，也是頭腦不清楚、糊塗愛亂搞的人。這些人也是阻礙你的前程之人，需小心應付。不要被牽連下去了。

## 巨門化忌入僕役宮

**當巨門化忌在僕役宮時**，表示你和朋友之間多是非爭鬥。你們都是三教九流的人都有，也都是頭腦不清的人。因為性格和磁場相吸引的關係。你也會專挑一些好爭鬥、是非糾纏不清的人做朋友。另一方面你也防人防得緊，不想吃虧，但是非口舌不斷、上當、背信的事也常上演，一來一往，你覺得天下沒有可信賴的朋友，朋友也不敢信賴你。

**當巨門化忌在僕役宮時**，你和朋友、部屬之間有雙重是非，生命中多小人，頻頻引起災禍，你要小心綁架或傷害事件，宜與朋友保持距離，獨善其身。

**僕役宮是巨門化忌的人**，就是丁年生命宮有破軍坐命的人，包括破軍單星坐命者與紫破、武破、廉破坐命者，你的性格較強勢，天生不信任人，又愛爭強鬥狠、好競爭，朋友、部屬間多是非、糾葛是必然的事。你的朋友也會多是黑道、不法之士。會給你很多麻煩。朋友也會對你做出許多侵權事件，你無法做老闆或做生意。

## 天機化忌入僕役宮

**當天機化忌在僕役宮時**，表示你的朋友和部屬頭腦不清楚、愛自做聰明，常搞怪、搞是非。無法和你貼心相待。**當天機化忌居旺時**，朋友中聰明的人較多，搞是非起來也非常厲害，讓你窮於應付，你尤其與聰明的友人關係古怪。**當天機化忌居陷時**，表示你的朋友和部屬當中，笨又愛搞怪的人多，也會讓你應接不暇。你尤其與笨又自做聰明的友人關係更惡劣。

**當天機化忌在僕役宮時**，你的生命中多小人，剛認識還好，認識稍久一點，成為朋友，便有是非口舌及惡事出現，因此你會較孤獨，不想與人多來往，對人也不敢說真心話。你和朋友之間的友情變化也時好時壞，壞的時間多，好的時間少。你只會躲避，很少會正面去解決它。

**當天機化忌在僕役宮時**，表示你的朋友中都是公務員或薪水族的人，而這些人在工作上也不穩定，常有中途轉業或失業之虞的人，也會非常怪，不可信任。

## 文曲化忌入僕役宮

**當文曲化忌在僕役宮時**，代表你的朋友之間口舌是非多，朋友會少一些。**當文曲化忌居旺時**，口舌是非會有一些，還不算太嚴重，因此朋友比平常狀況少一些，但仍有一些在來往。朋友之間愛講話，談八卦之事，也常會因小事生氣，但好好壞壞，也不嚴重，過一段時間又和好了，又湊到一塊去了。你的朋友也會是有些古怪才藝的人。這些人會引導你到一個古怪奇遇的路子上去。

**當文曲居陷時**，你與朋友之間口舌是非嚴重，幾乎不講話，不來往，朋友很少，每次招惹是非、生氣翻臉都很嚴重。你的朋友也都是頭腦用得少，口沒遮攔、粗俗，沒有講話藝術和格調的人。這些人也會在你的升官、致富的路途上是一塊絆腳石，會阻擋你的升官發財之路。

## 文昌化忌入僕役宮

**當文昌化忌在僕役宮時**，代表你的朋友在文書、契約等文質事物上會帶給你麻煩。**當文昌化忌居旺時**，表示你的朋友長相、氣質都還美麗，學歷也較高。但常犯小的文書方面的錯誤，但不嚴重。也仍會處理文書事務，他們是一群水準雖高，屬於中等以上社會階層的人。但會有一些古怪，也會和你有一些文書、錢財往來的是非問題，要小心，不會太嚴重，是可解決的。

**當文昌化忌居陷時**，表示你的朋友氣質、長相都不好，較粗魯、較醜、沒氣質、學歷也低、沒文化，屬於社會下等階層的人，和你在錢財、契約、文書上的是非多，他們是計算能力和頭腦差的人，會借錢不還，支票失效。

## 武曲化忌入僕役宮

**當武曲化忌在僕役宮時**，表示你的朋友全是在錢財上會有金錢是非的人，會理財觀念不好，或欠錢不還，還脾氣剛硬、火爆、態度不好。

**當武曲化忌居旺在僕役宮時**，表示朋友還有一些錢和機會能反敗為勝，能賺到一些錢，解決一些問題。但財務問題始終是存在的，無法消失的。你的朋友中也會是貧富懸殊的狀況，有的極有錢，有的窮困沒錢，而你自己是一個薪水族的人，要少和朋友扯錢之事。否則不論朋友是貧是富，你都會和他們有金錢糾紛，你會和富朋友借錢而起糾紛，也會被窮朋友借走錢不還而有糾紛。

**當武曲化忌居平時**，必和七殺或破軍同宮，表示你的朋友都是窮凶極惡之人，會為錢財之事和你起衝突，容易有刀光劍影。朋友必因錢財之事而傷害你，要小心被綁架，或突發的強盜事件遭劫財而性命垂危。你與朋友之間的交集不多，為人較孤獨，但要小心親友和部屬之間有不良之徒。

**當武曲化忌在僕役宮時**，其人容易遭到朋友和部屬在金錢上或政治上之迫害。容易爭鬥不停，為的就是錢和權，因此在升官、得財之途上心不要成為箭靶。你容易因錢財問題栽在朋友及部屬的手上。

## 貪狼化忌入僕役宮

**當貪狼化忌在僕役宮時**，表示你的朋友和你很冷淡，又排擠你，和你有是非。而且當你覺得有一個朋友在排擠你時，那個人會引發一大票人共同來排擠你。讓你失去自信，很孤獨，很氣餒，自覺人緣不好，很難改善。

**當貪狼化忌在僕役宮時**，你的部屬、傭人都會陽奉陰違。暗地搗亂或反叛，這表示你沒有領導力。因此可藉由如兄弟般要好的朋友或如兄弟姐妹般的同事來幫你傳達信息。而你只要保持威嚴，少說話，和部屬保持一定的距離，就可唬人了。但仍要小心反叛之部屬或傭人，他們會捲款潛逃，或私通你對手來整你，製造你的麻煩。

**有貪狼化忌在僕役宮時**，表示你對待朋友、部屬的態度，都很冷淡、惡劣。也代表你的桃花少，因此你會在找對象上較困難，可能會用相親的方式結婚，也可能在遇一個或第二個對象時便馬上結婚，不會有太多的選擇機會。因此在結婚機緣和一般工作機緣上，不會比別人好。你也常會因同事的關係辭職不幹或被炒魷魚，問題很多。

※有關朋友的問題，請參考法雲居士所著《紫微成功交友術》、《好運跟你跑》、《紫微改運術》等書。

# 第八章　化忌在時間點上對人之影響

## （化忌在大運、流年、流月、流日中之影響）

化忌在年、月、日、時等的時間點上對人的影響，非常明顯。都會帶有古怪、糾紛或麻煩之事，其嚴重性與應對之事，要看化忌所跟隨主星為何及旺弱，才能斷言。像文昌、文曲這些時系星帶化忌時，所產生的是非糾紛會有時效性，時間較短，而且所應對之事也較溫和，不那麼激烈，而且這也是和才藝有關的，傷剋財不那麼明顯的，再加上其他吉主星力量大時，會壓制、蓋過它，因此文曲化忌、文昌化忌，在感覺中是沒有那麼可怕和討厭的了。

## 化忌在大運中對人之影響

當人之大運逢到化忌之運程，代表十年中都有不順。這種不順有程度上、種類上的不同，例如：

### 當太陽化忌在大運中

**大運逢到太陽化忌之運時**，會有事業上之不順、起伏，會大起大落或失業。**當太陽化忌居旺在大運之中**，表示你會一時頭腦不清，有奇怪的想法做出抉擇，而對自己的事業不利，造成起伏、上下動盪的狀況。你會在此運中大起大落。最後又歸於原點。而且一生中只有一次爬起來的機會就輕易的在一念之差的狀況下消失了。會讓你悔恨不已。但你未必知道以後也難有機會再出頭，你只是不停的等待而已。

**當太陽化忌居陷在大運之中**，表示在此十年中，你會人生暗淡，工作會遇到麻煩、失業或事業倒閉，很難爬得起來。因此你要未雨綢繆，以防萬一，不要讓生活發生困難。此大運中更要小心保養眼睛和腦部、心臟，以防瞎眼和心臟病，腦溢血而病亡或遭災。

有太陽化忌在大運中，便表示這十年中是太陽變色了，人生會變得不光明或較黑暗，要小心男性對你的傷害，和公家機關、學校、老闆、上司、長輩、父執輩對你的傷害。也要小心家產上有紛爭，家庭不和，領導力失落等問題。有『羊陀夾忌』者，更要小心大運、流年、流月、流日三重逢吉，有性命之憂，傷害你的就是男性。女子在太陽化忌之年談戀愛也需小心，以防有圖謀不軌的男性接近你，對你不利。另外在太陽化忌之年談戀愛也易被有陽剛之氣

的女子吸引而造成傷害。

當大運中有太陽化忌和其他的主星同宮時，另一顆主星就很可能代表你的貴人。例如：

**太陽化忌、天梁、擎羊在卯宮的大運**，表示你事業不好有起伏和男性不和，會有女性長輩貴人來幫你，但有擎羊同宮，同時也是『刑陰』的格局，女性長輩貴人幫的也不好，也許會幫倒忙。

**太陽化忌、天梁在酉宮的大運中**，事業依然不好，有是非災禍。事業上所發生的問題比卯宮大，可能失業，無工作，而天梁也是在得地之位，可能家中有老母、妻子來支撐生活。但是此運的遷移宮中有擎羊（擎羊在卯宮），因此外面環境極壞，老母、妻子也幫不了你太多，而且常吵你，埋怨你，也使你頭痛。

**太陽化忌、太陰在丑宮的大運中**，你的事業悔暗、失敗、多糾

紛，但仍會有女性貴人在幫你，你仍可賺錢，可做臨時工作，或吃力的工作，賺薪水，仍有吃飯之資，不會餓飯，錢財所得也許會比以前更好。

**太陽化忌、太陰在未宮的大運**，你的事業會遇到麻煩，但錢財少，也沒有錢，生活較苦，會做沒有錢的工作或白工，生活中也沒有貴人。

**太陽化忌、巨門的大運中**，你的事業多是非、起伏大，易失敗倒閉，是非牽連很廣，也不會有貴人相助，若遇大運、流年、流月三重逢合，有因男性而喪命的問題。要特別小心男性就是你的剋星。

## 當太陰化忌在大運中

當太陰化忌在大運中時，在這十年之中，主要是錢財問題和工作、薪水的問題，以及和女性的糾紛。容易錢財不順、存不住錢、耗財，薪不到、或工作不順、常換工作、失業等事。也會和女性不和而錢財不順。更容易失去房地產、和身體不好。男性會有腎虧、泌尿系統、輸精管、生殖系統的病變，及癌症可能會發生。女性會有乳癌、子宮、卵巢等生殖系統之癌症或重大病症會發生。女性更會有月經不順、婦女病的問題。

**當太陰化忌居旺在大運中時**，表示你仍有一些存款，但還是有錢財或債務問題要解決。周圍的女性會幫你，但幫的不多，也可能是用奇怪的精神支持的方法在幫你。在這大運中，你的身體即使發生病變，用心醫治，亦會有好轉的機象。你的麻煩雖多，但能解決，用溫情主義來解決更好。在此大運中，你的愛情也易產生問題，但仍有可能解決或平復的方式。

**當太陰化忌居陷時**，表示你非常窮困，又多災多難，債務多又無法解決。周圍的女性根本無法幫助你，還落井下石。在這個大運中，你若生病則很嚴重，也不易轉好，且無貴人和助，容易生命垂危，你自己和周圍的人都吝於施捨感情，對人淡薄，不友善，你容易失戀，也容易失業，這十年過得異常辛苦，而且這十年肯定是在薪水族中起伏的。做做停停的，並且是無法存到錢的。

**當天同、太陰化忌在子宮的大運**，有錢財是非和糾紛的問題，以及和女性不和的問題，以及房地產的問題和工作上的問題、錢財問題。但有福星相助，只要有工作、有薪水就能找到貴人福星來幫

忙，也能渡過難關。

**當天同、太陰化忌在午宮的大運**，太窮會欠債，貴人福星落陷，幫不了忙，是非災禍更嚴重。

**當太陽、太陰化忌在丑宮的大運**，事業的發展不佳，又有錢財是非麻煩，只要有工作、有薪水，會有性格悶，話少的男性來給你幫忙。但不能期望太大。

**當太陽、太陰化忌在未宮的大運**，做公務員、清高財少的事業還很旺，但較窮困，也易做不久，和女性有財務糾紛。若工作保得了，債務也能清償。

**天機、太陰化忌在寅宮的運程**，有錢財變化、是非及災禍的狀況，工作會不穩定，多奔波、勞碌，多到外面去碰機會能平息，也要做薪水族才能穩定財務。和你有財務糾紛的是女人。

**天機、太陰化忌在申宮的運程，**較窮，又有錢財是非，會欠債，或理財能力差，有信用問題，要有固定薪水的工作，與較長時間才能平復。

## 當廉貞化忌在大運中

**當廉貞化忌在大運中時，**表示這十年中你都會頭腦不清楚，要小心惹官非，或事業上有官司之事，或你本身不小心有官非。倘若你本命盤中廉貞化忌是在僕役宮的人，那就是你的朋友令讓你惹上官非之事，倘若在事業宮的，就是工作上會惹官非。因此你要特別小心，早早準備保釋金，以防臨時羈壓，而沒錢贖人。

**當廉貞化忌在大運中，**要小心犯邪淫桃花而破財遭災或被告。尤其，有『廉貪陀』、『風流彩杖』格又帶化忌的人，要小心外遇事件，或通姦事件而有官非、身敗名裂。

**當廉貞化忌在大運中**，尤其要小心血光之災，車禍、火災，會致命或流血過多死亡。也要小心開刀事件，亦會有不吉，易流血過多，生命垂危，或易染癌症，重病、心臟病，血液雜質多，怪病等問題。

## 當巨門化忌在大運中

**當巨門化忌在大運中**，表示這十年中多是非、爭鬥、陷害、運氣不好，生活不平靜，事業多起伏，也會發生許多災難，亦會耗財，進不了財，生活辛苦，所得不多。在巨門化忌大運的災難中包括很廣，有人事上的災難，口舌是非，爭端、鬥爭。也有天災人禍不斷，容易遇水災、風災、車禍等問題，更容易災中有災，一宗接

一宗的連環發生，讓人驚心膽顫。

**當巨門化忌在大運之中**，什麼事都會發生，如盜賊之災、傷災、天然災害等，也會有事業失敗、失業、被騙失財、或強暴受辱、被陷害等等的狀況，如果三合宮位或對宮，再有火星、擎羊相照，再有三重逢合，就有自殺而亡的狀況。

**當巨門化忌居旺時**，表示你自己還是有戰鬥心的，遇災時會奮力抵抗一下，再順服。當巨門居陷時，你會立即投降，不做任何努力，並且你遭受災害的情況嚴重，很可能已無挽救機會了。

**當天同化權、巨門化忌、擎羊在未宮**的大運中，小心受災會傷殘。你有心鬥但鬥不過，會懦弱的承受下來。

**當巨門化忌、祿存在午宮的大運中**，你會懦弱保守。這是『祿逢沖破』沒什麼財了，你會受欺負而隱忍，保命要緊。

**有太陽、巨門化忌在大運中**，表示在是非災禍或爭鬥中，男人佔重要的主導地位，關鑑在男性，也可用男性來解決是非紛爭，或救助災難，此運中男性是病灶，也是藥，是麻煩，也是貴人。

**有天機、巨門化忌在大運中**，表示是因聰明、才智所引起的是非紛爭和災禍，利用聰明才智也能化解。這也是突然而起的天災人禍，把握機會和利用運氣的升降起伏也能轉敗為勝。

## 當天機化忌在大運中

**當天機化忌在大運中時**，表示運氣變化起伏大，而且是非多，愈變愈有是非，以穩定為要緊。此運中，你也會自做聰明而遭災，也會有意外的外來的天災人禍，或手足親人帶給你的災害。要特別小心。

## 十干化忌

**當天機化忌居旺時**，表示是你自己思想、觀念上所帶來之變化而遭災，或是你沒有感覺運氣正變的古怪，而一味想變化而帶來之災禍。只要立即停止動作、停止改變，有時還來得及挽救。

**當天機居陷的大運中**，你是無能為力的，愈想奮發有為，就愈往下墜，彷彿深陷泥沼，愈動就愈沈下去，幾乎滅頂。因此此運中要以『不變以應萬變』。千萬不要再想創業或投資了，否則會血本無歸，虧的更慘。找個有薪水的工作，有飯吃就安穩的過日子吧！千萬不要再衝得頭破血流，結果只是鴨子划水，白忙一陣而已。

**當天機化忌在大運之中**，會事業起伏大，會失敗、失業或遇大災難，也會在錢財上損失，或婚姻失敗、離婚。或是遇突然的災害，失去家庭。更容易有車禍傷災而失去生命或親人。

**當天機化忌、擎羊在午宮的大運中**，會爭鬥多，運氣大壞，愈

爭鬥運氣愈壞，此運若能停止爭鬥，便能轉危為安。但通常你會好鬥、自做聰明、不服氣，因此落入鬥爭的圈套之中。

**當天機化忌、天梁、陀羅在辰宮的大運中**，表示是又笨、又愛自做聰明而遭災的，而且拖延很久，拖拖拉拉的好不了。但是會有長輩或女性做你的貴人來幫助你。雖然如此，她們也幫的很慢，倘若你等不及，太心急，便會享受不到她們的幫忙了。

**當天機化忌、太陰化權在大運中**，表示此運中你會頭腦不清楚，愛掌財權管錢，但運氣古怪，會事業失敗、或投資失敗，因此會損失錢財或失業，也可能會遭受車禍傷災。此運中，如有女性愛管你，或受掌握你的錢財、債務，自然這人就是你的貴人了。

**當天機化忌、巨門在大運中**，表示此運頭腦不聰明、糊塗、又愛惹是非，因此是非災禍是跟定你了。並且運氣、機運都古怪不來，讓你在是非災禍中，浮浮沉沉、飄浮不定。倘若你自己口才好，會講話，也能救自己。倘若有好事者，口才也很好，也能幫你緩頰，講通協調一下。因此這個大運的關鍵就是在於會不會以說話來挽回頹勢。

## 當文曲化忌在大運中

**當文曲化忌在大運中時**，要看還有沒有其他的主星，而來定吉凶。例如文曲化忌和破軍同宮，就代表窮困，且多是非口舌及災禍，亦有水厄，有滅頂之災。**當文曲化忌和貪狼同宮**，會因糊塗、不精明、政事顛倒、貪污、或亂講話，而有受處份的問題。

**當文曲化忌在大運中**，表示口才不好、會說錯話、會賺錢少、耗財多不精明。亦會升官無望、出不了名、考試不順利、或藉由其他管道發展，人緣不佳，亦會亦受多波折，或失敗，還會討人厭，受排擠。亦容易生泌尿系統的病或腎臟病、膀胱、生殖系統的病、婦女病等等。

## 當文昌化忌在大運中

當文昌化忌在大運中，表示頭腦糊塗、思想古怪、計算利益的方式奇特，可能清高不愛錢，或計算方式不一樣。別人以為虧的，你以為是賺，別人以為賺的，你以為是虧，你會逆向思考。在大運中，也易改行或轉行，容易在計算或文書上出錯。做生意的人，要小心開支票的錯誤和計算成本及利益的錯誤。文職人員要小心文章的錯誤和思想觀念的錯誤。學生要小心考試不順利，或從其他管道發展的狀況。

# 十干化忌

**當文昌化忌居陷在大運中時**，你會糊塗的厲害，會文化水準不高，氣質差，外形粗魯，也不太用腦筋、計算能力不好。會有些是非不分。你在文的方面都不行，人也不精明，因此升官之事也輪不到你。賺錢方面也會少賺而多耗財。實際上，你容易在金錢上顯出笨拙的樣子，讓人欺負你。在此大運中，你容易做些粗活或用勞力較多的工作，賺錢不豐。

**當文昌化忌和破軍同宮的大運中**，是個窮運，又帶是非麻煩。此運中你會窮困，但會清高、頭腦不清、有些錢你不愛賺。計算利益的方式錯誤，也會有債務糾紛。

**當文昌化忌、貪狼同宮時的大運中**，是個頭腦糊塗的大運，容易政事顛倒、黑白不分。雖然機運不錯，但會被你搞砸了。此運中容易貪污，或圖利自己而遭處份。

## 當武曲化忌在大運中

**當武曲化忌在大運中**，表示此運中你會錢財不順，或多是非，亦會有錢災。表示在錢財或政治上是非爭鬥多，但你都鬥不贏。亦表示此運中你不會理財，或不懂政治，更不會處理人際關係。你自己的性格會又臭又硬，因此很多事無法轉圜。

**當武曲化忌居旺在大運中**，表示你仍有一些錢或財力，但也還會有一些錢財問題或債務問題。此運中最要小心與借錢給別人，也為別為人做保，以防錢財有損失。並且『武貪格』的暴發運不發。要小心車禍、傷災。

**當武曲化忌居平在大運中**，必與七殺或破軍同宮，是『因財被劫帶化忌』的格式，是窮困、有債務的狀況，又會為錢財債務糾

纏，要小心會受到刀傷、車禍之災，以及為錢拼命、因財持刀的悲慘問題。

**當武曲化忌、天府、擎羊在子宮的大運中**，你仍有錢可賺，但你賺錢辛苦、賺不多、爭鬥是非多、耗財更凶。因此你實際上的所得，不如想像中的多。

## 當貪狼化忌在大運中

**當貪狼化忌在大運中時**，表示運氣古怪或運氣不好，有保守孤獨的狀況。因此你在此運中，凡事會退縮、想躲在家中、不喜外出，也不願打拚，十分閉塞，有時也惹人討厭。同時表示桃花減少、桃花古怪，和無桃花。因此不容易遇到好姻緣而結婚，如果勉強為之，只會遇到古怪又不順的姻緣，其實也不算是好事的。

**當貪狼化忌在大運中時**，因機會減得太少，因此賺取錢財的機會是不多的，生活只是有衣食而已。並且暴發運不發，無論『武貪格』、『火貪格』、『鈴貪格』都不發，萬一仍會爆發，必挾帶著是非災禍而至，是同樣躲不了的了。

**當貪狼化忌在大運中時**，工作、學業都會遇到阻礙或失敗，人生的一切機會和要往上衝的鬥志都會受到鉗制或被擋住，十分可惜，因此也會考試失利，工作受困或失業。

**當武曲、貪狼化忌、擎羊在丑宮的大運時**，有傷災、艱險之事。如果大運、年、月、日三重逢合，會有致命的、或重傷的車禍、傷災，會危及性命。

**當廉貞、貪狼化忌在巳、亥宮的大運時**，是『廉貪陀』之『風流彩杖』格帶化忌，因此會有令人討厭、人緣不好、又笨，又會發

生醜聞、有黃色、邪淫、見不得人之事暴露出來、身敗名裂。

## 化忌在流年、流月、流日中對人之影響

化忌在流年、流月、流日中對人之影響，也大致和在大運中對人之影響的內容是一樣的，因此當流年走到化忌之年，該年就會不順。流月走到有化忌之宮位，該月就會不順。流日走到有化忌之宮位，該日就會不順。自然，流時到有化忌之宮位所代表之時辰，該時辰也會不順利了。至於在這些不順利的模式到底是怎樣的不順？那就要看你的生年為何？要看你命盤上所擁有的化忌主星為何，就知道這一生是敗在什麼樣的事情上了，也知道是因何而不利了。

化忌在流年、流月、流日、流時中對人影響，會造成對命運的節制，其內容請參考前面『化忌在大運中對人之影響』。因為化忌的

# ▽十干化忌

內容，就是那些，只是發生的時間點更縮小範圍至年、至月、至日、至時而已了。每個人只要找到自己所屬之化忌類型，找到化忌所在之宮位，就完全能掌握在你人生中會不利於你的、刑剋你的因素和因子。只要好好改善了這些人生的缺點，和有缺憾的時間點，人生就會好運和好命了。

每個人有自己專屬之化忌，也有自己專屬之權、祿、科。這是此生都無法改變的。每個人也是最容易困在自己專屬的化忌之中的，也是受自己專屬的化忌所危害最深的。化忌就是你靈魂深處的撒旦或是惡魔，或一個黑洞。當你運氣好時，它時隱時現的隱伏在一旁。當你運氣不好時，或心態不穩定時，它就立刻侵吞了你剩下的好運，並引導你落至一個無盡的黑洞之中。

在化忌的運程裡，你的人生再拼鬥，都是空轉，或走錯路、很

少有好的發展的。因此每個人都要學會能控制化忌在自己人生中之影響力，便能逃脫化忌之災害和悲慘歲月。

## 流年所逢之年干化忌是大環境中壞的影響

每個人只有自己專屬之化忌，這是不庸置疑的！每年所逢之年運、年干之化忌，所代表的是大環境的影響。是人身最外圍的影響，對你也亦有影響。但微乎其微，你還是要走自己的運程，和延續自己的命。所以自己的命運是最大的。外圍的運氣是籠罩的氣氛。就像我常以壬午年、癸未年為例。壬午年大環境是武曲化忌，是大環境中有錢財糾紛，及賺錢少的問題，因此在壬午年有許多人失業及許多工廠、公司倒閉。只要你本命盤中在午宮沒有武曲化忌或財星、運星陷落，你就一樣過得好，有錢賺。在壬午年，台積電

與富邦銀行工作的人，都領到十幾個月的年終獎金。但也有些人因困窘而自殺了。在癸未年，大環境是貪狼化忌，這是人與人之間的隔閡與來往溝通不佳。先是發生了美國對伊拉克之戰，繼而爆發了ＳＡＲＳ，全球幾乎境空，世界上大部份的人都因經濟活動的停滯而減少收入。但是賣軍火的人，和醫療器材的人都大發利市。在我所知道的，美國對伊戰爭中，巴西、中國大陸都靠賣軍火發了財，甚至台灣也都佔了便宜。但在ＳＡＲＳ一劫裡，東方國家又受到重挫。因此在癸未年之貪狼化忌之年裡，全球人雖都遭遇到恐懼的威脅，但某一部份的人，仍是無恙而過得好的。這完全要看你的八字和所逢之天干是否能相互補氣而定了。

例如癸未年是水流入乾土之中，只見流入，不見流出的。癸是雨露，未是南方火燥之土。因此水流入土中，都被吸乾淨了。水是財，既不能活動運轉，自然會較窮困。但是命中水多的人，便不怕乾涸了。而且地處金水之地，如西方、北方的國家的人，如歐美、日本、韓國，也會較好、不受影響。而命中火多欠水之人便有災了或不順利、財少了。

癸未年五行納音為楊柳木，未宮為木墓之地，因此木氣很弱，楊柳為絕處逢生之木。故而在癸未年文質事物上，如聯考、國家考試，一切的考試都會複雜、是非多、麻煩的問題多的現象。

年干壬午，是武曲化忌，是大環境變窮了，大家要找錢，於是弊案會揭發，國家會剋刻，罰款增多、機會減少或古怪了。老百姓也會過得苦。癸未年，年干化忌是貪狼化忌，是大環境中的人來往不好了，人緣疏離、機會減少，或古怪了。老百姓也會過得苦。接下來甲申年，五行納音為『井泉水』。有水就有財了。甲申為巨木被

砍斷收割後落入水中之木。這是一種收成之後，要藉由水去運送到工廠來做成器具，或可販賣換成錢之木。因此在甲申的年份裡，喜用神為『水』的人，便有好運了，有財了。

『甲申』是木立於有水的金石之上，代表東方會出人頭地，東方會在世界上經濟發展獨冠群倫。但是木立於環繞水的金石上是艱苦不穩的。甲木是巨木，須深埋於土中，才會有更好的發展，而枝葉茂盛，因此立於金石之上，恐有崩頹樹倒的一天，只會有暫時的榮景，需警惕之。也表示在這一年中，仍有不平靜的時刻。甲年有太陽化忌，政府的公信力會接受挑戰、男人的勢力會衰弱，女權會高漲，女人會出頭。強勢者會受到打壓、公家的事會滯礙難行，自然不會有公共建設，全民福祉是妄談的。因此在太陽化忌之年，人民的反抗遊行也會比較多。上述這些是大環境的影響，只要你的本命盤中不是太陽化忌在寅、申宮的人，你所受的影響就沒有那麼大。

## 化忌在大運、流年、流月、流日的三合宮位中怎麼看

**化忌在大運的三合宮位中，是不必看的。**因為大運代表十年間的運氣，時間點太長、太籠統、時效太久、變得無效。因此有權、科、祿忌在大運的三合宮位，而不在本運上，是不必看的。

但是通常，在我們的命盤中，有化忌所在的那一組三合宮位中，要是還挾帶著其他的煞星，如殺、破、羊、陀、火、鈴、劫、空之類的星曜多的話，就表示這一組三合宮位較差。只要你的運氣逢到此類的三合之上，都會運氣差。例如寅、午、戌一組的三合宮位中，煞星多，則你無論走到寅年或午年或戌年都會不好。因此互

為流年『命、財、官』的關係。自然，你的大運走到寅、午、戌中的那一宮，也都是運差、不好的了。

**化忌在流年的三合宮位中，則一定要看！**因為化忌一定會在流年命宮的三合宮位中，代表流年財帛宮、流年官祿宮，因此在錢財或工作上有困難不順的狀況。

**化忌在流月的三合宮位上，可看、可不看。**因為化忌在流月命宮的三合位置上，會約束了該月得財和工作上的順利度。倘若流月命宮是吉星居旺的，該月仍然順利，但進財會少一點，工作可過關，沒有太大的麻煩。倘若流月命宮不好，有財星、運星陷落或凶煞之星多的。則該月原本就運衰、財窮、有災了，財官之事當然是不順了。因此以流月命宮為主來看該月的運氣最準了。

**化忌在流日的三合宮位上，可不必看。**因為流日是一天中之運

十干化忌

氣，時間點較短，沉且流日命宮就代表一日之運氣好壞了，實在不必再多所牽連、複雜化，否則你也會自己搞糊塗了，不知到底是好？是壞了。

※請參考法雲居士所著《如何掌握旺運過一生》及《大運、流年、流月上、下冊》二部書。

# 如何選取喜用神

(上冊)選取喜用神的方法與步驟
(中冊)日元甲、乙、丙、丁選取喜用神的重點與舉例說明
(下冊)日元戊、己、庚、辛、壬、癸選取喜用神的重點與舉例說

每一個人不管命好、命壞，都會有一個用神和忌神。
喜用神是人生活在地球上磁場的方位。
喜用神也是所有命理知識的基礎。
及早成功、生活舒適的人，都是生活在喜用神方位的人。
運蹇不順、夭折的人，都是進入忌神死門方位的人。
門向、桌向、床向、財方、吉方、忌方，全來自於喜用神的
用神和忌神是相對的兩極。
一個趨吉，一個是敗地、死門。
兩者都是人類生命中最重要的部份。
你算過無數的命，但是不知道喜用神，還是枉然。
法雲居士特別用簡易明瞭的方式教你選取喜用神的方法
並且幫助你找出自己大運的方向。

法雲居士⊙著

在中國醫藥史上，以五行『金、木、水、火、土』便能辨人病症，
在紫微斗數中更有疾厄宮是顯示人類健康問題的主要窗口，
康在每個人的人生中是主導奮發力量和生命的資源，
種命格都有專屬於自己的生命資源，
要看人的健康就不是單單以疾厄宮的內容為憑據了，
整個命格的生命跡象、運程跡象為導向，來做為一個整體的生命資源的架構。
不代表身體真正的健康強壯、生命資源豐富。
病灶、殘缺的，在命格中一定有跡象顯現，

生命的氣數和運程的旺弱氣數，
健康，不但關係著壽命的長短，也關係著運氣的好壞，
想奮發成功的人，必須先鞏固好自己的優勢、資源，
就是一本最能幫助你檢驗出健康數據的書。

法雲居士⊙著

有別於坊間出版之姓名學的書，
長相和名字不合，

輕浮，以致影響了旺運和官運，
字，
好名字，
加旺運和財運了。
號和標幟，

重視這個訊息的傳遞。

姓名學』中，
、助運、旺運的好名字。

明

方位。

VENUS PUBLISHING CO.
金星出版
命理生活新智慧・叢書

金星出版
命理生活新智慧・叢書
VENUS PUBLISHING CO.